松本重治伝

最後のリベラリスト

開米 潤

藤原書店

同盟通信社編集局長時代の松本重治（1940 年頃）。

米留学へ向う船上で（1923年）
左が松本。

神戸一中時代（1912年頃）
入学の頃。

マッターホルン登頂後（1926年）
チナル・ロートホルンからの帰途（左から松方三郎、秩父宮殿下、松本）。

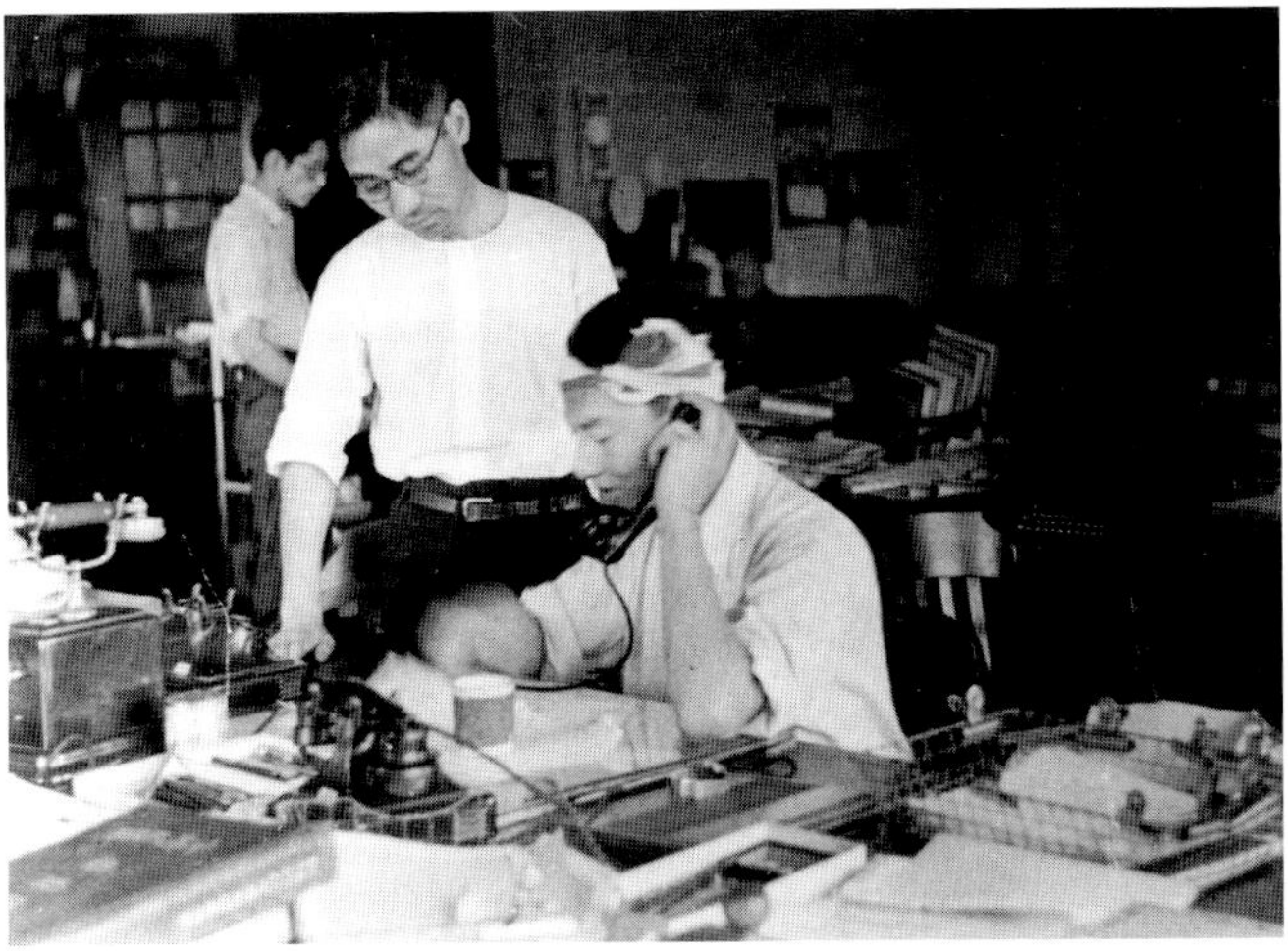

上海支局での仕事風景（1927年頃）
手前右で電話をとっているのが松本。

第三回太平洋会議（1929年）
松本は日本代表団のセクレタリーとして参加
（上段左から松方三郎、浦松佐美太郎、松本、下段左は花子）。

同盟通信社広東支局にて（1941年）
この頃、同盟通信社南方総局長としてアジア各地を精力的に訪問（松本は右から3番目）。

バタビアのバイテルゾルグ植物園で（一九四二年）
写真の裏には、長男洋に宛てて次のように記されている。

バイテルゾルグといふ植物園に来て
あまり大きい奇麗な樹があるので名前
を手帖に控えて居るところです。（五月七日）
六年になつて勉強に精が出ることでせう
しっかり頼みます。帰つたら南洋の御話
を沢山しませう。身体を大切にして
強い青年になって下さい
洋君　五月十六日　西貢にて　父

国際文化会館を訪れたネルー首相と（1957年）
中央は松方ハル（ライシャワー夫人）。

写真提供・松本洋（敬称略）

松本重治伝　目次

第三章　ふたりの「巨人」　85

第四章　太平洋の架け橋　131

松本重治伝

最後のリベラリスト

序章

今、なぜ、松本重治なのか

東京・六本木の交差点から歩いて十数分のところに財団法人国際文化会館がある。外苑東通りと麻布十番の商店街とを結ぶ鳥居坂のちょうど真ん中あたりにあって、瀟洒なマンション群がずらりと軒を連ねた閑静な住宅街の一角に、ひっそりと佇んでいる。今から半世紀以上も前にこの地にお目見えした。当時、この辺りはまだ、草深い田舎で、狸が棲んでいたといわれ、すぐ近くに狸穴と書いて「まみあな」と読む地名も残っているが、その名残だという。現在のロシア大使館が建っているあたりだ。

国際文化会館が財団として認可されたのは建物が完成する三年前の昭和二十七（一九五二）年八月。そのちょうど四ヶ月前の四月二十八日、日本は独立を果した。六年半に及んだ占領軍のくびきからようやく解放されたわけだが、そのころの東京は依然として貧しく、随所に空襲の傷跡が生々しかった。

国民もまた、お腹がいっぱいになるまでご飯を食べたい――。そんなことばかり考えて毎日を過ごしていた。そんな困窮を極めていたときだ。占領が終わったといっても、心の底から「独立」を喜んで、今後の日本国の在り方に関心を寄せた人はどれだけいただろうか。みんな自分の日々の生活に追われていたのだ。国の将来がどうのこうのと考える余裕などなかった。

ところがである――。それではいけない。これからは軍事や政治ではなくて日本人の「民力」が試される。今こそ、行動を起こすべきだとして、逆境下、おもむろに立ち上がった数人の男たちがいた。

その中心となったのがこの物語の主人公、松本重治（一八九九―一九八九）である。

昭和二十六（一九五一）年秋。松本重治が始めた小さな運動はやがて、アメリカの大金持ちの協力を得ると日本国内でも官民挙げての一大運動に発展、そこから産声を挙げたのが国際文化会館である。ここは戦後日本の民間交流の拠点となった。異なる人種、言語、宗教、習慣、伝統……。人と人とを隔離してきた様々な障壁。それを取り払って、ここでは多種多様な文化が相互に行き交った。内外の多くの知識人たちがここに集ってお互いのことを何とか理解しようと何度も話し合った。いつしかここは国際交流の聖地と呼ばれるようになった。それを創り上げたのが松本重治である。松本は平成元（一九八九）年一月、八十九歳で天寿をまっとうするまで、ずっと戦後日本の国際交流の陣頭指揮に立ち続けた――。

公職追放

松本重治は明治時代の後期に大阪で生まれた。幼少期は主に大阪、神戸で暮らした。高校と大学は東京だったが、大学院時代の大正後期から昭和初期にかけて、欧米諸国に三年半ほど留学している。帰国後しばらくの間は研究室で米国研究に取り組んでいたが、ある縁があって新聞記者となった。そして日本新聞聯合社(後に同盟通信社＝現在の共同通信社の前身)の上海支局長に抜擢された。昭和七(一九三二)年の初め、満州事変とそれに続く第一次上海事変の直後に、松本は中国の大地を踏みしめた。

満州事変は昭和六(一九三一)年九月に起きた。その後、日本と中国は事実上、戦争状態に入った。日中戦争は太平洋戦争が終わるまで続いたが、満州事変から起算して「十五年戦争」という言い方もされる。松本はその初期の六年間、大陸中を走り回って、戦争を取材・報道し、大活躍している。そのなかでも松本重治の名を国際的に知らしめたのは「西安事件」のスクープだ。中国・東北軍の司令官だった張学良(一九〇一—二〇〇一)が国民党軍の最高司令官だった蒋介石(一八八七—一九七五)を西安郊外で拉致した事件だ。松本はそれをつかんで世界のどのメディアよりも早く、報道した。同盟の英文記事は“Domei”のクレジット付きで、米『ニューヨーク・タイムズ』紙などの紙面を華々しく飾った。

松本の活躍はそれだけにとどまらなかった。日中双方の仲間と一緒に戦争をなんとか終わらせようと和平運動を興したのだ。それが当時の日本の首相、近衛文麿（一八九一―一九四五）と中国・国民党左派の重鎮、汪兆銘（一八八三―一九四四）という大物政治家を巻き込んだ大運動に発展。松本はその運動の中心的な役割も担った。昭和十五（一九四〇）年、中国・南京に忽然と生まれた「汪兆銘政権」の原型は松本らの和平運動が発端となっている。

松本は六年に及んだ中国生活に終止符を打って昭和十三（一九三八）年末、中国から帰国した。戦争特派員と日中和平運動の主導者――二束のわらじは松本の身体を確実に蝕み、病に倒れて上海で入院。病後の療養生活を日本で過ごすための帰国だった。それから十ヶ月。健康も回復して職場復帰を果すと同盟の初代編集局長に就任。昭和二十（一九四五）年夏、敗戦を迎えたときは同盟の常務理事だった。国策会社だった同盟はその年の十月末に自主解散。それを機に松本も同盟を退社している。

松本はその後、同盟時代の部下や仲間とともに、リベラル左派の政論新聞『民報』を創刊、自ら社長兼主筆についている。新たなメディアのトップとして意気揚々と、健筆をふるい始めた矢先、松本をある不幸が襲った――占領軍司令部から公職追放に指名されたのだ。昭和二十二（一九四七）年一月早々のことだった。これではどうしようもない。松本は三月三十一日付で『民報』社長を辞任した。

松本はアメリカへの留学経験もある自他共に認める〝知米家〟であり、上海時代には和平運動に奔走している。それなのに「戦争協力者」というレッテルを貼られたのだ。松本を知る人々は皆、この処置に憤りを感じたが、松本は、

「自らにも戦争責任がある」

と、一切、弁明しなかった。

だが、この天から突然、降ってわいてきたような大不幸が松本のその後の人生を大きく変えるきっかけとなった。だから、人生は面白い――。

「四等国」の再出発

明治末期、近代日本は「まだ普請中」と書いたのは文豪、森鷗外（一八六二―一九二二）だったが、近代化の普請はその後も継続して大正、昭和の御世を経て大日本帝国は世界有数の大国に伸し上がった。だが、頂点を極めたのもつかの間、中国との長期戦争に突入。国力が疲弊していたところに太平洋戦争を始めた。その挙句の果ての敗戦である――日本はすでにボロボロだった。維新（王政復古の大号令）から七十八年――近代化は再び、「ゼロ」から出直すことになった。

「日本は四等国に成り下がった」

こう言ったのはマッカーサー連合国最高司令官（一八八〇―一九六四）だ。日本が降伏文書に調印した昭和二十（一九四五）年九月二日から幾日も経っていない司令官最初の記者会見の席上だった。実はこれには裏がある。戦時中、首相の東条英機（一八八四―一九四八）が「大東亜共栄圏の建設なくして日本は二等国、三等国になる」と盛んに国民を鼓舞したのをあてこすったのだ。

米軍最高司令官にさらにその下の「四等国」とまで揶揄された日本は当時、どん底だった。松本重治も公職追放されると弁護士稼業などで糊口をしのいだ。そのかたわら大学時代の恩師、高木八尺（一八八九―一九八四）とともにアメリカ学会の設立に一生懸命となった。そんな生活がしばらく続いたある日、松本と高木八尺のもとに旧友が訪ねてきた。しかも、アメリカ人の大金持ち。

その人とは石油王、ロックフェラー三世（一九〇六―七八）である。日本とアメリカの交流を促進したい――そう言って、そのための良いアイディアはないかとふたりのところにやってきたのだ。それなら「アメリカの超一流の思想家や学者を日本に連れてくるのが一番いい」。松本がそう答えたのがきっかけで、その後、高木と松本らが奔走して国際文化会館の設立につながった。

ここでもうひとり忘れてならないのが樺山愛輔（一八六五―一九五三）。松本らの設立運動の代表発起人となり、国際文化会館が発足すると初代理事長にも就任した。樺山は日本の国際交流事業のパイオニア的な存在で日米協会会長を務めた。愛輔の父は薩摩出身の海軍大将、初代台湾総督の樺山資紀（一八三七―一九二二）。愛輔はその長男だ。愛輔の次女が作家の白洲正子（一九一〇―九八）。正子の夫は元首相、吉田茂（一八七八―一九六七）のブレーンとして知られた白洲次郎（一九〇二―八五）である。白洲は神戸一中の出身で松本の三年後輩である。

実は松本重治の祖父は明治の元老、松方正義（一八五三―一九二四）である。松方も薩摩出身。明治の元勲、大久保利通（一八三〇―七八）に重用されて中央の政界で順調に出世、後に首相にもなった。松本重治はそんな家柄に生まれたのに加え、新聞記者だったこともあり、戦前の政・官界とのパイプも太かった。特に、近衛文麿や吉田茂に近かった。近衛文麿は五摂家筆頭の家柄であり、天皇の重臣。戦前、三度にわたって内閣を組織した。もともと外交官だった吉田茂は戦前、親英米派だったことで陸軍に睨まれ、早々と退官を余儀なくされた。ところが、そのキャリアが逆に活きて、戦後、中央政界に復帰すると外相、首相に登りつめた。

吉田茂が松本らの運動を知って、積極的に支援したのは言うまでもないが、松本と吉田の関係は最初からべったりだったわけではない。そもそもふたりの出会いは最初から波乱含みで、若い新聞記者だった松本は吉田の〝倣岸さ〟に腹をたてて、それ以来、毛嫌いしてしまった。ふたりが和解し、親しく接するようになったのは戦後のことである。

波乱含みの出会いは昭和八（一九三三）年一月に遡る。当時、松本は日本新聞聯合社上海支局長だった。吉田はイタリア大使を前年に辞め、待命大使だったが、中国各地を回る視察旅行の途中、上海に立ち寄った。上海でも指折りのアスターハウス・ホテルに滞在していた。面会の約束を取り付けてある日の朝、松本が吉田を訪ねた。部屋の前にはジョニー・ウォーカーの一ダース入りの箱が山のように積んであった。松本はそれにびっくりしながら、ドアをノックすると「入って来い」。ドアを開けて、おそるおそる部屋に入った。ところが、声の主はどこにも見当たらない。そのうちにバスルームからガウン姿の吉田が現れ、松本と相対した。ふたりは椅子に座って話を始めた。するとどうだろう。十分もしないうちに吉田が爪を切り出した。松本の顔色がみるみるうちに変わった。

「私はまじめに日本の対支政策を考えている若い新聞記者です。通信社の支局長というものは日本全国のためにすべてのことを観察しながら考えなければなりません。先輩の意見も聞かなきゃならん、というまじめな気持ちでやって来たのに爪を切りながら話をするなどとは失礼千万じゃありませんか」

語気が鋭かった。大物外交官の吉田もさすがに「それは悪かった……」とすぐに爪を切るのをやめたが不機嫌さは隠しようがなかった。いったん壊れた雰囲気はなかなか回復しないものだ。気まずい空気がしばらくの間、ふたりを重く包んだ。何とか気を取り直して、三十分ほど話を続けたが、吉田の話もいっこうに要領を得なかった。そこで、松本は、

「大使はまじめに答えないから、私はがっかりした」

こう捨て台詞を残して、部屋を出て帰ってしまった、というのだ——。

ふたりの年齢差は二十一歳。吉田にすればそんな若造記者など気にすることもない。わざわざ会ってやっているぐらいの気持ちだったはずだ。ガウン姿のままで現れて、大股を開いて爪を切っても構わないと思ったのだろう。しかし、松本はそんな非礼を許さなかった。

吉田茂には傲岸不遜なところがあってしばしば物議を醸した。これよりだいぶ後のことだが、戦後、吉田が首相時代、国会で野党議員の執拗な追及にあって、

「バカヤロー」

と、罵倒してしまった。

その相手は躍進著しい社会党の代議士。吉田に対する非難が方々から巻き起こって衆議院解散に追い込まれた。「バカヤロー解散」。憲政史の一ページを飾っている。

若い記者ならネタ欲しさのあまりに見て見ぬ振りをするものだが、松本はそうではなかった。相手の地位が高かろうと無礼をたしなめる勇気があった。こんな〝因縁〟のあったふたりだが、吉田が外務大臣だったある日、松本を夕食に招いて、上海での非礼をわびてようやく和解となった。これをお膳立てしたのが白洲次郎だった……。

日本人の「生き様」を考え続ける

リベラリスト——松本は生涯、自らをこう称し続けた。大学院時代に欧米留学した経験——特にアメリカでの経験——が思想形成に影響したことはいうまでもない。留学した大正末期は世界中が平和を享受していた時代だった。アメリカは第一次世界大戦後、ヨーロッパに代わって世界経済のトップに躍り出て繁栄を謳歌。米資本主義の原型がこの時期に完成している。ラジオ局が全国で開業、電話や電信も驚異的なペースで発達した。フォード（一八六三―一九四七）が発明した大量生産方式で安価なクルマが大量に出回った。大衆文化が一気に花を開いた。

一方、近代戦の残虐さを経験したヨーロッパでは人々に嫌戦気分が広がった。「二度と戦争を繰り返すまい」。この悲痛な思いと同時に「人間理性」が戦争を食い止めてくれるのではないかというユートピア思想が横溢した。

自由、民主主義、個人主義、人間理性、最大多数の最大幸福、利益の調和……。美しく、観念的な

言葉が人々の口の端にのぼったが、歴史学者、E・H・カー（一八九二―一九八二）が指摘したように
それは「うつろであり、実質のないもの。もはや現在に根を下ろしていなかったがゆえに、未来に対
して何の影響力もなかった」（E・H・カー、井上茂訳『危機の二十年』岩波書店、一九五二年）。実体のない
空虚な理想主義が次なる戦争の芽を孕んだ。

とはいえ、第一次大戦と第二次大戦の間の「戦間期」に欧米社会を覆った「理想主義」は、松本重治にはまばゆいほどに輝いて見えたはずだ。アメリカの経済的な繁栄とそれを支える自由で民主主義的な雰囲気が松本を大きく包み、その精神は体の隅々に深く刻印された。だから、松本のリベラリストは〝筋金入り〟の本物といっていいのだ。

さて、リベラリズムの意味は深い。その基礎にあるのは「人間理性」への信頼であり、平等や寛容の精神である。こうした意義に共感を持ったのは当然だが、松本の場合、その意義を研究でさらに深めていこうという学者的な態度よりも、どちらかというと、その思想を自分自身の「生き様」のなかで表現するということにより拘ったようだ。だから、何よりも「誰もが自由で、何者にも拘束されない」ことに最大の敬意を払った。自由に学問し、自由に職業を選ぶ。自らの思想や哲学に誰からも監視や拘束を受けない。これを人生でもっとも大切にしたいと考えた。他人に対してもそうした姿勢を貫いた。

松本と同じ時代を生きたリベラリスト、清沢洌（一八九〇―一九四五）は、石橋湛山（一八八四―一九七三、戦前東洋経済新報社社長、戦後首相）に「リベラリズムとはなにか」を問われて、

「あらゆる思想を受け入れる柔軟な心構え」

と答えている。

これも実に味わい深い言葉だが、自分と異なる思想や主張、哲学に対しても真摯に耳を傾ける姿勢や態度を指す。右であろうと左であろうと思想に敬意を払う心構えのことだが、それだけではない。リベラリストは異なる思想や哲学を強要されることを嫌う。自分は自由に考えて生き、相手の意思もまた、最大限尊重するが、相手の意思を強要されるのは御免こうむる――という毅然とした「態度」なのだ。松本や清沢、石橋がその半生を過ごした時代はリベラリストであることに危険を伴った。マルキストなどとともに「主義者」とのレッテルを貼られて、迫害されたからだ。が、リベラリストは変わらなかった。

松本も自分の意思に反して強要を迫る特定の権力や権威、時代を覆うムードや風潮に阿ることがなかった。軍国主義の時代に日中和平運動に奔走したのも、平和への強い信念があったからだ。戦後、公職追放されても非難めいたことは一切口にしなかった。これも、リベラリストとしての節を通したからだ。

松本重治は日本がなぜ、あの悲惨な戦争に走ったのか、を自問し続けた。それを考えて行くうちに、相手の思想・信条を認め、相手の意思を斟酌する態度や姿勢が当時の日本人に欠けていたことに気づいた。異なる立場の相手をも思いやる態度を日本人と日本社会に植え、育んでゆくにはどうしたらいいか。そのための方法論が国際文化会館だったのだ。さまざまな思想を持った人間が安らぎの空間に一堂に会して、一緒に食事をしたり、時にはお酒を飲んだりしながら話し合ったり議論を交わす。異論にも静かに耳を傾けて相手を理解しよう、とする真摯な態度と寛容の精神――これらを若い日本人の心の中に涵養することが重要だ、ということこそ松本が戦前の苦い経験から学んだことだった。

自分たちの時代に失った日本人の信頼回復を次世代に託す。「戦後」新たに生まれた国際社会の中で、日本人としての「生き様」を生涯、考え続けた人が松本重治だった――。

第一章　少年時代

明治三十二（一八九九）年、夏――。

東京・新橋駅前に風変わりな店が開業している。西洋風のハイカラで、斬新なデザイン。駅前の繁華街に、デーンと、突如、現れたのだ。店の前を行き交う人々はものめずらしそうにしきりに中を覗き込むが、中に入ろうとする者などいなかった。それぐらい奇妙な形で異質なお店だったのだ。食堂か、居酒屋なのか。人々は心の中で、

（いったい、この店はなんだ……）

と、首を傾げるばかりだった。

風変わりなのは店構えだけではなかった。お店の名前もまた、珍妙なのだ。しかも、カタカナ、と

きている。人々は内心、興味津々なのだが、どうも怪しげで、胡散臭い。おっかなびっくり、横目で見やるだけ、ハイカラなので敷居が高そう。とても、とても……。どうやらそんな様子だったのである。

店構えから店名までハイカラな店は実はこの日、日本ではじめてお目見えした「ビア・ホール」である。今ではどこの街にでもある「ビア・ホール」も誕生したときには人々の好奇の的だったのである。というのも、ビールは当時、とても高い飲み物で、庶民には高嶺の花。ビール瓶一本の値段がなんとサラリーマンの小遣いのまるまる一月分もしたのだ。そんなもの売れるはずがない。仕事帰りに軽く一杯とはなかなかいかない。そこで何とか普及させたい、と、考え出されたのが、ビア・ホールだった。ビールを、グラス売りし一杯の単価を抑えた。これが大ヒットしてビールの消費量はぐんぐんと伸びていった。今ではビア・ホールで一杯、というのが、夏の風物詩となっている。

松本重治はそんな文明開化の余韻がまだまだ残っている、今から百年以上も前の明治三十二年十月二日、大阪・堂島に生まれた。

「臥薪嘗胆」

明治三十二（一八九九）年という年は日清戦争の勝利から四年経過し、日露戦争まで五年というふたつの戦争のちょうど狭間にあって、明治日本が近代国家としての地盤を固め、新たな飛躍を模索し始めた時期である。

そんな草創期の明治日本を取り巻いている国際環境は複雑で政治判断をひとつ間違えば命取りになりかねないほど危険に満ちたものだった。お隣の中国は清朝末期。政治が混迷していたうえ、日清戦争に敗れるなどしたことから国力は一段と衰退し、その統治基盤は大きく揺らいでいた。

事実上、朝鮮半島の支配・指導権をめぐる争いであった日清戦争。それに勝利した日本は明治二十八（一八九五）年四月十七日、清国との間で「下関条約」を締結。それによると（1）朝鮮は完全な独立国である、（2）遼東半島、台湾、澎湖諸島を日本に割譲する、（3）賠償金二億テール（当時の金で約三億円）を支払う――ことなどを日本は清国に認めさせた。ところが、日本が遼東半島の割譲を要求していることを察知した欧米列強は強い衝撃を受けた。それまで列強諸国は清朝の衰退に乗じて「中国の分割」を進めていたが、イギリスがアヘン戦争の勝利で香港を獲得した以外、中国領から港湾地区などを「租借」することに留まるなど、帝国主義的な領土要求を控えていた。これは欧米列強がお互いを牽制するための暗黙の了解事項でもあった。

そんな中、日本が遼東半島を要求したのだ。これは欧米列強を刺激し、暗黙の了解も、これでかき消されてしまった。日本は欧米列強の微妙なバランスを崩してしまったわけだが、その矛先がその張本人である日本に向けられたのだ。まず、ロシア、ドイツ、フランスが手を結んで、下関条約締結の一週間後の四月二十五日、遼東半島の割譲要求を撤回するよう日本に申し入れた。これがいわゆる「三国干渉」だ。しかし、その論理は実に手前勝手だ――大陸の一部である遼東半島の割譲は地続きである朝鮮の独立を危うくし、清国の安全を脅かす。アジアの平和のためにも日本は遼東半島を放棄すべきだ——というもので、大国意識丸出しだった。自分たちの利害が損なわれるのを美辞麗句で覆い隠しただけに過ぎない。三国干渉のリーダーはロシア。ロシアは当初、イギリス、フランス、ドイツの三国に日本への勧告申し入れを提案したが、イギリスの賛同は得られなかった。イギリスがロシアの行動に強い警戒感を抱いたためだ。

ロシアの狙いは極東進出にあった。ロシアは日清戦争が始まってから着々と「極東艦隊」を増強していた。極東艦隊の威力を発揮させるためには「不凍港」が必要だった。このため、シベリアから南下して満州での権益拡大を熱心に図っていた。遼東半島を日本に奪われると、南満州の海への出口を失う恐れがある。ロシアはこう考えて日本の極東進出阻止を目論んだのだ。さらにロシアはロシア中心部とシベリアを結ぶシベリア鉄道の建設を急いでいた。「極東艦隊」への補給路を確保すれば仮に日本と戦争になっても、日本に負けるわけがない——と踏んでいた。だから、ロシアにとってはシベリア鉄道が完成するまでの間は「現状維持」が望ましかったのである。

ロシアの誘いに応じたフランスとドイツにもそれぞれの思惑があって、それらが複雑に絡み合っていた。フランスとドイツは一八七〇(明治三)年に普仏戦争を戦い、ドイツが勝利している。その後も、双方が互いを潜在的な脅威と感じていた。フランスは一八九二(明治二十五)年、ロシアとの間で秘密の軍事同盟である露仏軍事協約を結んだ。ドイツの脅威に対抗するためだ。一方、ドイツはロシアが遼東半島の割譲に不満を持っていることを見て、ロシアとの接近を図ろうとしていた。露仏関係を牽制するとと同時にロシアの関心を極東に向けさせておけばロシアのヨーロッパへの野望は薄れて自国の安全にプラスになる、と考えたからだ。イギリスとアメリカは「中立」を保った。しかし、日清戦争と三国干渉をきっかけに、列強の中国権益をめぐる虚虚実実の駆け引きが「極東」を中心に激しく繰り広げられていくことになる。ドイツは一八九七（明治三十）年、宣教師殺害を理由に膠州湾を占領。一八九九年にはフランスが広州湾一帯を、イギリスが九龍半島、威海衛を、それぞれ得た。ロシアは一八九八年に遼東半島南端の旅順、大連の獲得に成功している。列強諸国は弱体化した中国に次々と襲い掛かったのだ。

当時の日本に三国干渉を覆す力はなかった。日本は当初、伊藤博文首相（一八四一―一九〇九）が列国会議を開催して何とか日本のプラスになるよう画策したが、外相の陸奥宗光（一八四四―九七）はかえって列強の干渉を招く恐れがあると主張、伊藤の意見を抑えた。このとき、陸奥はアメリカ、イギリスなどの列強に協力を依頼して三国干渉を撤回させようと目論んだが、結局、英米が中立を宣言したため、やむなく勧告を受け入れた。ただ、日本はこのとき、遼東半島を還付する見返りとして清国から三千万テール（四千五百万円）を新たに獲得している。とはいえ血を流して獲得した遼東半島である。それを手離すのはしのびない。が、列強の力の威圧の前にはなすすべがない――日本の世論は憤怒と脅威の間で大きく揺れ動いた。

当時、世上で盛んに言われたのが「臥薪嘗胆《がしんしょうたん》」という言葉だった。

薪《たきぎ》の上で臥《が》し、肝《きも》を嘗《な》める――中国の古代、「春秋」期の故事だが、これほど辛い仕打ちに耐えても、屈辱とその恨みをいつかは雪いでやる、という意味合いが込められている。三国干渉にあった当時の日本の怨念がいかに深かったか。

三国干渉以降、ロシアの極東政策が日本を終始悩ませることになり、それが結果として、日露戦争へと繋がっていく。

日露両国間に戦端が開かれたのは日清戦争から、わずか十年後のことだ。もう少し、当時の極東情勢に目を配っていこう。ロシアは一八九六（明治二十九）年以降、先に述べたように、シベリア鉄道の支線である東清鉄道を敷設したり、一八九九年に中国から旅順や大連を租借するなどして、勢力圏の拡張を一段と図ってきた。極東への野望を強めるロシアの動きはこれだけにとどまらなかった。満州・朝鮮半島を虎視眈々と狙っていたのである。そのきっかけとなったのが一八九九年に起きた義和団事件だ。義和団事件はもともと「義和団」と称する秘密結社による限定的な排外運動のひとつだったが、清朝政府の支持の下に義和団は「扶清滅洋」を掲げて、北京にも進出。これに連動する形で、一九〇〇（明治三十三）年、清朝の最高実力者、女帝西太后（一八三五—一九〇八）が西欧列強に宣戦布告したため、清朝と、列強諸国との国家間戦争に発展した。西太后が国内の不安要素を巧みに外敵に仕向けたのだ。

この戦争に参加した列強はイギリス、アメリカ、ロシア、フランス、ドイツ、オーストリア、イタリア、日本の八ヶ国。連合国の総兵力は約二万人だったが、最も多かったのが日本（八千人）で、次いでロシア。清朝と連合国との軍事力には彼我の差があった。兵力では清朝が勝るものの火力の差はいかんともしがたく、宣戦布告後のわずか二ヶ月後には連合国が北京に侵攻、紫禁城を制圧。勝負は一方的な形で決着した。この戦争に敗れ、清朝政府は莫大な賠償金支払いを余儀なくされた。これがすでに老朽化しつつあった清朝の屋台骨を一段と弱体化させることになった。王朝崩壊の危機に直面した守旧派の女帝も、これでとうとう動かざるを得なくなった。西洋式の方法を採り入れた抜本的な改革の必要性にようやく気がついたのだ。そこで、西太后はかつて自らが押しつぶした「戊戌《ぼじゅつ》の変法《へんぽう》」という、いわゆる若手官僚による政治改革を手本とした「光緒新政」を開始することを決断したのである。

「戊戌の変法」とは日本の明治維新をモデルとしたもので、「上からの改革」によって清朝を強国に変えていこうという改革路線。六世紀末、隋の時代から続く官僚登用試験である科挙制度の改革、西洋式陸軍の創設、議会制度の導入――などが骨格となっている。改革のリーダーとなったのが康有為（一八五八―一九二七）だった。

義和団事件に端を発した清朝と列強との戦争に日本は表向きイギリスからの要請という形で多くの兵力を投入した。イギリスは当時、南アフリカで、オランダとの間で、ボーア戦争を戦っており、中国に大量の兵力を振り向けるのは困難だったのだ。しかし、この要請は日本にとって渡りに船。日本にとって参戦は（1）中国における日本権益を拡大させる、（2）清朝をたたくことで朝鮮半島における日本の優位を一段と明確にする、（3）日本と並ぶほどの兵力を投入したロシアへの牽制を図る、（4）列強側に立つことで存在感を誇示できる――などのメリットがあった。

ロシアもこれを好機ととらえた。義和団鎮圧後も混乱する清朝の足元を見透かして満州占領を継続しようとした。ロシア軍は占領地に居座ったままで、てこでも動きそうにない気配を見せた。日本はこれに刺激され、強く反発した。南進政策を強引に推し進めるロシアの脅威を肌で感じたからだ。そして、日本がロシアを牽制するために結んだのが明治三十五(一九〇二)年の日英同盟だった。当時、世界で最強を誇ったイギリスの海軍力や政治力をバックに明治政府は対ロ交渉に臨んだ。だが、結局、日露交渉は決裂。明治三十七(一九〇四)年に日露戦争の戦端が開かれることになったのである――。

松本重治が生まれた当時、日本を取り巻く国際環境はかなり厳しく、それこそ、存亡の危機を孕んだもので、宮中の奥深くや政府中枢では焦慮の念を深めていった。

とはいえ、巷間はさにあらず。人々は国際情勢が不穏であることに気づきながらも、細々とした小市民的な幸福を味わっていたのだ。松本の生まれた大阪の堂島といえば大阪証券取引所などがあり、今では大阪経済の中心地。大きなビルが林立し、東京でいうと、日本橋から大手町や丸の内に至る地域にあたる。そのころは大きな屋敷がずらりと軒を連ねており、重治はその中でも、とりわけ豪壮な屋敷で、呱々の産声を上げた。

東京―大阪間の長距離電話が開通したのもこの年だった。また、山陽鉄道(神戸―下関間)には、日本初の食堂車が登場している。日本の資本主義は未だに幼かったが、根っこが大地にしっかりと張り始めていた。

松本重治の父は枩蔵《まつぞう》(一八七二―一九三六)という。そのころ、大阪で急速に発展しつつあった紡績会社を経営していた。母の光子（一八八一―一九七五）は薩摩藩出身の明治の元老、松方正義の四女である。重治は長男。姉がひとりいた。母方の祖父の松方正義はすでに二度にわたって内閣総理大臣を務め、重治が生まれたころはちょうど第二次山県有朋（一八三八―一九二二）内閣の大蔵大臣だった。松方正義は日本銀行の設立や貨幣法（金本位制）の制定に尽力した明治屈指の財政家として今なお知られている。

重治という名前は父方の祖父、松本重太郎（一八四四―一九一三）の「重」と明治の「治」からとられた。その父方の祖父は明治期における関西財界の大立者であり、立志伝中の人である。数々の会社を興し、その多くが今日まで継続している。中でも、重太郎が熱心に取り組んだのが鉄道事業だ。日清、日露戦争はいずれも中国大陸が主戦場。軍需物資を遅滞なく大量に輸送する――日本軍の兵站力が試された戦争でもあった。そこで、明治政府は鉄道開発と整備に多額の助成金を交付し奨励した。海軍基地のある広島・呉と阪神地区を結ぶ路線（山陽鉄道）は軍事戦略的にも極めて重要で、まさに昼夜を分かたず突貫工事で整備された。そんなご時勢にうまく乗ったのが重太郎だった。その一方、重太郎は〝庶民の足〟としての鉄道開発にも力を注いだ。日本で最初の私鉄、阪堺鉄道（現在の南海電鉄）を創業している。山陽鉄道に食堂車や寝台車を導入したのも、重太郎である。このため、松本重太郎は「鉄道王」と呼ばれた。孫の重治は後年、

「祖父の話を抜きにしてわたしの生い立ちは語れない」（『〈聞書〉わが心の自叙伝』講談社、一九九二年）

と、述べている。

松本重治に大きな影響を与えた祖父、重太郎について触れておきたい。

関西財界の大立者

松本重太郎は幕末の弘化元（一八四四）年、京都の日本海側、丹後半島にある半農半漁の寒村、間人《たいざ》村で生まれた。名字帯刀を許された庄屋の家系だったというが、庶民は食べるのが精一杯の時代で、しかも、冬の寒さが厳しい〝裏日本〟である。だから、庄屋の家系といっても、そう豊かな一家ではなかったはずだ。父親は松岡亀右衛門。松岡家は五男五女の子だくさんで、重太郎は第三子、幼名は亀蔵といった。この時代、跡継ぎの長男を除けば子供はみんな他家に早々と養子に出されるか、商家の丁稚奉公に出た。一家の食い扶持を出来るだけ少なくするためだ。亀蔵も、九歳になるかならぬかで家を出た。そのころ、村の女子衆は村で採れた農産物や魚介類を、京都の町に持って行き、売りさばいた。そこで、亀蔵も、行商に出る村の女子衆に連れられて家を出て、京都に向った。その道中は飲まず食わず、それでも幼い亀蔵は歯を食いしばり、必死の形相で、女子衆の後をついていった。

亀蔵少年はまず、京都の呉服屋「菱屋勘七店」で丁稚奉公に入った。三度の飯にはありつけるが、仕事といっても下働きに過ぎない。給金はすずめの涙ほど。三年間、我慢を重ねて、そこで勤めた後、大阪に出て、本格的に商いを学ぼうと決心する。大阪には当時、すぐ上の兄がおり、兄を頼ったのである。兄は天満の木綿問屋「綿屋利八」（綿利）に勤めていた。亀蔵もまた、綿利で、小僧として働くことになる。安政三（一八五六）年のことである。綿利は当時、三井、大丸などと肩を並べるほどの太物問屋（木綿問屋）だった。亀蔵はそこに十二年間勤めた。その間に明治維新（一八六七年、明治改元は翌年の六八年十月）があった。日本が近代国家に生まれ変わろうとする大激動期の最中、亀蔵は、大阪で、商売の技を覚え、腕を磨いた。そして、幼いころから夢見ていた自分の店を開いたのが明治三（一八七〇）年九月、間人村を出奔してから十数年後のことである。

「店は借りたが、間口二間半の手狭なので、その上、大和屋半兵衛という人から借りた三百両の金は、全部店の改築に費い、品物を買いれる資金がなくなったので、また、五百両の借金をし、やっと看板を掲げることが出来た」

（『雙軒松本重太郎翁伝』野田正穂他編『明治期鉄道史資料第二集』日本経済評論社、一九八一年、所収）

と、いう。

確かに小さな店だった。反物を卸し、それを売りさばいた。店の名は「丹重」――丹後出身の重太郎が開いたことからそう名付けた。重太郎はこの時、若干、二十六歳。独立にあたって松岡から松本に、亀蔵から重太郎と、姓名をそれぞれ変えた。重太郎はなかなか目端のきいた商人だったようだ。

こんなエピソードがある。丹重を開いたころにちょうど断髪令が出た。男はチョンマゲを切らねばならなくなった。それなら帽子をかぶるだろう、襟巻もいるだろう、と思いつき、重太郎は上海から輸入されていた商品を買い占めるために長崎に向かった。ところが――。

神戸から長崎経由で上海に向かう外国船オルゴニヤ号に乗って驚いた。十人以上もの商人が同じように帽子を買い付けに行くというのだ。

(困った。なんとかせねば……)

ひとりで買い占めなど、とてもできそうにない。しかも、競争となれば相手に足元を見られて、高値をつかまされる。そこで、重太郎は思案をめぐらした。重太郎は商人たちを説得して、その日のうちに船内で同業組合のようなものを作り、全員で一致協力して買い占めをすることにした。これはものの見事に大成功を収めた。松本らは買い占めた帽子や襟巻きを、大急ぎで大阪に持ち帰って、大儲けしたという。重太郎が結婚したのはちょうどそのころ。相手は、忍《おし》藩(埼玉県)の京都留守居役、牧勝の娘、浜だった。浜は武家の出だけあって、長刀を持っての嫁入りだった。ときには剣舞を披露する女丈夫だった。重太郎は丹重をステップに次々と事業を拡張していった。大阪の実業界でめきめきと台頭し、ついに第一人者となった。

重太郎が起業したり、資本金の一部を負担するなどして経営に関与した企業は実に多岐に渡っている。参考までにそうした企業群を列挙すると——金融部門では第百三十国立銀行のほか明治生命、大阪共立銀行、日本火災保険、日本海陸火災保険、大阪興業銀行、日本貯金銀行、明治銀行、日本教育生命保険、浪速銀行。紡績部門では大阪紡績、大阪織布、京都製糸、大阪毛織、日本紡績、毛斯綸紡績。鉄道・交通部門では阪堺鉄道、讃岐鉄道、山陽鉄道、豊州鉄道、浪速鉄道、阪鶴鉄道、南海鉄道、七尾鉄道、太湖汽船、豊川鉄道。これら以外の産業では大阪アルカリ、大阪麦酒、大阪毎日新聞、日本盛業、堺酒造、大阪興業、日本精糖、汽車製造合名、大阪瓦斯、明治炭坑、大阪運河——などがある。大阪紡績は現在の東洋紡、大阪麦酒はアサヒビールである。

そんな重太郎はいつしか「関西の渋沢栄一（一八四〇―一九三一）」と呼ばれるようになった。重太郎はその一方で、関西地区の教育事業にも心血を注いだ。大阪の名門私大、関西大学経済学部設立時には多額の寄付金を出してその基礎を築いた。ただ、重治が幼少のころ、重太郎が経営する第百三十国立銀行が経営破綻してしまった。このため、晩年は借金返済に苦労した。それでも、重太郎が関与した企業のひとつである大阪毎日新聞はその功績を認め、ずっと相談役の地位を与えていた。重治が中学一年生のころ、重太郎は、

「『毎日』の社員手帳だよ。番号をみてごらん、ナンバーワンだ」

と、自慢げだった、という。

松本重太郎は重治が生まれる前の明治三十二（一八九九）年五月、神戸港からドイツ汽船に乗って欧米を半年ほど〝漫遊〟している。重太郎が五十五歳のときである。

この時の旅行は重太郎にとって生涯忘れられないものとなった。孫の重治も、幼少のころからその思い出話を盛んに聞かされた。というのも、重太郎はこの旅行で世界の鉄鋼王、アンドリュー・カーネギー（一八三五―一九一九）に面会しているのだ。カーネギーは当時、イギリス・スコットランド北端にあるドルニックに隠棲していたが、すでにその名声は世界的に知られており、誰もが簡単に会えるような人物ではなかった。そんな立志伝中の人物が自分に面会して歓待してくれたことに感動したのだろうが、それ以上に、重太郎は、カーネギーもまた、自分と同じように苦労に苦労を重ねて事業

を興し、発展させたことに共感を覚えた。

重治の記憶では祖父はカーネギーを「世界の傑物」であり「実に親しみのある容貌」の持ち主であった、と語っていたという。そんなカーネギーが初対面の重太郎に、

「日本の国土は狭い。だが、広くて資源が豊かな中国と一衣帯水にある。地の利を生かせば世界的な大事業もできる」

こう言って励ましてくれたという。

重太郎は帰国後、紡績業に一段と力を注いだ。明治十五（一八八二）年に渋沢栄一などとともに出資し、設立した大阪紡績（大正三〔一九一四〕年に三重紡績と合併、「東洋紡」に社名変更し現在に至る）で次々と大型投資を実施して生産能力を高めていったのも、中国市場が念頭にあったからだがカーネギーの助言が少なからず影響したことはいうまでもない。明治四十一（一九〇八）年十月に発刊された大阪紡績の『創業十五年沿革史』には渋沢栄一らとともに松本重太郎の写真も掲載されている。重太郎の肩書きは「前社長」。明治三十一（一八九八）年一月、重太郎は辞任し、後継者の山辺丈夫に経営の舵取りを譲ったようだ。外遊に備えるための措置だったとみられる。

社史には重太郎が帰国した明治三十三年以降、大型投資を次々と実施した様子が記録されていて「本邦紡績業ガ日清戦役後非常ノ速度ヲ以テ発達シタルニ伴ヒ織布業モ此頃亦発展ノ機運ニ……」。やはり、中国向けの輸出が急成長を遂げたことが背景にあったようだ。

日本の資本主義が勃興期にあったとはいえカーネギーの助言ですぐに動き出した重太郎もまた、さ

すがである。〝近代日本資本主義の父〟といわれている渋沢栄一は、幕末の慶応三（一八六七）年正月、十五代将軍、徳川慶喜（一八三七―一九一三）の弟、昭武（一八五三―一九一〇）がパリの万国博覧会に列席するのに随行して、外遊する幸運に恵まれている。それに比べて松本重太郎は丁稚上がりの、いわば〝たたき上げ〟の経営者だった。

作家の城山三郎に『気張る男』（文芸春秋社、二〇〇〇年）という作品がある。松本重太郎の一代記だが、その中で、城山は重太郎の生き様を、

「えっさ、ほいっさと、重太郎は走りに走って、銀行経営者になり、工業経営者になり、鉄道経営者にもなった。そして任侠の男でもあった」

と、表現している。

重太郎の生涯はまさにその通りで、「えっさ、ほいっさ」と走り続けた。重太郎は自分ひとりの力だけで事業を興した。だから、自分以外の誰にも頼ることはなかった。というより、当時の大阪の中小経営者には頼る相手などいなかったのだ。自らの信念に基づいて自らの度胸と勘を頼りに事業を切り開いた。だから、松本重太郎は官尊民卑の風潮をことのほか嫌った。そこは東京の商売人と徹底的に違った。

例えば三菱財閥の創設者、岩崎弥太郎（一八三四―八五）などは当時、中央政府と結託して大きな財を成した。三菱に限らず、三井、住友などの旧財閥も似たり寄ったりで、旧財閥系の政商はことごとく、政府と〝癒着〟して、日本を代表する企業集団に成長した。発展途上国では産業の勃興期には政

府の後ろ盾を必要とする。当時はそういう時代だったのだから決してそのことが悪いといっているのではない。ただ、松本重太郎はそれらとは一線を画して、政府の支援を一銭も受けずに、自分ひとりの力で、次々と事業を起こした。日本の資本主義の黎明期には重太郎のような経営者もいたということだ。

だが〝はねっかえり〟はいつの時代でも足を引っ張られる。一匹狼の重太郎は常に中央から寄せられる誹謗中傷に悩まされた。口が禍して手ひどい仕打ちを受けたことは何度もあった。晩年は事業の失敗で大きな借財を抱えたが、それでも、重太郎は政府や中央の経済界を頼ろうとはしなかった。私財をことごとく手放して借金を返済している。そんな潔い生涯に、辛口批評の城山三郎も惚れたのだろう。城山の筆致は愛情に満ち、波乱万丈だった重太郎の生涯を暖かく、見詰めている。

松本重治にとって、祖父、重太郎との思い出は多い。十月五日の祖父の誕生日が来れば必ず小学校や中学校の授業を休んでまで、祖父宅にお祝いに出向いた。重太郎は重治をひざの上にのせてカーネギーの話を聞かせるなどしてかわいがった。たったひとりの男の孫を手塩にかけて育成したのである。そんな重太郎だったが、大正二（一九一三）年に六九歳で生涯を閉じた。葬儀の時に神戸一中生だった重治は「祖父の位牌を持って歩いた」という。重太郎が亡くなってから八年後の大正十（一九二一）年、関西財界が、重太郎の業績を称えて、大阪・難波駅前広場に重太郎の銅像を建立した。その除幕式で、東京帝大生となっていた重治が紐を引っ張る大役を引き受けた。大きな催しがあるたびごとに重治は語った。

「いつも私がそばにいたような気がする。私は祖父を敬愛していた」

松本重治は後年、外務大臣や米国大使、国連大使など政府の要職への就任を要請された。松本の母方の祖父は松方正義であり、家柄を重視した時代において、その出自は申し分なかった。そのうえ、本人の資質も当時の外交官と比べても頭抜けていた。米国大使といった重要ポストにふさわしい人材ではあったが、松本は一切、引き受けなかった。もちろんこれには批判や非難はある。日本が破滅に向っていくのを知りながらその責任を回避したのではないか。そんな類の批判である。断るにはそれなりの理由はあったのだが、それはあくまで表向きの理由に過ぎない。松本の心の奥底には最後まで「官」に頼ることのなかった重太郎の生き様があったのだ。在野を貫く魂が引き継がれていた。

重治の父、枩蔵もまた、ユニークな人物である。松本重太郎夫妻には子がなく、枩蔵は養子である。枩蔵は旧幕時代からの大手両替商だった井上保次郎（一八六三—一九一〇）の実弟にあたる。井上保次郎は明治時代、自分の姓にちなんだ「井上銀行」を設立した。この銀行はその後、大阪を拠点とする第百三十六銀行となった。保次郎はこのほか様々な事業を手がけた。例えば巻煙草用紙の製造を計画し、明治三十九（一九〇六）年に東洋製紙会社を設立し、優良紙の製造に成功した。このため、政府専売局の用紙全部を納入するまでになった。さらに、九州、山陽、関西各鉄道会社、日本貯蓄銀行などの重役を務め、関西実業界に重きをなした。第百三十六銀行はその後、旧安田財閥の創業者、安田善次郎（一八三八—一九二一）の第三国立銀行の傘下に入り、現在のみずほフィナンシャルグループに至っている。

井上枩蔵が松本家に養子に入ったいきさつについては、あまり資料がなく、詳細は分からないが、松本重治の自伝によると、松本重太郎が枩蔵の兄、井上保次郎と旧知の間柄であったことに加えて、両家の仲人役を務めた人物がいたことなどによるらしい。その仲人役というのが川上左七郎という旧薩摩藩出身の人物だった。川上家は井上家と縁戚の関係にあった。当時、川上左七郎は日銀大阪支店長だった。枩蔵は松本家に養子に入る際、米国への留学を条件にしている。重太郎もこれには大賛成で、すぐにその条件をのんだ。重太郎自身、丹後から京都、さらに大阪へと大きな舞台に移ることで成長してきた。それを枩蔵はアメリカでやってみたい、ということか、と理解を示したのである。

養子縁組が済むと、さっそく、十七歳の枩蔵青年はアメリカに留学。ボストンなどを中心に十年余、米国で暮らすことになった。最初はブラウン大学への入学を希望していたが、それがかなわず、ニューヨークの北にあるプキプシー商業学校で、タイプと簿記を学んだ。枩蔵が米国留学時代に知り合った友人には大正・昭和期の政財界で活躍する逸材が多かった。例えばハーバード大出身の池田成彬（一八六七―一九五〇）は旧財閥の三井合名の常務理事や日本銀行総裁を歴任。近衛内閣時代の蔵相兼商工相にも就任している。マサチューセッツ工科大（ＭＩＴ）出身の九鬼隆輝（一八七〇―一九四八）は旧三田藩主、九鬼隆義子爵（一八三七―九一）の長男。いわば良家のエリート揃いだった。

こういった人々が後年、松本重治を、陰に陽に支えてくれた。

松本枩蔵は帰国後、当時、首相であった松方正義の四女、光子と結婚した。これは一種の政略結婚だったと思われるが、枩蔵は三十歳になるかならぬかで、重太郎が興した大日本紡績の役員に就任している。長男の重治が生まれたのは明治三十二（一八九九）年十月二日のことである。重治は「二段、三段のお弁当」を持って、大阪・船場の愛珠幼稚園に通った。愛珠幼稚園は明治十三（一八八〇）年に設立された大阪初の幼稚園で、重太郎が設立に深く関与している。愛珠幼稚園は今でも大阪市中区に残っている。大名屋敷を彷彿させるその豪壮な建物は当時の面影そのまま。長い歳月を経て、正門は黒々と輝き、天井がとても高い。国の重要文化財にも指定されている。現在の園長先生が十八代目だという。

祖父が身代限りで神戸に移住

松本の幼少年時代は幸せ一杯だった。何しろ、関西財界でもトップクラスの経営者の孫である。何不自由なく松本は健やかに育った。ところがである――。

祖父、重太郎が経営していた第百三十銀行の経営が突然、行き詰った。明治三十八（一九〇五）年、重治が六歳のときだった。前年に始まった日露戦争で、日本は辛うじて勝利を収めたものの戦争が勃発すると中国との貿易がストップし、日本の産業界は中国市場を失ってしまった。このため大阪に集中していた当時の基幹産業、紡績産業が大きな痛手を受けた。ロシアとの戦争に勝っても、戦後、倒産が相次いだ。繊維産業に多額の資金を融資していた第百三十銀行がそのあおりを受けて、経営破綻したのである。

日本の産業革命は明治十九（一八八六）年の企業勃興期に始まったといわれている。特に、鉄道業や綿糸紡績業で、株式会社の設立が相次ぎ、明治十八（一八八五）年に十一社にすぎなかった紡績会社は明治二十二（一八八九）年には四十一社と四倍近くまで増加した。その中心地が大阪だった。明治二十九（一八九六）年の内務省調査によると、当時、大阪の紡績工場で働く労働者は約二万人にのぼり、そのうち一万五千人が女性だった、という。明治二十八年の大阪市図をみると、広大な敷地を要した紡績工場は関連の機械工場などとともに市街地の外側を大きく取り囲むように設置されている。その周辺は工場労働者の居住地として開発されて、順次、市街地に組み込まれていった。

とはいえ、当時の紡績業の大半は中小・零細企業である。そのほとんどが中国への製品輸出で外貨を稼ぎ、それを再投資に回すという事業形態をとっていた。蓄えなどないに等しく、いわゆる自転車操業だった。そんな状態のときに日露戦争が起こり、日本企業は中国市場から締め出されたのだ。これでは中小・零細企業がバタバタと倒れていくのもやむを得なかった。重太郎は、第百三十銀行を通じて、こうした中小・零細企業に対し、経営者の人物本位で、資金を融通していたという。

「仕事にせよ、資金にせよ、人材にせよ、まず政府にたかって生きる東京商人とは違い、こちら大阪商人は自前で生きねばならぬ」（城山三郎『気張る男』）

との信念で、多額の資金を流し続けた。が、重太郎のこんな〝任侠心〟がアダになった。

日露戦後の不況のあおりを受けて第百三十銀行が経営破綻すると、重太郎は借金返済のため大阪・堂島の本邸を手放し、終《つい》の棲家となる大阪・空堀の屋敷に引っ越した。このため重治親子も、明治三十九（一九〇六）年に住み慣れた大阪を離れた。当初は須磨海岸の九鬼家の別邸で暮らしていたが、重治が学齢に達すると、神戸市内の諏訪山地区に引っ越した。重治は地元の諏訪山尋常小学校（現在の諏訪山小学校）に入学した。

親子が転居した家は二階建ての借家。一階は四畳半と八畳の部屋に台所と浴室。二階は四畳半と十二畳の座敷。十五坪ほどの庭があったが、その周りは田んぼや畑ばかり。大阪の豪邸暮らしから一気に庶民の生活に〝格下げ〟されたわけである。

父親の桬蔵が経営する大日本紡績も日露戦争後に倒産。父はその後、留学時代に知り合った鐘紡の中興の祖、武藤山治（一八六七―一九三四）の秘書役となり、家を空けることが多かった。桬蔵は米国で、タイプと簿記を習得していた。それが鐘紡で役にたった。明治四十一（一九〇八）年、鐘紡は日本企業で初めて、欧州で外債（発行額三千万円）を発行。それを担当したのが桬蔵だった。米国での留学経験が活きたわけである。鐘紡からもらう給料は表向き、月額四十八円五十銭。そのほか、武藤社長は母の光子に月々二百円も送金してくれたという。また、父の桬蔵もこれらとは別に二百円支給されていたというから、金銭的にはかなり豊かな生活だった。当時、英語を米国人並みに話し、英文タイプを器用に打つ人材はほとんどおらず、桬蔵は重宝がられた。

神戸の借家は大阪時代に比べて、それは質素だったが、母の光子、二歳上の姉、朝子と重治の三人の幸せな暮らしが始まった。神戸市内にある諏訪山小学校に入学したばかりの重治は病弱だった。それを心配した伯父の松方幸次郎（一八六五―一九五〇）が訪ねてきて、母の光子に、

「お前のところの子供たちは顔が青白い。このままでは元気に育ちにくいから、思い切って鎌倉へ行ったらどうか」

と、転居を薦めた。当時、鎌倉には母方の祖父、元老の松方正義の別邸があり、七十歳を過ぎた正義がそこに住んでいた。重治母子三人は重治が小学校一年生の夏休みに鎌倉に移り住むことになった。

鎌倉ではのどかな毎日だった。祖父の松方正義が朝の七時前になると、

「おーい重治、出かけるぞ」と、促す声が響く。重治少年が、

「はーい、ただいま参ります」と、かわいい声で答えた。

護衛の巡査と、祖父、重治の三人が毎朝行っている散策の始まりである。湘南海岸の白い砂地をわずか三十分歩くだけだったが、散歩の後の朝食がことのほかおいしく感じられるほど重治は元気になっていった。小学校一年生の二学期は近所の町立鎌倉小学校に通った。ただ、勉強が遅れてはいけないからと、家庭教師について勉強もした。八ヶ月ほど鎌倉で生活し、明治四十年の三月、重治母子は神戸に戻った。

復学した諏訪山小学校での成績は二年生の二学期から「オール1」(当時の成績は五段階評価で、1がもっとも良かった)。けれども、体が弱かったせいか、鉄棒のしり上がりができず、走るのも遅く、体操は苦手だった。神戸の小学校時代、週二、三回、学校の授業が終わった後に、英語、漢学、書道などを習った。英語は自宅近くの英語塾に通った。先生は二十代後半のアメリカ人とのハーフの女性だった。重治と英語の最初の出会いである。

父親の忝蔵は漢学が好きだった。漢文を白文ですらすらと読み、十七歳でアメリカに留学するころには頼山陽の『日本外史』などを自由に読みこなすほどだった。留学時代、中国系のアメリカ人の間

でも評判になるほど漢学の学殖が深かったという。また、悉蔵は無類の読書家で、留学から帰国しても、ナポレオンの伝記などを取り寄せては読み耽った。

父の影響を受けて、重治もまた、小学校六年生の時には『詩経』の抜粋、神戸一中時代には『十八史略』を漢文で読むことができた。『詩経』は中国最古の詩歌集である。殷時代から春秋時代までの詩三百十一編を集めている。士大夫階級の教養に不可欠のものとして重視された。現存する『詩経』の編定は孔子か、その弟子の手でなされたと考えられており、戦国期を通じて、孟子や荀子ら儒家が経典として尊重し、詩句の解釈も付されて、儒家の永遠の古典として権威づけられた。

彼黍離離　　彼の黍《しょ》　離離たり
彼黍之苗　　彼の黍の苗
行邁靡靡　　行き邁《ゆ》くこと　靡靡《び》たり
中心揺揺　　中心　揺揺《よう》たり
知我者　　我を知る者は
謂我心憂　　我を心憂うと謂う
不知我者　　我を知らざる者は
謂我何求　　我を何をか求むと謂う
悠々蒼天　　悠々《ゆうゆう》たる蒼天

此何人哉　　此れ何人や

これは『詩経』王風「乖離」の一節だが、最後の句は国家を滅ぼした為政者（王）に対する婉曲の呪詛を表現しているという。

重治少年はこれを小学校六年生で諳んじたというのだから驚きである。おそらく、詩の意味するところは理解できなかったはずだが、漢詩を毎日、少しずつ口ずさむことで、いつのまにか、漢文の素養が宿っていった。それだけでも、意味がある。

『十八史略』は元時代に曾先之によって書かれた。『史記』『漢書』など宋代に至るまでの十八種類の正史の要点をまとめた教材用の史書である。簡潔にしかも面白く読ませるように工夫されている。元はモンゴル民族の政権である。異民族の支配下にあって、中国の歴史を誰にでも読めるようにして、漢民族の自尊心を失わせないようにするためだった。いわば漢民族の危機感が生んだ名著である。

作家の陳舜臣は『小説十八史略』（集英社、二〇〇〇年）の冒頭で、

「人間。
ただ人間。
ひたすら人間を追究する。
これが古くから中国人の史観であった」

と、述べている。

重治は神戸一中時代、ひたすら人間を追究した『十八史略』を漢文で読んだ。これもまた、父、丕蔵による強制的な漢文教育の賜物だった。漢学の教養は人の上に立つ者が備えていなければならない最低限の教養と考えられた。江戸時代までの士分の家庭では当たり前だったことが、明治になっても、受け継がれた。中国四千年の英知がたくさんつまっている書籍に幼い頃から触れることで、松本が身につけたものは単なる知識ではなかった。生きて行く上での原理原則や、人の上に立つ者のあるべき人生哲学を知らず知らずのうちに学んだ。幼少のころから、漢詩を暗唱し、中国史で人間の営みを学んだことで、いつのまにか、重治少年の心の中に人間の営みに対する深い洞察力が備わっていった。

余談だが、昭和天皇（一九〇一―八九）は学習院初等科を卒業すると東宮御所に新たに設けられた御学問所で、中等教育以上の教育を受けた。それを発案したのが、昭和天皇が学習院初等科に通っていたころの校長、乃木希典陸軍大将（一八四九―一九一二）だった。そして、東宮御所・御学問所の初代総裁は東郷平八郎海軍大将（一八四八―一九三四）だった。乃木も東郷も日露戦争勝利の英雄だが、ふたりは昭和天皇と臣下を隔離して教育を施そうとした。それは「王道」を学ばせるためだった。御学問所でのそのカリキュラムを見ていて思わずうなってしまった。算数、理科、社会、外国語（フランス語）などが週四―五時間なのに対し国語と漢文は週十時間と倍だ。

昭和天皇もまた、初頭教育でたっぷりと漢文を学んだ。明治期から昭和前期まで、天皇が公式の場で言葉を発する場合にはどんなに短い文章でも「漢語調」で語ることが伝統であった。「漢語調」で語ることがもっとも権威を高めるものと信じられたからだという。いずれにしてもこの時代、民の上に立つ者には漢文の素養が不可欠だった――。

第二章　青春の日々

松本重治は明治四十五（一九一二）年四月、兵庫県立第一神戸中学校（神戸一中、現在の県立神戸高校）に入学した。

明治の御世は四十五年間である。この年の七月末、明治天皇（一八五二―一九一二）が崩御している。松本は明治最後の年に中学校に入学したことになる。文豪、夏目漱石（一八六七―一九一六）は小説『こころ』の中で、

「夏の暑い盛りに明治天皇が崩御になりました。其時私は明治の精神が天皇に始まって天皇に終ったやうな気がしました。最も強く明治の影響を受けた私どもが、其後に生き残っているのは必竟時勢遅れだといふ感じが烈しく私の胸を打ちました」（『漱石全集　第九巻』岩波書店、一九九四年、所収）

明治の精神が天皇に始まって天皇に終わった――こうした感慨に耽ったのは漱石ばかりではなかっただろう。明治維新の動乱期を生き抜き、国家の存亡をかけたふたつの戦争を戦った明治人たちは明治天皇の死に際して、心を大きくかき乱された。

そのひとり、日露戦争勝利の立役者、乃木希典大将が、明治天皇のあとを追って、妻とともに自刃して果てたのは九月の御大喪の日だった。

ドーン、ドーン、ドーン……。

乃木の殉死に対する弔意の大砲もこの日、日本中に響いた。松本もその音を覚えていたという――。

神戸一中のスパルタ教育

松本重治が卒業した諏訪山小学校では一クラス（約五十人）のうち四、五人が神戸一中に進んだ。神戸一中は当時、関西圏でも屈指の進学校で、受験は厳しかった。小学校を卒業後、いったん、高等小学校（二年制）に進み、二年後に神戸一中を改めて受験する子供もいたから松本のように小学校からすぐに中学を受験する場合はとりわけ厳しかった。しかも、神戸一中の入学試験では入試科目のうち一科目でも七十点を下回ると不合格となったという。明治四十五年の入試の競争率は三倍、合格者は百三十人で、松本は六十番目ぐらいだった。お坊ちゃん育ちの重治はここで徹底的にしごかれることになる……。

兵庫県立第一神戸中学校は明治二十九（一八九六）年五月に開校した。ただ、創立時の名称は兵庫県立神戸尋常中学校で、神戸一中に改称されるのは明治四十年である。校風は「質素剛健」と「自重自治」――重治も、これには「いささか戸惑った」というくらい神戸一中の校訓は当時でも、異彩を放った。

松本が神戸一中に入学した春に写した記念写真が残っている。制服・制帽姿だが、制服の色はおそらくカーキ色、陸軍の軍服に似ている。軍帽のようなツバつき帽子を被り、ズボンの上には「巻きゲートル」。巻きゲートルというのはズボンの裾がばらつかないように、布できつく縛り上げる幅広の布紐のことで、それはひざ下くらいまで達している。十一歳の重治がそんな格好をしていると、まるでおもちゃの兵隊さんだ。そんな制服姿から想像できるように、とにかく、神戸一中では――。

「ぜいたくは戒められ、スパルタ教育の象徴として昼食は運動場で立ったまま食べた。座るのは禁止。雨の日は屋内の体操場で、やはりそろって立ち食いになる。水気がとれなかったので、食べ終わると、みんな水道口には走ったものだ」（『〈聞書〉わが心の自叙伝』）

というのだから、すさまじい。

教科書を入れるのは白風呂敷だけに限られていた。軍服に似た制服に白風呂敷。神戸一中の生徒はどこへ行っても目立ち、神戸の盛り場にでも出没するものならすぐに学校に通報されたという。軍国日本を彷彿させるような校則だが、それを定めたのが、開校以来の名物校長、鶴崎久米一（一八五九―一九四二）だった。鶴崎校長は札幌農学校の第二期生。同期生には内村鑑三（一八六一―一九三〇）、新渡戸稲造（一八六二―一九三三）らがおり、鶴崎はそんな秀才たちに囲まれていた。札幌農学校は明治政府が北海道開拓のために設けた札幌学校を改組した学校で明治九年の開校。その草創期に学生を厳しく指導し、基礎を築いたのが、マサチューセッツ州立大学農科大学長、クラーク博士（一八二六―八六）だったことはよく知られている。クラーク博士が札幌農学校で指導にあたったのはわずか一年足らずだったが、クラークは生徒たちに向かって常に、

「紳士たれ」

と、求めた。

『兵庫県立神戸高校　九〇年のあゆみ』（一九八六年）によると、

「日清戦争直後のこととて、国家興隆の機運と神戸市との発展に支えられて教育を重視することになったのはいうまでもないが、（中略）鶴崎校長は開港場神戸の軽佻《けいちょう》浮薄《ふはく》な風潮に驚き、国家の前途を憂えて、是非とも生徒たちからこの奢侈《しゃし》惰弱《だじゃく》の弊害を矯正しなければならぬと一大決心し、一種の鍛錬主義の人物教育をもって、異彩を放つ中学教育を創始した」

紳士たる者は軽薄であってはいけぬ。常に己を律し己を鍛えなければならない――。札幌農学校で、紳士たるための厳しい指導を受けた鶴崎校長は、その精神を、そっくりそのまま神戸一中の校訓に吹き込んだわけだ。質素剛健の鍛錬主義が顕著にあらわれたのが「行軍」。名称からしていかめしい。これは遠足のことだが、これも普通とはかなり違う。とにかく歩け、歩け、歩け――。一年生であろうとおかまいなく、何キロも歩かせた。軍服姿の子供たちが「イチ、ニ」「イチ、ニ」……と、掛け声を出して「行軍」する様は神戸の〝名物〟でもあった。これではやはり、軍国日本というものが、

どうしても浮かび上がってくる。が、鶴崎校長のそれは決してそうではなかった、という。

重治の神戸一中の七年先輩に、後に東大総長となる矢内原忠雄（一八九三―一九六一）がいる。矢内原の長男で、哲学者の矢内原伊作が『矢内原忠雄伝』（みすず書房、一九九八年）のなかで、こうした見方を否定している。

「神戸一中のカーキ色の制服は軍国日本に照準をおいたものではなく、『質素剛健』の気風を一層徹底させる意図によって制定されたものと思われる。それは軍国主義とは無関係であり、忠雄の受けた中学教育に軍国主義的傾向は見られない。教育勅語を根幹とし、軍事教練をおこなっていた教育を軍国主義的というならば話は別で、これは明治期から太平洋戦争時まですべての中学校でおこなわれていたことである。むしろ、逆に生徒の『自重自治』が奨励されていた」

自由主義者であった松本重治の口からも、神戸一中が軍国主義的であった、などとの批判は一切、聞かれなかった。もっとも、松本の三年後輩で、戦後、吉田茂の側近として活躍した白洲次郎はこの校訓がことのほか嫌いだったようだ。白洲の同級生、作家の今日出海（一九〇三―八四）が、神戸一中になじめなかった白洲を、面白おかしく描いている。

「その頃の神戸の中学校は粗野で、野蛮だった。一皮剥けば文明人なのにわざと乱暴な真似をしていた。例えば松本重治が上級生だったが、下級生の僕たちは何か松本といえば怖い人だった。後にたびたび会うようになってみれば、何のことはない僕より文明人なのだから、時代が未開であり、神戸が田舎だったというだけの話である。ところで、白洲次郎は、どういうわけか神戸の思い出となると悉く面白くなさそうだ。しかし、当時の彼は育ちのいい生粋の野蛮人で、いまだに野蛮人の素質が抜けていない。彼は中学を終えると英吉利《イギリス》へ行き、剣橋《ケンブリッジ》に学んだ」

（「野人・白洲次郎」、今日出海『私の人物案内』中公文庫、一九八五年、所収）

白洲次郎は神戸一中での生活をもてあましていたのだろう。そんな少年期の小さな〝反抗〟が、白洲次郎を乱暴者にしたようで、非常に面白い。白洲の〝神戸一中嫌い〟には別のエピソードもある。神戸一中を大正十四年に卒業した湯原章郎の証言である。湯原は第三高等学校に進み、京都帝国大学を卒業。その後、日本興業銀行に入行、常務などを歴任した。湯原がある日、東北電力会長だった白洲を、会社に訪ねたことがある。中学の大先輩に講演を依頼するための訪問だった。秘書に来意を告げて、待っていた。秘書が白洲の部屋に入ると、

「なにぃ、神戸一中だとぉ。俺はあの学校は大嫌いだ……。だから、講演なんか絶対にやらないぞ」

ドア越しに、白洲の大声が漏れてきた。湯原はそれを思い出しながら、

「白洲さんは本当に嫌いだったようですね」と笑った。講演会の話も立ち消えになった。白洲次郎のように、天真爛漫で、いい意味で、生来の「自由人」には、確かに相容れない校風だったかもしれない。校風にあうか、あわぬかは、その人の性格による。白洲次郎の場合は神戸一中の校風に、単になじめなかった、というだけだろう。

が、これも昭和期に入ると、様変わりする。SF作家の小松左京は昭和六（一九三一）年生まれ。昭和十八年四月に神戸一中に入学し、終戦時は三年生だった。小松左京は、

「私の通っていた中学校が、とんでもないスパルタ式、軍国主義的な学校で、たとえ厳寒であろうとも制服の下はシャツ一枚、パンツ一枚、それも長袖はだめ、半袖まで、風邪をひいた時以外は毛織物、毛糸製品、パッチなどはもってのほか、という決まりがあり、冬の服装検査には、毛のシャツを着ていないか、シャツを二枚以上着ていないか、厳重にしらべられた」

(『やぶれかぶれ青春期』旺文社文庫、一九七五年)

と、その〝軍国主義ぶり〟を、批判的に描いている。

だが、それにも訳があった。太平洋戦争に負けるまで、日本の学校には小学校から大学まで「軍事教練」という課程が強制的に設けられていた。神戸一中にも、軍事教練を担当する「下積みの兵隊からたたきあげた准尉殿」がいて、いかにも「『たたきあげ』らしいいやらしさをもって」小松らに接していた。その准尉殿が事あるたびに、

「気合をいれてやる」

と、いっては、鉄拳制裁を加えたり、運動場まで匍匐前進を命じたりした。

これは教練というよりも、あきらかに〝いじめ〟である。このころの子供たちは慢性的に飢餓状態。そんなときに匍匐前進をさせられたのではたまったものではない。これでは中学時代を憎むのも、やむを得まい。それに、そんな風潮に、いつのまにか迎合する教師も出てきて、小松左京は「いまだにその教師を許せない」。これは教育現場の責任というよりも国家の責任である。軍国日本の異常さを、示しているエピソードである。

「お前は書かれる側の人間になれ」

神戸一中に当時、岡本金延という作文の教師がいた。松本重治はあるとき、岡本から、

「オレは新聞記者になるから、お前は書かれる人間となれ」

と、いわれたことがあるという。

岡本の「書かれる人間」とは具体的に何をさしているのか。よく分からないが、おそらく、政治家や中央省庁の官僚のことだろう。つまり、岡本は松本に対して、日本のリーダーになれ――ということを言ったのだろう。確かに松本も書かれる側の人間、つまり政治家や官僚になるほうが自然だった。松本は明治の元老、松方正義の孫である。教師の岡本は松本の家系を慮ったのだろうし、松本自身の素養にそうしたものを見出したのかもしれない。だが、松本はジャーナリストの道を選んだ。

ジャーナリストというと小さいころから文章を書くことが好きだったように思われがちだが、そんなことは稀だ。松本にとっても作文は「神戸一中の受験時も苦手」で、中学での作文の授業も「苦痛の連続」だった。ただ、松本はその後、苦手意識を克服した。そのきっかけとなったのが松本に「お前は書かれる側の人間となれ」と叱咤激励してくれた教師、岡本との出会いだった。岡本は毎週一回、生徒たちに作文を書かせた。作文嫌いの重治にとってかなり苦痛だったはずだ。岡本は生徒の作文を金曜日と土曜日に添削していったん生徒に返した。生徒はこれを持ち帰って日曜日に清書し、月曜日

に再提出した。こんなペースなら生徒も大変だったろうが、これは教師にとってもかなりの重労働だったはずだ。

「作文」は文章修行とは違っている。「作文」はまず、誰かにそれを見せるために文章を書く。その過程で物事を分析したり思考したりする能力を養うことができる。何度も、何度も、文章の推敲を重ねていくと、次第に論理の完成度が高まってくる。美文や名文ではなくともいいのだ。むしろ、そのほうが主張したい事柄がうまく伝えられることもある。一連の作業を通じて、他人を説得するための論理展開の仕方を学ぶと、文章は当然うまくなるし、合理的な物の考え方が身につくようになる。自分自身のためだけに書く日記と自ずと違った効用がある。

松本は文学青年だった、という。松本ら十人近い〝文学青年〟たちが、休みの日に、岡本宅をよく訪れ、文学と人生を語り合い、質問を浴びせた。ある日のこと——。

松本は岡本の書架に『大思想家　トルストイ』という本を見つけた。

——思想家とはなんですか。松本は静かに尋ねた。

普段の授業で、こんな大人びた質問は沸いてこない。恩師の本棚にぎっしりと並んだ難しい本の群れを眺め、それらに圧倒されて、初めて抱く疑問である。少年期の好奇心がしばしば大人を狼狽させるのはこんなときだ。作文を書き、添削してもらう。そして、休みの日に自宅を訪ねて、文学や思想の手ほどきを受ける。こうした日常が「インターナショナル・ジャーナリストとしての修行になった」ことはいうまでもない。素晴らしい少年期の体験である。当時の文学青年の間で流行ったのが、高山樗牛（一八七一―一九〇二）の『わが袖の記』だった、という。松本も、何度も何度も読み返し、主要な部分は暗記するほどだったというから、まさに〝青春の書〟だった。青春時代の読書はその人の感性を完成させる大きな礎石となる。青春時代にどんな本を読んだのか。どんな作家に接したのか。大人になって読む、どんな書物よりも、大きな影響を及ぼすものだ。

高山樗牛は、高邁な美的精神と格調高い名文でもって、一世を風靡した天才的な作家であり、思想家でもあった。樗牛は明治四（一八七一）年一月、羽前の国に生まれている。維新の余燼がまだ、消え失せていない時代である。樗牛というのは号で、本名は高山林次郎という。樗牛は仙台の第二高等学校の出身。同級生には井上準之助（一八六九―一九三二）らがいた。井上は後に、日銀総裁や大蔵大臣を歴任。昭和七年の血盟団事件で、暗殺されるという悲劇が待ち受けている。また、畔柳芥舟（一八七一―一九二三）という同級生もいた。畔柳は樗牛の生涯を通じての親友だった。その畔柳に、松本重治は第一高等学校で、英語を習うことになる。〝青春の書〟の作者の親友に英語を習うというのは奇縁だ。

樗牛は二高を卒業後、東京帝国大学哲学科に進学。帝大時代に近松門左衛門の研究で名をなし、小説『瀧口入道』で、文人としての声価を高めた。雑誌『太陽』や『帝国文学』を拠点として数多くの評論を発表している。明治二十九（一八九六）年七月、東京帝大を卒業後、いったんは母校の第二高等学校教授についた。が、翌年の四月には辞職。その後、東京の出版社である博文館に入社、雑誌『太陽』文芸欄の主筆になった。

松本の〝青春の書〟である『わが袖の記』は、樗牛の代表作のひとつで、明治三十年八月、『中央公論』で発表された短い美文調の随筆である。実際に書かれたのはその二年前だったといわれる。当時、『瀧口入道』などとともに人口に膾炙し、長く、愛唱された。『わが袖の記』は「樗牛が初恋の女性について書き残した唯一の作品」（長谷川義記『樗牛――青春夢残　高山林次郎評伝』暁書房、一九八二年）で、文学を愛する青年を魅了する感傷的な美文でもある。

「月あかき一夜、われひとり浪打ちぎわに佇みき。濱千鳥聲絶えて、浦風すめるそなれ松、浪の音のみいとさえたり。夢の如き水けふりは、山の端白ろくとぢこめて、空には星の影まれなり。われ岸邊の松にうちもたれて、ふるさと遠く思いかへしぬ。

想へばはるけくも来つる者かな。わが父母にわかれ、わが兄弟にそむきて、われやひとり何の為に是の地に漂泊よへる。わが命をわけし弟は、われに先ちて死にたり、われを愛せし姉上もまたかへらぬべくゆき給へり、わが誓ひし人は永くわれにそむきぬ。われや何の為に孤り此世にはとどまれる」

（樗牛全集第五巻『想華及消息』博文館、一九〇六年、所収）

嘉治隆一との出会い

松本重治は神戸一中時代、その後の人生に深く関わる多くの先輩・後輩と出会った。

神戸一中の卒業生には官界や経済界で活躍するよりも、どうしたわけか、学者や作家、ジャーナリストで名をなした人が多い。そのひとり、三年先輩に嘉治隆一（一八九六―一九七八）がいた。
嘉治は終戦時、『朝日新聞』の論説主幹だった。著書に『明治以後の五大記者』（朝日新聞、一九七三年）、『緒方竹虎』（時事通信社、一九六二年）などがある。嘉治はすんなりと新聞記者になったわけではない。東京帝大法学部を卒業後、満鉄の東亜経済調査局に入社。十数年勤めた後に朝日の記者となっている。満鉄社員から新聞記者――嘉治の数奇な運命はその時代を反映したものなので、簡単に紹介しておこう。

嘉治が入社した満鉄は日露戦争の勝利で獲得した東清鉄道や清朝東三省の権益を運用していくために設立された日本初の植民地運営会社で、正式には南満州鉄道会社。

その調査部門が東亜経済調査局、設立は明治四十一（一九〇八）年。満鉄の初代総裁、後藤新平（一八五七―一九二九）がフランスの大銀行、クレディ・リヨネ調査局にヒントを得て、つくった。ただ、正式に発足したのは、後藤新平が満鉄総裁を辞し、第二次桂太郎（一八四七―一九一三）内閣で、逓信相兼鉄道院総裁に就任してからのことである。

後藤新平の女婿で、評論家の鶴見祐輔（一八八五―一九七三）によると、後藤は周囲の反対を押し切って調査局の顧問に外国人を雇い入れ、しかも高給を支払った。日本が満州で事業を行えば諸外国から非難や批判を必ず受ける。日本人が釈明したり、弁明したりするよりも、「外国でも相当識見のある人に意見を聴いた上で（反論などを）発表したほうが、外国人の心理作用に及ぼす影響がある」（鶴見祐輔『正伝　後藤新平』の第四巻『満鉄時代』藤原書店、二〇〇五年）と、考えたからだという。

東亜経済調査局には東京帝大法学部出の有能な人材がたくさん集まった。しかも、調査局は自由主義の精神が横溢し、国士たる雰囲気がその基底を流れた。嘉治も、それを謳歌、国家のために調査研究に取り組んだひとりだった。ところが――。

時代が大きく変わりつつあった。東亜経済調査局の周辺にも、じわじわと、時代の荒波が押し寄せつつあった。そして、アッという間に呑み込まれてしまう。ファッショの荒波。その基点となったのもまた、満州だった。昭和三（一九二八）年六月、満州で実に奇怪な事件が起きている。大軍閥のトップ、張作霖（一八七五―一九二八）が乗った列車が爆破され、張が殺されたのだ。当初は蔣介石軍の仕業とのうわさが流れていたが、まもなく、関東軍の高級参謀、河本大作大佐（一八八三―一九五三）らによる犯行だったことがわかった。これが張作霖爆殺事件で、この事件を機に中国では反日感情が一段と高まっていく。それが結果的に満州事変（昭和六年九月十八日）へとつながっていくことになる。

そして、満州事変の翌年、昭和七（一九三二）年五月十五日、五・一五事件が起きた。海軍の一部将兵らが白昼堂々、総理官邸に押し入り、首相の犬養毅（一八五五―一九三二）を暗殺した政治テロだ。事件に深く関与し思想面での指導的な役割を演じたのが、当時、東亜経済調査局主事だった大川周明（一八八六―一九五七）だった。大川はその後、逮捕・収監され、調査局を去っていくが、調査局には大川の影響を受けた〝残党〟が多数おり、彼らがその後、軽挙妄動し、調査局自体がファッショ運動の中心地となり始めた。それを危惧した嘉治は

「数人の仲間と相談して、なんとかファッショの泥水が満鉄にはねちらないようにしてほしい」と、

上層部に具申した。それは、

「きちんと、一線を画しておくようにしなければ、満鉄も潰れる、ひいては日本の国そのものがファッショの渦中に引き込まれて、亡国の憂き目を見なければ済まない」（『緒方竹虎』）と、思ったからだという。

だが、嘉治らの運動は奏功しなかった。むしろ、逆に、嘉治ら自由主義者がどんどん追い込まれていった。満鉄調査局で路線対立が激昂し出した矢先、張作霖爆殺事件の河本大作が満鉄理事に天下ってきた。以後、軍部と右翼による満鉄の自由主義者らへの風当たりは強まるばかりで、嘉治らの正論は押しつぶされ、嘉治は詰め腹を切らされた。嘉治は退社後、『朝日新聞』の記者となった。そのときの編集局長が緒方竹虎（一八八八―一九五六）だった。友人を介して緒方を知り、緒方の引きで朝日に入社した。

緒方は戦時中、情報局総裁に就任したのがきっかけで政界入りし、終戦直後、東久邇稔彦（一八八七―一九九〇）内閣や吉田茂内閣で、内閣書記官長（現在の内閣官房長官）に就任。その際、一億総ざんげ論を提唱した。嘉治は恩人である政治家・緒方を、陰に陽に支えたひとりである。

松本重治は正義感の強い嘉治隆一を心から信頼した。ふたりはともに、神戸一中から一高、東京帝大法学部に進学し、最終的に、新聞記者となった。こうした経歴がふたりを結びつけ、ふたりの交友関係は終世、続いた。というよりも、松本は終生、嘉治に頭が上がらなかったらしい。松本が後年、嘉治を引き合いに出すときにそうした情感を垣間見せた。

学校時代の先輩と後輩という関係はどうやら一生続くらしい。松本と嘉治との間の〝友情〟には面白いエピソードが残っている——。

神戸一中時代、松本の母、光子がことのほか嘉治を信頼していた。嘉治は文武両方に秀でた子供だった。それとは逆に、中学に入っても、いっこうに体が丈夫にならない重治。そんな息子を心配した光子が、神戸一中の花形水泳選手としてならしていた嘉治に、

「重治を泳げるようにしてください」と、頼んだという。すると、嘉治は松本を、突然、灘浜の沖合いに伝馬船で連れて行って、

「松本、飛び込め」

怖い先輩の号令である。やむなく、松本は海に飛び込んだ。

泳げない松本は海の中でアップアップ。溺れかかった。でも、嘉治はしばらくそれを見守るだけで救いの手を出さない。松本はしたたかに海水を飲んだ。このスパルタ教育のおかげで、松本も「なんとか泳げるようになった」。

松本の神戸時代はこうして過ぎていった。

一高時代

松本重治は、神戸一中を卒業後、東京の第一高等学校一部甲類（英法科）に入学した。

大正六（一九一七）年九月のことである。

第一次世界大戦の最中だったが、主戦場は遠い欧州。日本は平和で、のどかだった。

松本の同級生は八十一名。全員が寄宿舎生活で、松本は南寮十番に入った。当時の一高生のイデタチは大半が着物姿だったというから、男だけの気楽な寄宿舎には明治のバンカラ気分が依然として横溢していた。そのころ、帝都・東京でも月に十円もあれば楽に生活ができたという。平均的なサラリーマンの月給が数十円程度で、松本は月々、二十円の仕送りを受けたというから相当、余裕のある学生生活だった。

「友人を誘い、『呑喜』のおでんを食べたり、その上、母にせがんで、よく七、八人の友達と一緒に四谷の肉屋で牛ロースのすき焼きをごちそうしてもらった」

すきやき一人前は三円五十銭くらい。みんな食べ盛りで、いつも十五皿くらい軽く平らげた。一高のある本郷界隈では、トンカツ定食を二十三銭で食べさせたというから、これは大変な贅沢である。

松本は小学校時代から家庭教師について英語を習った。でも、

「本当の英語は一高の畔柳芥舟先生から習った」

英語の教師、畔柳芥舟とは松本が神戸一中時代に愛唱した『わが袖の記』の作者、高山樗牛と、仙台の第二高等学校で席を並べ、終世の親友だった畔柳である。

畔柳がこのとき、授業で使用した教科書はディ・クインシーの『オピアム・イーター』。

旧制高校とはいえ、英語の授業で、「阿片吸引者の告白」を教材にするというのだから、すごい。

その進度も「一学期に三ページがやっと」というところだった。難解だったからではない。畔柳の教授法が独特であったからだ。

「先生は一人ひとりに言葉の意味をつぶさに質問する。それも、四十人クラスをAとBの二組に分けて、同じ内容を二十人ずつ教えた。『明日は畔柳の時間』という日は、みんな図書館に二時間ほどこもり、ウェブスター辞典を取り合って、単語の意味を調べた」

という。でも、それだけでは終わらなかった。

「どんな小さな言葉でも、それをみんな知らなければいけない。単語を全部書き取って、文脈が変わるにしたがって少しずつ違ってくる意味を調べていく。先生の質問に答えられればマル。そうやって平常点をつけ、学期末に、成績の良い順とビリっけの一番、二番の名前を発表した」

と、いうのだから、徹底した英才教育である。

英語の成績が一番良かったのが、A組では宮沢俊義（一八九九―一九七六）。宮沢は天皇機関説を唱えた美濃部達吉（一八七三―一九四八）の門下生で、後に日本を代表する憲法学者となった。B組では松本だった。

松本はその後、大学院時代にアメリカに留学するが、

「畔柳先生には本当に鍛えられた。アメリカに行っても、文法ならアメリカ人学生に負けなかった」

というから相当の実力の持ち主だった。

一高時代、松本はどちらかというと運動は苦手だったようだ。ただ、ボート部に入部している。一

高ではそのころ、ボート競技が盛んだった。スポーツ競技としてのボートというよりも「人格鍛錬」の場として位置づけられていたようで、松本も、英法ボート部の勧誘に応じて入部した。同じ釜の飯を食って、スポーツで苦楽をともにした仲間との交際は終生続くものだ。そんな仲間の二年先輩に岡崎嘉平太（一八九七―一九八九）がいた。

松本と岡崎の大学卒業後の進路は異なったが、その後、ふたりは日本を代表する〝中国通〟として内外で知られることになる。そんな縁があったためか、松本と岡崎は、日中友好協会副会長などを務めた中国研究家の伊藤武雄（一八九五―一九八四）との三人で、『われらの生涯のなかの中国』（みすず書房、一九八三年）を上梓している。

岡崎嘉平太も骨太の人で、彼の人生もまた、面白い。岡崎は岡山県出身。大正十一（一九二二）年に東京帝大法学部卒業後、日本銀行に入行。昭和十三（一九三八）年、〝中国通〟として選ばれて中国に渡った。翌年、上海の華興商業銀行に転じた。その後、大東亜省参事官を経て、上海在勤日本大使館参事官に在職中、敗戦の日を迎えた。岡崎はすぐに帰国せず、上海にとどまって、日本人の大陸からの引き揚げに尽力している。

太平洋戦争後、中国では蒋介石の国民党と毛沢東（一八九三―一九七六）の共産党との間で内戦が始まり、結局、共産党が勝利する。一九四九（昭和二十四）年、大陸に成立したのが現在の中華人民共和国だ。国民党は台湾に追いやられた。日本はアメリカなどとともに国民党の台湾政権を中国の正統政府としていたが、岡崎は一貫して、共産党政権を支持する日中国交正常化の立場をとった。ところが、事情が一変する。

昭和四十五（一九七〇）年、アメリカが電撃的な対中接近を行ったのだ。これで、日本も、対中関係の正常化を迫られることになった。日本の時の政府は佐藤栄作（一九〇一―七五）政権で、親台湾派。佐藤はあくまで台湾に固執し続け、苦肉の策として「政経分離」の立場を掲げた。これを、真っ向から批判したのが岡崎で、大陸との国交正常化を訴えた。岡崎は全日空の社長なども務めた。

『われらの生涯のなかの中国』の中で、松本が同盟通信の上海支局長時代にスクープした「西安事件」（詳細は後述）に絡んで、面白いエピソードが紹介されている。

当時、岡崎は日銀で中国に関する調査畑の仕事をしていた。ある日、上司から西安事件の顛末、殊に蒋介石の運命について問われた。岡崎は「蒋介石は殺される」と、自信をもって答えたが、それが見事にはずれてしまった。その後、上司から見通しが間違ったことを盛んに冷やかされ、恥をかいた。が、そのとき、岡崎は「自分の中国認識が甘く、一段と勉強する必要性を感じた」という。岡崎のそれまでの中国研究は、日本でしかも、オフィスのデスク上で、中国関係資料を読破することなどが主だった。しかし、これでは真の中国理解をするには限界があることに気づいたのだ。現地に行って長期間滞在し、フィールドワークをする必要性を痛感したのだ。

岡崎の立場は日銀の一行員であり、それまでの手法は立場上やむを得ないことではあったが、以後、岡崎は折りにつけ中国への転勤を模索することになる。そしてついに昭和十四（一九三九）年、華興商業銀行へ転じた。岡崎は中国で必死になって勉強と研究を続けた。その後、日本を代表する中国専門家に成長した。その原点が西安事件にあったのだ。一高ボート部の後輩である松本が西安事件をスクープしたというのだから因縁めいている。

このほか一高ボート部の仲間には戦前の首相、近衛文麿の秘書官などを務めた牛場友彦（一九〇一―一九九三）もいた。牛場は神戸一中（現在の兵庫高校）出身。岡崎嘉平太がコーチ役となり、松本、牛場のクルーが「組選」で優勝したこともある。実は牛場と松本は縁戚関係にある。

松本の母方の叔父に松方正熊（一八八一―一九六九）という人がいた。松方正義の九男だが、その正熊の妻が牛場の従姉妹ミヨ。ちなみに松方正熊とミヨの間に生まれたハル（一九一五―九八）が後にアメリカの日本大使であり、日本研究家としても知られているエドウィン・ライシャワー（一九一〇―九〇）と結婚している。

牛場友彦は一高を卒業後、英オックスフォード大学に留学、そこでも、ボート競走で優勝することになる。一高時代の鍛錬が本場イギリスでの栄誉につながったのかもしれない。ただ、全英大学大会では優勝できなかったという。

内村鑑三の聖書講義

松本重治は一高を卒業すると、東京帝大法学部に進んだ。大正九（一九二〇）年九月のことだ。当時の法学部の研究室には、後年、それぞれの分野で、名を成す蠟山政道（一八九五―一九八〇、政治学者）、我妻栄（一八九七―一九七三、民法学者）、平野義太郎（一八九七―一九八〇、マルクス主義法学者）、木村亀二（一八九七―一九七二、刑法学者）といった俊秀がキラ星のごとくおり、彼らが「自分の机の正面と左右両側にうず高く本を積み重ね」て、次から次に原書を読破していく様は圧巻だった。松本もそうしたアカデミックな雰囲気を好み、読書に耽った。

その一方で、松本は「自分の思想」を探し求めた。そのとき、出会ったのが、キリスト者であり、無教会派を樹立した内村鑑三だった。松本は内村の主催している説教をよく聞きにいったという。「内村鑑三先生の聖書の歴史的な解説が面白かったし、質問もした」。

内村鑑三はそのころ、東京・神田のキリスト教青年会館や大手町会館などで毎週、日曜日に聖書講義を催していた。内村がある日の聖書講義で、

「日本の武士道にキリスト教精神を接木するのが、一番よいキリスト教になる。武士道という元木がある事が日本人にとって強みだ。その上に花を咲かせるのがキリスト教だ」

こう言って、武士道とキリスト教精神を結びつけたことに、松本は新鮮な驚きを覚え、これがきっかけとなって、内村の人格や思想に、興味を抱くようになった。

松本が、内村の聖書講義に通ったのは三年に及んだ、という。が、このとき、松本はクリスチャンではない。でありながら三年もの間、内村の聖書講義に出席したというのだから、よほど内村鑑三という人格に心酔したのだろう。松本は八十九歳で天寿をまっとうする直前、洗礼を受けた。その理由はよく分からない。誰でもそうであるように松本にも死への恐怖はあったはずだが、松本の場合はよ

り信仰的だったのではないか。青春時代、自分自身の思想を発見する旅をしていた松本の心に内村鑑三の声は大きく響いた。それはいつまでも消えることはなかったはずだ。大人になっても、内村の澄み渡った声と、心のどこかで対話をしていたはずだ。それが自身の死の直前になって木霊し、松本にキリスト者への道を決意させたのではないか。青春時代の思索はそれだけ深い——。

内村鑑三は一八六一年三月二十六日（万延二年二月十三日）、高崎藩士、内村宣之の長男として江戸・小石川で生まれた。高崎藩は佐幕派だった。父の宣之は明治になって政府に使えた。しかし、佐幕派出身だけに地方勤務が多く、そんな役人暮らしに嫌気がさして早々に辞めてしまった。このため内村家は貧しかった。東京に戻ってから内村鑑三は東京英語学校（後の東京帝国大学予備門）に入学。その三年後の明治九（一八七六）年に北海道の開拓をする技術者を養成するために設立された札幌農学校に入学（第二期生）した。

同級生に新渡戸稲造や宮部金吾（一八六〇—一九五一）、松本の母校、神戸一中の鶴崎久米一校長らがいたことはすでに述べた。新渡戸稲造は後に国際連盟事務次長となり、宮部金吾は植物学の権威、北海道大学学長となった。内村はそうした秀才ぞろいの二期生の中にあっても、学業成績は常にトップだった。卒業時の平均点が九十点を超えていたというから頭抜けた秀才だった。札幌農学校の授業はすべて英語で行われた。内村の英語力はおそらく日本全体でもトップクラスのレベルだったろう。クラーク博士はすでに帰米していたが、キリスト教精神に基づく薫陶の風は残っていて内村は第一期生から「イエスを信ずる者の契約」という文書に強制的に署名させられた。これが内村とキリスト教の最初の出会いとなった。明治十一年、函館在住の米人宣教師より洗礼を受けてキリスト者の道を正式に歩み出した。

内村の卒業は明治十四年。その後、北海道開拓使御用係となって水産業の調査や開発に従事した。内村の生涯を語るときにキリスト教と信仰は必ずつきまとうが、当時の日本で、屈指の生物学者であったことはあまり知られていない。ただ、まもなく開拓使御用係を辞職。いったん東京に戻ったが、向学心を抑えられず、明治十七（一八八四）年に渡米。翌年、アーモスト大学選科生として編入した。ここでシーリー総長からじきじきに「贖罪信仰」を教えられて内村はより信仰を深めたという。明治二十年に同大学を卒業後、ハートフォード神学校に一時学んだものの、明治二十一（一八八八）年五月に帰国した。

さて、そんな内村だが、後に日本で「無教会主義」を樹立した人物としてよく知られることになる。「無教会主義」とはいったい何なのだろうか。

内村自身が、明治三十四（一九〇一）年三月に創刊された雑誌『無教会』巻頭の「無教会論」の中で次のように説明している。

「無教会は教会の無い者の教会であり、家の無い者の合宿所とも云うべきもの、真正の教会は実は無教会であります。説教師は神様御自身であります。無教会これ有教会であり、教会を有たない者のみが実は一番善い教会を持つものであります」

（無教会史研究会編著『日本キリスト教史双書　無教会史Ⅰ　第一期　生成の時代』新教出版社、一九九一年、所収）

つまり、教会に拠らずに聖書を読み深めていく信仰の態度のことである。ここでは説教師が神様ご自身だ、という。聖書の中でひとり神と対話するのだ。これほど厳粛な態度はないし、自己に厳しい信仰はない。それが無教会主義だというのだ。

内村の弟子である矢内原忠雄は、

「一言にして言へば正統的即ち聖書的であった。彼はキリストの神性を信じ、処女懐胎を信じ、十字架の贖罪を信じ、奇蹟を信じ、復活を信じ、再臨を信じた。（中略）聖書の言葉に一點を加へず一劃を減ぜざるものであった」

（矢内原忠雄「内村鑑三論」、『資料　内村鑑三先生　昭和五年〜十八年』キリスト教夜間講座出版部、一九七二年、所収）

と、内村の信仰をこのように述べている。

いかに内村の信仰が超然したものであったか。しかし、内村の信仰は純粋すぎた。それゆえ様々な軋轢を引き起こした。内村の言っていることが「正論」であっても教会の存在や権威そのものを否定しているのだから、世俗化した宗教界にあって、内村は正統的なキリスト者とはみなされなかったのだ。内村は札幌農学校を卒業後、アメリカに留学、一時、神学校で学んだが、まもなく退学しているのも、そこで信仰上の不一致を知ったからだった。これが内村鑑三と教会との戦いのそもそもの原因となった、といわれている。なぜなら、内村は神学校を卒業していないのだからキリスト教を伝道する資格はない——少なくとも、教会側はそう主張するからだ。教会側のこうした不遜な姿勢に対して、内村は、

「我は教会に属せざる者に福音を説く。人は教会に属することによりて救はるるにあらず、ただ、イエス・キリストを信ずる信仰によりて救われるのである」

と、強く反発、無教会主義を樹立した。

内村鑑三はまた、日露戦争のとき、「余は日露非開戦論者である許りではない、戦争絶対的廃止論者である」と「非戦論」を唱えた人としてもよく知られている。日清戦争に勝利して、膨大な賠償金をせしめて次第に夜郎自大化していった日本を目の当たりにしながら、

「朝鮮の独立は之が為に強められずして却て弱められ、支那分割の端緒は開かれ、日本国民の分担は非常に増加され、其道徳は非常に堕落し、東洋全体を危殆の地位にまで持ち来つたではない乎」

（明治三十六年六月三十日付『万朝報』に掲載された「戦争廃止論」、『内村鑑三選集　第二巻　非戦論』岩波書店、一九九〇年、所収）

と、強く非難しているが、実はそんな彼も、日清戦争が始まる前は主戦論者だった。

「朝鮮戦争の正当性」という論文を英語で書いて、日本の立場を海外の世論に訴えてもいるのだ。朝鮮民族の独立を守るために日本は立ち上がったのだから日本にこそ正当性があり、日本は国際平和を願う信頼にたる国家なのだ――という論旨だった。だが、戦争に勝利すると日本はそんな内村の期待を見事に裏切った。朝鮮の独立を守るどころか、将来の植民地化に向けて着々と手を打ち始めた。これがきっかけとなって、内村は「非戦論」へと転向していったのである。しかし、国民の間で、日露戦争への熱情が湧き上がっている最中に「非戦論」を主張したところで焼け石に水だった。逆に開

戦論者らから内村の非戦論は凄まじいまでの弾劾を受けた。戦争に熱狂している一般国民ばかりでなく有識者の間でも〝内村憎し〟の声が湧き上がった。そのうちの一人に東京帝大教授の井上哲次郎（一八五六―一九四四）がいる。井上は東大哲学科で最初の日本人教授となり、日本の哲学界に長く君臨した〝帝王〟である。そんな大物から激しく非難されたのだ。しかも、井上の批判は「日清戦争には賛成していたくせに変節したのは彼の主張がそれだけ曖昧で軟弱だったあかしだ」といわんばかりの調子で、内村の人格そのものの全否定にまで及んだ。これは最大の侮辱である。内村は教会ばかりでなく、正統的なアカデミズムからも手ひどい仕打ちを受けたのだ。

確かに内村の「非戦論」は大向こう受けのする議論でなかった。国民は戦争に熱狂したあまり、すでに聞く耳を持たなかった。そんな雰囲気の中、内村の態度は実に冷静だった。その論理は内村の信仰から生み出されたものではあったが、キリスト者だったから必然的に「非戦論」を唱えたのか、というと、必ずしも、そうではなかった。内村はキリスト者である前に日本人であり、愛国者であった。だから、アジアの小国に過ぎない日本がいかにして生存し、国民の安寧を確保し得るかを常に考えていた。それに関する確固たるビジョンが内村にはあって「非戦論」はその延長戦上にある議論だったのだ。

そのビジョンとは何か。日露戦争の後のことだが、明治四十四（一九一一）年十一月の『聖書之研究』第百三十六号に掲載されている「デンマルク国の話」という小話の中で触れている。それによると、デンマークは十七世紀以来、何度もヨーロッパでの戦争に介入し、その都度、大敗を喫した。殊に十九世紀後半、プロシア、オーストリア両大国との戦いに敗れると南部のシュレスウィヒとホルシュタインという豊かな州が奪われて国力は疲弊、国民生活もどん底に落ち込んだ。ところが、その後、デンマーク国民は目覚めて、対外的には平和共存政策、内に林業と酪農を盛んにすることで祖国の再建を始めた。そのとき信仰の篤いひとりの元工兵士官が現れ「剣を以て失つた物を鍬を以て取返さん」と熱心に植林を主唱した。それが何年かの後、疲弊した国に幸いをもたらした。戦争に負けて四十年。デンマークは国民ひとり当たりの富が当時の英米独のそれをしのぐほどの豊かな国として立ち直った、という。こう話を進めて内村は、

「デンマルクの話は私共に何を教えます乎。第一に敗戦必ずしも不幸にあらざる事を教へます。国は戦争に負けても亡びません。実に戦争に勝て亡びた国は歴史上決して少なくないのであります。国の興亡は戦争の勝敗に因りません。其民の平素の修養に因ります……」

（『内村鑑三著作集　第十六巻』岩波書店、一九五三年、所収）

と、述べている。

領土や資源をたいして持たない小国であっても平和を志向し、創意工夫すれば豊かな国になれる。国力の源泉は決して軍事力ではないのだ――内村はこう言っているのだ。

ロシアと戦った日本は当時、世界最強といわれたロシア陸軍を破って、アジアの大国として認められるようになった。戦争の勝利者たることで国威を発揚した。だが、勝利の美酒に酔いしれた日本のピークは確実に過ぎつつあった……。

それから数十年――。内村鑑三は、日本が太平洋戦争に敗れて、ようやく名誉を回復した。が、そのとき内村はこの世にいなかった。昭和五（一九三〇）年三月、心臓病で亡くなった。あれほど強く、内村が唱えた「非戦論」は批判されたのに、敗戦となると、面白いもので、今度は逆に内村「礼賛」一色となった。それが世の常とはいえ、そんな戦後の風潮をあざ笑うかのように、作家の正宗白鳥（一八七九―一九六二）は昭和二十四（一九四九）年四月に発表した評伝『内村鑑三』の中で次のように述べている。

「日露戦争、第一次世界大戦のころ、熱烈に徹底的に戦争反対を唱導した彼の態度を回顧して、敬意を寄す者があちらこちらに現れるようになった。戦争中にはそんな議論は歯牙にも掛けられないで、戦争が終わってから、非戦論の賛美者が続出するところに人間の心理が看取される。六日の菖蒲、十日の菊が持て囃されるのか」（筑摩現代文学大系11『正宗白鳥集』筑摩書房、一九七七年、所収）

六日の菖蒲《あやめ》、十日の菊――五月五日の端午の節句に用いる菖蒲《あやめ》は六日では間に合わないし、九月九日の重陽の節句に用いる菊は十日では遅い。つまり「時機に遅れて役に立たない」という意味のことわざである。正宗白鳥の言うとおりだが、進歩派文化人の第一人者として、戦後、論壇をリードした東大の政治学者、丸山真男（一九一四―九六）もまた、昭和二十八年四月に発表した「内村鑑三と『非戦』の論理」という論文の中で、

「もし、内村が積極的に反戦論を継続したならば、井上（哲次郎）らはいよいよいきりたって、彼を攻撃したに違いない。こうした二また論法は昔も今も御用評論家の愛好するところである」

（『丸山真男集　第五巻』岩波書店、一九九五年、所収）

こう述べている。

大正デモクラシー

松本重治は大正十二（一九二三）年三月、東京帝国大学法学部を卒業すると、四月に大学院に進学した。大学時代の同級生の多くは高等文官試験を受けて、卒業後、中央省庁の官僚の道に進んだ。高文は現在の国家公務員試験第I種にあたる。合格すればキャリア官僚。今でもそうだが、合格者は各省庁を担うエリートであり、栄達が約束された。

しかし、松本は高文を受けなかった。高文試験に合格するために猛勉強する同級生を横目で見ながら、松本は官僚やサラリーマンになるよりも、弁護士や新聞記者、学者になろうと思った。より〝自由な職業〟につきたい、考えたからだったという。ただ、これも漠然としたもので、このとき、具体的な職業を意識したわけではないようだ。

将来、自分がどんな職業を選択するにしても「もう少し、勉強したい」。そう思って大学院への進学を決めた。大学院では法理学研究室に席を置いた。当時の研究室は助教授や助手らが隣り合わせで机を並べる大部屋で、松本は大部屋の外の廊下みたいなところに自分の机を与えられた。研究室は自由闊達な雰囲気で充満しており、そこにいるだけでも、満ち足りた感覚を覚えた。

松本重治が一高、東京帝大、同大学院へと進んで、勉強に励んだ大正年間は日本でも民主化運動が大きく発展したころであり、「大正デモクラシー」と括られる時代である。松本はその真っ只中で、多感な青春時代をおくった。

では、大正デモクラシーとはどんな時代だったのだろうか。この時代を厳密に区分けすると、日露戦争の終わった明治三十八(一九〇五)年から護憲三派内閣による諸改革の行われた大正十四(一九二五)年までの、ほぼ二十年間をさしている。さらに細かくみて行くと、大体、三つの時期に分類されているようだ。

第一期は明治三十八(一九〇五)年ごろから大正三(一九一四)年ごろまでで、日露戦争と第一次世界大戦が勃発するまでの間ということになる。日露戦争後の明治四十年から四十二年にかけて、軍備拡張反対・悪税廃止運動があり、大正二年には「第一次護憲運動」があった。そのころ政党を基礎に持たない政権は「正当性」を持ち得なかった。明治国家が「内には立憲主義、外には帝国主義」という大看板を掲げて、アジアの大国としての地歩を固めたのはちょうどこの時期にあたる。

明治維新直後からの富国強兵、殖産興業の国家方針が見事に奏功したわけだが、その反面、国民生活は犠牲を強いられた。すべての面で国権が民権に優先、国民生活を圧迫したのである。ところが、これも日露戦争の勝利で一変する。北方の脅威が取り除かれると、国民の間に、国家の国民生活への圧力に対する疑念が次第に芽生え始めて、より民主的な社会への移行を求める動きが出てきた。維新以来の国民の我慢が限界を超えたのだ。このため、この時期に政治をはじめ、ひろく社会・文化の各方面にわたって、民主主義的な傾向が顕著にあらわれた。それは、「都市だけではなく農村に、そして社会の最底辺たる被差別部落へと根をひろげた。かならずしも、インテリとはいえぬ広汎な勤労民衆の自覚に支えられた運動であった」

（松尾尊兊『大正デモクラシー』岩波書店、一九七四年）

という。

大正デモクラシーの初期には、「日比谷焼き打ち事件」など、日露戦争後に結ばれたポーツマス条約に反対する暴動が全国的に頻発し、治安が一時、大きく乱れた。ただ、そうした騒擾も、政府が軍隊を投入するなどして弾圧した結果、次第に沈静化すると、国民的な民主化運動のほとんどが普通選挙の実施を求める国民運動に収斂していった。

それが、大正デモクラシー第二期。大正三（一九一四）年から大正七（一九一八）年までの間となる。ちょうど第一次世界大戦の時期である。都市部の中間層を中心に、地方の中堅都市部に至るまで、所得制限などのないより平等な「普通選挙」の実施を求める市民的な結社が全国各地に次々と生まれた。そうした運動の中核をなしたいわゆる「中間層」の出現は日本経済の大きな変化と無関係ではない。日本の産業界は大戦中、経済活動が落ち込んだ欧州に代わって、中国市場に進出し、著しい成長を謳歌した。こうした気分が国民の参政意識を高める動きにつながっていった。日本の資本主義が成長路線を順調に歩み出した結果、都市部のサラリーマン層に政治への意識がはっきりと意識され出したのだ。

この時期、民主化運動の中心的な役割を担ったのが東京帝大法学部教授の吉野作造（一八七八―一九三二）だった。吉野は国民の民主化運動を理論面で支えることになる論文を大正五年一月号の『中央公論』誌上に発表して、注目を集めた。その理論が「民本主義」。それは、

「法律の理論上、主権の何人に在りや、ということは措《お》いてこれを問わず、ただその主権を行用するに当って、主権者は須《すべか》らく一般民衆の利福並びに意向を重んずるを方針とす可しという主義である」（「憲政の本義を説いてその有終の美を済すの途を論ず」、岡義武編『吉野作造評論集』岩波文庫、一九七五年、所収）

というもので、吉野はこれで日本の政治学史上、ひとつの金字塔を打ち立てた。

これはいったい何を意味するのか、分かりやすく説明すると――憲法上、主権者が誰であろうと（主権を持つ者が天皇であろうと、国民であろうと）、主権者の行為である政治の目的は、国民の利福（の向上）にあり、主権を行使する場合、主権者は民意の意向を重んじるべきである――というもので、吉野はこれを自らが造語して「民本主義」と名付けた。

これは吉野が英語の「デモクラシー」をどのように日本語に訳すべきかに思案をめぐらせていく過程で、たどり着いたもので、ある意味では苦肉の策だった。今日、「デモクラシー」は「民主主義」であることは常識である。そして民主主義の大きな柱は「国民主権」にある。ところが――。日本の主権は当時、天皇にあった。もし、吉野がデモクラシーを、今日でいうところの「民主主義」としていれば日本の現実にそぐわない理論として無視された公算が大きかった。危険思想視される懸念さえあった。

これではデモクラシーのもうひとつの柱である「主権者は須らく一般民衆の利福並びに意向を重ん

ずるを方針とす可し」という大きな理念さえ、日本社会に導入することが難しくなってしまう。吉野はそう考えてあえて「主権の所在」に目をつぶったのだ。だから、「デモクラシー」の定義から主権論をあえて外した残りの概念を「民本主義」としたのだ。苦肉の策というのはこういう意味で、現実とのぎりぎりの妥協点だった。

もちろん問題はある。そんな吉野の論法は詭弁であると、厳しく批判した勢力もあった。その急先鋒が山川均（一八八〇―一九五八）や大杉栄（一八八五―一九二三）といった社会主義者、無政府主義者らだった。吉野批判の代表的な論理となった山川の論文をみてみよう。山川は『中央公論』誌上で、

「如何なる政治学者の如何なる理屈によって着色せられようとも、歴史的に見れば、民本主義といふ用語が、民主主義に対する国体論上の襲撃に応ずる保護色として、一部の政論家によって用ひられたものであったことは否むことのできない事実である。そして斯くの如き歴史的な意義をもった民本主義といふ言葉を拾い上げて、是に政治史と政治学上の支柱を与へたものは吉野作造博士である」

（「民本主義の煩悶」、高畠通敏編集『近代日本思想体系　19　山川均集』筑摩書房、一九七六年、所収）

と、述べている。

山川らには「民本主義」は「主権の所在」を無視した「詭弁」であり、現実と辻褄あわせをするための「便法」と映ったのだ。この論理は確かに鋭い。吉野理論の盲点を突いている。が、吉野自身がそれで悩んだように、現実にこの時期、民主主義の精神を、日本の土壌に根付かせることは無理だった。山川らは「天皇制」そのものを否定していた。これに対して吉野は明治憲法を所与のものとして

受け入れ、そのなかで、日本の政治に「デモクラシー」を根付かせるためにはどうしたらいいのか、を考えた。吉野のロジックは現実の「政治論」としては極めて有効だったのだ。

先鋭化した民衆運動

「大正デモクラシー」の第三期は第一次世界大戦後の大正七（一九一八）年から昭和初期までの時期をさす。この時期には民衆運動が一気に先鋭化した。

そうした運動の代表的な事例が全国で頻発した「米騒動」だ。これは米価高騰で庶民の怒りが全国で爆発したのをひとつの、大きな背景としている。

この時期、全国の米価が跳ね上がったのは、（1）大戦景気に触発された米需要の増大、（2）地主保護のための外米輸入抑制、（3）大地主、米商人の売り惜しみ――などの要因が重なったためで、好景気が続いている以上、やむを得ない側面もあった。ところが、その矢先、政府が「シベリア出兵」を決断した。これが投資家の投機心を煽り、米価格が一気に跳ね上がった。戦争になれば日本にとって戦略的な物質である米の買い占めがあるはずだという読みが価格高騰の発火点となったのだ。

コメの値段が短い間に二倍、三倍になれば庶民はたまったものではない。その怒りが最初に爆発したのが北陸地方だった。大正七（一九一八）年七月二十三日、富山県魚津町で、県外移出米積出阻止行動が起きた。それを皮切りに、付近の沿岸一帯で、米価引き下げ・救助要求運動が断続的に発生。

これが新聞で報じられると、八月十日に京都・名古屋に飛び火、その後、瞬く間に全国に広がっていった。八月十一日から十六日までの「旧盆」の時期が絶頂期で、都市部を中心に米屋・大富豪への襲撃が繰り返された。

「米騒動」で暴動を繰り返したのは主に、職工や人夫といった社会の底辺層にあった人々だったが、次第に工場労働者も労働争議という形で、一連の暴動に加わっていった。内務省警保局の資料によると、米騒動と労働争議は全国的に頻発し、ともに発生しなかったのは青森県、秋田県などわずか数県にすぎなかったという。政府は警官だけでは足りずに軍隊も出動させて、鎮圧につとめた。米価高騰というきっかけがあったにしても、国民運動が突然、これほどまでに過激化した背景にはロシア革命の影響が見逃せない。一連の民衆運動を引っ張ったのはロシア革命に触発された社会主義者らで、自然発生的な暴動だった米騒動や労働争議も、彼らの手によって組織化され、革命的な色彩を帯び始めた。政府が軍隊まで動員して鎮圧したのも、背後に潜んでいる社会主義者らの跋扈に強い警戒感を持ったからだった。

そんななか大正十五（一九二六）年五月に「衆議院議員選挙法」（普通選挙法）が交付された。これは長年の国民運動の成果だったが、政府は決して警戒姿勢を緩めなかった。普選法の交付と抱き合わせで「治安維持法」を立法化したのだ。その狙いは共産主義者の摘発にあった。

大正十一（一九二二）年七月、コミンテルンと結びついた非合法の日本共産党が誕生しており、政府は危機感を募らせていた。国民的な民主化運動がロシア革命の影響を受けて先鋭化した代償だった——。

大正デモクラシー期には学生運動も盛んになった。その草創期において、もっとも指導的な役割を演じたのが、東京帝大の「新人会」という学生組織だった。新人会は吉野作造の門下生で、弁論部の宮崎龍介（一八九二―一九七一）や赤松克麿（一八九四―一九五五）らが発起人となって、大正七年十二月五日に結成された。ちょうどその時期は松本重治の在学時代と重なり合っている。

吉野にリードされながら新人会は「現代日本の合理的な改造運動に従う」を旗印に第一次大戦後、学生運動の口火を切った。「合理的な改造運動」という旗印はややわかりにくいが、新人会はあくまで現状の中での改造を求めており、発足当初は思想的に穏健なものだった。『デモクラシー』という機関紙を発行、労働運動などにも深く関与していった。

ただ、大正九年十二月、社会運動の分化に対応して、純然たる東大学生のみの団体となり、運動そのものも一時、沈静化した。しかし、昭和期に入ると、再び、新人会の運動が活発化する。そして、次第にマルクス主義的な色彩を帯びていくのも、このころだ。日本共産党の誕生とともに新人会も「赤化」していったのだ。田中義一（一八六四―一九二九）内閣時代の昭和三（一九二八）年三月十五日、共産党弾圧事件があり、新人会からも、多くの逮捕者を出した。大学当局も、事件を受けて、解散命令を出している。新人会はその後も、水面下での活動を続けていたが、翌年の十一月二十二日、共産党の方針に従って、解散を余儀なくされている。

新人会の路線が穏健だったころの初期メンバーに松本重治の名前はない。松本が生涯を通じ友人として親しく付き合うことになる伊藤武雄、岡崎嘉平太、嘉治隆一らは中核メンバーで、そうした友人たちからの誘いがあったはずだ。でも、松本は参加しなかった。その理由は分からない。吉野がそのころ、研究室にひとりこもり、著作活動に専念していたため、吉野の薫陶を直接、受けなかったことと関係しているかもしれない。

松本も、その理由について、何も語っていない。とはいえ、大学時代に誰もが罹る〝病い〟である進歩的な思想への傾倒が松本にはなかった、ということでは、必ずしもない。松本もまた、このとき、マルクスの『資本論』を英語訳で読み、正義感を刺激された。共産主義者である経済学者、河上肇(一八七九―一九四六)の著作を読み耽った。ただ、松本の場合、そこで感じた問題意識が現実の社会問題の改革意識へとストレートに結びつかず、行動を起こそうという動機には至らなかっただけだ。松本は一高、東大時代、キリスト者である内村鑑三の講演に通うなどして「自分自身の思想」を求め続けていた。内村の説教からは社会の底辺層で喘ぐ庶民の声を知った。だから、松本はこういう人たちをいかに救い、どうすれば問題が解決するのか、常にを考えていた。だが、思索と行動は本来、別問題である。松本はこのとき行動よりも、さらに思索を深めることを選択したのである。

松本重治が大学院に進学して半年ほど経過した大正十二(一九二三)年九月一日、土曜日――。関東地方を大地震が襲った。関東大震災である。第一波の発生時刻は午前十一時五十八分と昼食時。地震の発生と同時に大火災が発生し、被害は関東一円を中心に、山梨と静岡両県にまで及んだ。被災者は約三百四十万人、死者十万人弱という大惨事だった。東京・芝にあった松本の自宅も全焼。当時、約二千冊あった蔵書もことごとく灰になり、東京帝大の研究室も火災に遭った。

これが直接的なきっかけとなって、松本はアメリカへの留学を決意する。

松本の父、枩蔵もまた、若いころ、アメリカに留学した。そんな父を見て、松本にも、自分もいつかは行ってみたい、という漠然とした気持ちもあった。関東大震災がその決意を早めたことになる。松本はアメリカでは政治よりも経済学を学ぼうと思ったという。より社会生活に密着した学問を学びたい、との気持ちから出たものだった。

ただ、これではあまりにも漠然としている。そこで、松本は貴族院議員の黒木三次（一八八四―一九四四）に相談した。黒木は日露戦争で、第一軍司令官を務め、奉天回戦などで、ロシア陸軍を破って名を高めた黒木為楨大将（一八四四―一九二三）の長男である。黒木は松方正義の長男、松方巌（一八六二―一九四二）の一人娘、竹子と結婚している。実は竹子の母つまり松方巌の妻は、岩倉遣欧使節団の一員として渡欧し医学を学び、後に初代の衛生局長となった長与専斎（一八三八―一九〇二）の娘、保子。保子の兄弟には白樺派の作家、長与善郎（一八八八―一九六一）や後に松本重治を同盟通信に引き入れる岩永裕吉（一八八三―一九三九）らがいる。松本の相談を受けた黒木はそのとき、自分の親友であり、アメリカとイギリスの留学から帰国したばかりの東京帝大助教授、高木八尺を松本に紹介する。

高木八尺はわが国におけるアメリカ研究の開拓者として知られている。その高木八尺に紹介されるかたちで、イェール大学経済学部へ留学することが決定した。

松本重治は大正十二年十二月、ついにアメリカに出発、二十四歳の冬だった。

第三章　ふたりの「巨人」

松本重治がアメリカの大地を初めて踏みしめたのは大正十二（一九二三）年末――。

松本の乗った船が着いたのは米西海岸の桑港（サンフランシスコ）だった。そこで大陸横断鉄道に乗り換えることになっていた。だが、その際、言葉がうまく通じず四苦八苦している。一高、東大時代、英語を得意とした松本だったが、所詮、それは〝ジャパニーズ・イングリッシュ〟。本場でそう簡単に通じるはずはなかった。このため、日本から運んできた荷物が別の列車に載せられるハプニングなどがあった。黒人の車掌がそんな松本を心配して、こう発音すればいい、と、レッスンをしてくれたという。が、なんとか無事、東海岸にたどり着いた。まもなく、新年を迎えようとしていた。

そのころのアメリカは第一次世界大戦から続いている未曾有の好景気の真ッ只中にあった。その一方で、ストライキや労働争議が頻発していた。ロシアのように共産革命が起きるのではないか。そんな恐怖感から世情は騒然としていた。社会不安を煽っていた背景にはとんでもない〝悪法〟の存在も見逃せない。

それは民主党のウッドロウ・ウィルソン（一八五六―一九二四）政権下、一九一八（大正七）年に憲法に追加された「禁酒条項」（酒類の製造、販売、輸送の禁止＝通常、禁酒法）だ。裏社会のマフィアがこれを逆手にとって酒の密売で大もうけし跋扈していたのもこのころのことだ。ハリウッド映画に『華麗なるギャッツビー』（一九七四年製作）がある。これはちょうどそのころのアメリカの精神的な混乱を、上流階級に属する若者たちの生き方を通して描いたスコット・フィッツジェラルド（一八九六―一九四〇）の原作を映画化したものだが、好景気に沸く華やかな米社会の一面とその裏に潜む「暗さ」が軽妙なタッチで活写されている――。

アメリカ時代の到来

この禁酒法の時代、アメリカでは密売品に手を出さない限り、お酒を飲めなかったのか、と言えば必ずしもそうではなかったようだ。これに絡んで面白いエピソードがある。

当時、日本のニューヨーク総領事をしていたのが斎藤博（一八八六―一九三九）だった。斎藤は松本を自分の家にたびたび呼んで、酒をご馳走してくれた。夕飯時に食前酒として必ず供される名物が通称〝サイトーカクテル〟。ジンベースだったらしいが、詳しい配合はわからない。

ある日、松本はそれを散々飲まされ、顔がみるみるうちに真っ赤になってしまった。その日のうちに下宿先に戻らねばならなかった松本は困り果てた。

すると、お酒を盛んに勧めた斎藤がニヤニヤしながら、

「松本君、禁酒法は酒類の製造、販売、運搬は禁止しているが、飲むことは禁止していないから安心しなさい」

松本はこれにはハッ、とさせられたという。天下の悪法にも〝抜け道〟があったのだ。

それにしても、禁酒法の時代、日本の外交官が堂々と自宅で酒を飲むなど大胆不敵である。斎藤博という稀代の外交官の面白みがこの逸話にはよく表れている。

斎藤がその後昇格して駐米大使だったころ、日本と中国との間で本格的な戦争が始まった。日本軍が南京攻撃を行う昭和十二（一九三七）年十二月、ある大事件が起きた。日本の海軍機が揚子江上に停泊中の米砲艦「パネー号」を誤爆してしまったのだ。海軍の大チョンボだったが、事後処理を誤ればアメリカとの関係が悪化することが憂慮された。そのとき斎藤は機転を利かせて、独断で、アメリカのラジオ番組を買い取ってしまった。しかも、自ら番組に出演し、真っ正直に謝罪した。これには米国民も唖然とさせられたが、その真情あふれる態度で米国民が感動し、対日批判の声が強かった世論も次第に軟化。それ以来、斎藤は米国民の間で「日本に斎藤あり」と高い評価を得たという。

斎藤はそれぐらい型破りの外交官だったが、その後も、日米関係の修復に努力した。しかし、昭和

十四（一九三九）年二月二十六日、志半ばで病死してしまう。そのとき、米政府は斎藤の遺骸を重巡洋艦「アストリア」で日本まで護送するという異例の措置をとって最大の敬意を表した。

松本重治が留学生活をおくった一九二〇年代（日本では大正中期から昭和初期にあたる）のアメリカは大衆社会が到来した時代でもあった。自動車王、ヘンリー・フォードが流れ作業による大量生産方式を開発したことで、自動車が安価に大量生産されるようになり、フォード社の人気車「モデルT（T型乗用車）」の累計生産台数は二〇年代中頃までに千数百万台に達したといわれている。定期的なラジオ放送が始まったのも二〇年代だ。一九二三（大正十二）年には早くも全米で五百局以上のラジオ局が開業している。クルマとラジオ――最先端の技術が社会に普及したことで米社会は劇的な転換を遂げた。現代アメリカを象徴する「大量消費社会」の原型は一九二〇年代に出来上がり、今日まで続いているのだ。

アメリカ社会を大きく変えるきっかけとなったのが第一次世界大戦だ。この世界戦争は一九一四（大正三）年六月に勃発し一九一八（大正七）年秋に終戦を迎えるまで、約四年間続いた。それは人類が初めて経験する総力戦だった。戦争による死者は九百九十万人、負傷者数も二千万人に達した。戦場はヨーロッパ。大陸のほとんどの国が戦争に巻き込まれた。四年間に費やされた戦費は当時のカネで合計四千億円に達したといわれている。第一次大戦の十年前にあった日露戦争で日本が費やした戦費は二十億円弱。戦争が終わったとき日本の財政は破綻寸前の状態だった。第一次大戦のそれは二百倍規模だ。日本より経済規模がはるかに大きい欧州各国といえども、これでは勝ったほうも、負けたほうも、国家の体力は疲弊し、瀕死の状態だった。戦後復興もままならなかった。生産設備が壊滅的な打撃を蒙ったからだ。ヨーロッパの優位は完全に失われた。代わって主役の座に躍り出たのがアメリカだった。「アメリカ時代」の到来である。ただ、アメリカが大戦後に世界のスーパーパワーとなったといっても、突如、そうなったわけではない。アメリカは大戦前にすでに資本主義の相当の発達をみせていた。ただ、欧州に対してはまだ、農産物を輸出し、工業製品を輸入する後進国だった。しかも、欧州から借金をし、年々、利子を払っている債務国だった。

それが戦争で欧米の立場は完全に逆転したのである。欧州主要国の工業生産が一九二四（大正十三）年から二五年まで、戦前よりもなお、低い水準にとどまったのに対して、アメリカの工業生産指数（一九一三年＝一〇〇）をみると、一九二五年には一五〇と、戦前に比べて実に一・五倍の規模に拡大している。戦前とは逆に工業製品の輸入で稼ぎ、借金も返済。アメリカ・ドルがヨーロッパ中に流れ出した。ドル支配はこのとき始まったのだ。

しかも戦後、ヨーロッパを強烈なインフレが襲った。特に、敗戦国ドイツのそれはすさまじく、一九二四年に通貨マルクが安定するまで、ドイツ国民は実に一兆倍という「ハイパーインフレ」に苦しんだ。わずか一円のモノが一兆円。天文学的な通貨価値の下落を味わったわけだ。ドイツ国民はハイパーインフレに加え、過大な賠償金の支払いにも苦しんだ。すでにこの時点で、次なる戦争への意識がドイツ国民の心の奥深くに宿りだした。

イギリスの歴史家、E・H・カーは、『危機の二十年』のなかで、戦後、ヨーロッパに蔓延したユートピアニズムは無残にも、現実の前に打ち砕かれ、再び、ヨーロッパを狂気が社会を支配するようになった。このため、第一次大戦と第二次大戦の間の二十年は次なる大戦争の「準備期間」に過ぎなかった、と述べている。

東部の名門、イェール大学に合格

松本重治が東部の名門、イェール大学経済学部の試験に合格したのは渡米からほぼ半年後の大正十三（一九二四）年の夏だった。文化や習慣の違いに戸惑い、英語のヒアリングや会話に苦労を重ねながら、アメリカでの新しい生活にも次第に慣れていった。松本がイェール大経済学部で師事したのが、アービング・フィッシャー教授（一八六七―一九四七）だった。フィッシャーは当時、すでに数理経済学の第一人者である。数理経済学はアメリカで発展し、今や、アメリカ経済学の〝十八番〟だ。シカゴ大学などを中心に一大学閥を形成している。そのパイオニアのひとりがフィッシャーだ。

フィッシャーは一八六七年二月、明治維新の直前の慶応三年にニューヨークで生まれている。子供のころから数学の天才だったという。イェール大学と大学院でも数学を専攻。ところが、ある日、「数学は学問の基本としては優れているが、日々の生活にあまりに役に立たない」（田中敏弘編著『アメリカ人の経済思想――その歴史的展開』日本経済評論社、一九九九年）と、考えるようになった。そこで数学部に在籍しながら経済学部で研究することになった。当時、経済学部にはウィリアム・サムナー（一八四〇―一九一〇）という名物教授がいた。サムナーは大変なマルチ・タレントの持ち主で、研究領域はアメリカ史、経済学、政治学、社会学、人類学に及んだ。また、強力で古典的な自由放任主義者の論客として知られていた。徹底して政府の介入に反対し、帝国主義や共産主義を嫌った人でもある。

フィッシャーはサムナーから数理経済学の古典を教わり「そのようなテーマがあるとは聞いたこともなかったがすぐにとりこになった」という。

フィッシャーの名を世界中にとどろかせたのが「フィッシャー方程式」。経済分析の基本的なツールの発見だ。専門的になるが、交換方程式であるMV＝PTを用いて、V（貨幣の流通速度）とT（取引量）が一定ならば、M（流通貨幣量）とP（一般物価水準）は比例する、あるいはM（流通貨幣量）の増加はP（一般物価水準）の比例的な増加を引き起こす、ということを証明した。これを「貨幣数量説」と呼ぶが「インフレの原因は流通する貨幣量の増加にある」ことを数式で証明したものだ。今や当たり前の金融理論のひとつだが、科学的な金融政策の運営に道を開いたという意味でその功績は大きい。

二〇世紀初頭のアメリカ経済は徹底した自由放任主義の下で、隆盛を極めた。それを支えたのがフォードの大量生産方式など先端的な技術や科学に対する信仰だった。人間的な経済現象を、数学的に分析しよう、という斬新な思想が生まれたのも、そうした社会的な背景があったからだ。

松本重治はフィッシャーの講義を聴講し、その難解な経済理論を自分のものにしようと必死に努力

した。松本は後年、フィッシャーの学問体系について、

「時間の観念が入っていた」

との感想を述べている。「時間の観念」とはどういうことか。例えば会社などの決算書には必ず、資産と負債の状況を示すバランスシートが必ずついている。何月何日時点で、それぞれがいくらあるのかを示したものだ。それによってその会社の財務体質が健全なのかどうか推定できるようになっている。一時的に売り上げが膨らんでも、負債が多ければ決してその会社は健全とはいえない。資本や負債の推移を時間追って見ていくことは会社の財務体質を本質的に理解する上で極めて重要なのだ。だが、こうした考え方が一般化するのは実はごく最近のことだ。それをこのとき、松本はフィッシャーに「非常に叩き込まれた」という……。

信念の歴史家

松本がアメリカにやってきてまもなく一年が過ぎようとしていた。

大正十三（一九二四）年末、コネチカット州ニューヘイブンにある松本の下宿先に一本の電話が入った。

「ニューヨークに出てこないか。素晴らしい方を紹介するから……」

それは一高、東京帝大の大先輩、鶴見祐輔からだった。この一本の電話が松本にとって決定的な意

味を持つ出会いをもたらすことになった。

鶴見は東京帝大法学部を明治四十三（一九一〇）年に卒業後、内閣拓殖局を経て、鉄道院に勤務していた官僚だったが、一時休職して、アメリカに留学。そのかたわら、米国各地を遊説して回り、日本人に対する「誤解」や「偏見」を取り除こうと、地道な活動を行っていた。そのころ国際連盟事務局次長だった新渡戸稲造が、第一高等学校校長だった時代に入学し、薫陶を受けた門下生のひとりだ。

新渡戸は明治末期、日米交換教授として渡米。その間、全米各地で講演を行った。ちょうどカリフォルニア州で、反日感情が高まりを見せ始めたころで、新渡戸はアメリカ人に日本への理解を深めてもらおうと、全米各地で講演会を開き、積極的に米社会に入っていった。米滞在中の講演回数は実に百六十六回に及んだという。鶴見もまた、恩師の志を受け継いで全米各地を走り回っていた。そのころ、アメリカでは排日移民法が連邦議会で可決されるなど、反日感情が全米各地に飛び火していた。鶴見は孤軍奮闘、アメリカ人の日本人に対する偏見と戦っていた。

松本は鶴見の誘いに二つ返事で、ニューヨークにやって来た。クリスマスのころだった。

ニューヨーク五番街はクリスマスを祝う飾り付けが華やかで、松本の視線を釘付けにした。行き交う人々の顔にははちきれんばかりの笑顔が溢れている。耳をそばだてていると、クリスマスソングを口ずさんでいる。男も、女も、大きなリボンで結ばれた豪華な箱を両手で抱えて、小躍りするように家路を急いでいた。見るもの、聞くもの、すべてがまばゆく、ひかり輝いていた——松本はそのとき、第一次世界大戦後に、世界のスーパーパワーにのしあがったアメリカ経済の底力を、改めて知らされる思いだった。

鶴見が松本に紹介するとした「素晴らしい方」というのが、歴史学者であり、政治学者であったチャールズ・ビーアド（一八七四―一九四八）。ビーアドはこのとき、初対面の松本に対して、

「経済問題とか労働問題、日米問題などに関心を持つならば、イェール大学は一番、行くべき大学ではない」

こうきっぱりと指摘したという。そして、ビーアドは、自分が主宰している「ニュー・スクール・フォア・ソーシャル・リサーチ」に転校してくるように松本に薦めた。これには松本もびっくり。いきなり、自分が通って、勉強している大学を、ばっさりと切り捨てられたのだから、それは当然だったろう。それでも松本はイェール大学に踏みとどまったが、その後、ビーアドの研究所や自宅をしばしば訪ねることになった。

ビーアドはすでに米国を代表する歴史学者であり、政治学者でもあった。以前はコロンビア大学の人気教授の一人だったが、一九一七年末に辞職。その後、総合研究機関である「ニュー・スクール・フォア・ソーシャル・リサーチ」を創設した。コロンビア大学教授を辞任した理由は、いかにもビーアドらしい。それは第一世界大戦と関係している。短期決戦とみられていた世界大戦も次第に長期化の様相を示し始めた。すると、当初、非参戦国であったアメリカでも参戦論が次第に台頭、国中に戦争熱が充満するようになった。アカデミズムの世界にもそれは波及し、反戦論への弾圧が強化され、個人の思想の自由も侵害されるようになったのだ。コロンビア大学も、この風潮から逃れることはできず、

反戦的な議論をしていた、との理由で、ビーアドの同僚教授らが免職に追い込まれた。ビーアドは決して反戦論者ではなかったが、同僚らがそれを理由に、クビになったことに大いに憤り、

「大学は百貨店以下に成り下がった」

こう言って、自らも辞表を提出、コロンビア大学を去った。

その後、ビーアドは市井の一学者として、著作活動に没頭していく。ビーアドの研究テーマは多岐にわたった。一九四八年に七十三歳で亡くなるまで、五十冊以上の著書を刊行している。驚異的なペースで書き上げたことになる。そのうち、少なくとも十冊程度は邦訳されており、松本重治も訳者として、何冊かに名を連ねている。

代表作のひとつが『合衆国憲法の経済的解釈』（一九一三）年。これはビーアドが弱冠三十九歳の時に書き上げたものだが、それはきわめて革新的であり、情熱に満ちた名著だ。『アメリカを変えた本』（ロバート・ダウンズ著、斉藤光・本間長世他訳、研究社、一九七二年）が、アメリカ国民の歴史に直接的あるいは間接的に大きな影響を与えた二十五冊の一冊として、トマス・ペイン（一七三七―一八〇九）の『コモン・センス』、アレクシス・ド・トクヴィル（一八〇五―五九）の『アメリカにおける民主主義』などとともに、ビーアドのこの本を取り上げている。

ビーアドはこの名著『合衆国憲法の経済的解釈』（『アメリカ古典文庫　11　チャールズ・A・ビーアド』池本幸三訳、研究社、一九七四年、所収）の結論で、

「(フィラデルフィアの独立記念堂に集まった代表たちによって、一七八七年に採択された) アメリカ合衆国憲法の制定運動は連合規約のもとで不利益を被ってきた動産的利益を有する四集団によって開始され、実行された。すなわち、それは貨幣(金融業者)、公債所有者や製造工業、通商・海運の四利益集団であった。(中略) 彼らは自分たちの運動の成果の中に動産の利害を直接反映させようとした。合衆国憲法を起草する連邦憲法会議の招集を提案するにあたって、その可否については直接的にも間接的にも一般投票に付されることはなかった。多くの無産大衆は当時一般的であった財産資格による選挙権の付与によって、合衆国憲法の作成の仕事に(代表者を通じて) 参加することを最初から排除された」

そして、

「フィラデルフィアの連邦憲法会議の代表者達は少数の例外を除いて、新国家制度の樹立に即刻にまた直接にそして個人的に利害関係を有したし、しかもその樹立から経済的利益を引き出した。(中略) だから、合衆国憲法は法律家たちが言ってきたような『全人民』によって創り出されたものではなく、諸邦によって創り出されたものでもなかった。だが、それは集団の利害が邦(州) の境界を越えて広がっていて、真に国家的な視野を持って団結した一集団の作品であったのである」

と、言い切っている。

アメリカ合衆国憲法は私有財産権が連邦政府の権限よりも優先していることを明示した世界的にも類例のない憲法である。ビーアドはその憲法の条文がどういう人々によってどんな目的で作成されたのかを調べ上げ、憲法制定の裏側に隠されていた真実を炙り出した。米社会に限らず、どこでもそうなのだが、国家の基本法である憲法は国民統合の象徴である。このため憲法はしばしば神聖視される。戦前の明治憲法を想起すればよい。そこでは主権者である天皇が神であるかのように規定されていた。しかし、憲法が神聖視され、そこに書かれている高邁な精神や美辞麗句ばかりに目を奪われてしまうと、憲法の生成過程にあったドロドロは見えなくなってしまう。実はそこに「本質」が隠されてしまっているのだ。憲法といえどもそれは例外ではない。どんなに民主的な法律や制度であってもよくよくその生成過程を調べてみると、ある特定の複数集団による権力闘争の帰結や妥協の産物であったりすることがしばしばだ。それは社会の正義という、きらびやかなの衣の下に、特定の利害・利益が覆い隠されているのと同じことなのだ。

それに騙されてしまっている国民の目にビーアドの指摘は神聖なものへの冒とくと映り、大きな反発をまねいた。その序文で、ビーアドは、

「歴史研究の新方向を示唆することを目的としている」

と、述べている。そして、

「今の世代の歴史学者が内容のない『政治』史から大きな政治的動きを条件づける現実的な経済諸力の研究へと関心を移すのに励みとなるよう書いた」

とも、指摘している。ビーアド自身、歴史分析における自分の方法論があくまでタブーに対する挑戦であるかのような認識を示しているのだ。おそらく国民の反発は予想できたであろう。それが個人へ

の非難に転化することも分かっていたはずだ。それを承知のうえで、あえてそれをしたのだ。アメリカ研究家によると、ビーアドの分析そのものは当時の学会でもすでに論じられており、決して、斬新な視点ではなかったという。が、多くの学者はそこに踏み込むことに躊躇した。国民の反発を惹起したり、個人への攻撃を恐れたりしたためだった。だから、ビーアドの分析は多くの国民にとっては寝耳に水で、偶像を破壊する行為と受け取られた。日本のアメリカ研究の第一人者、斉藤真（一九二一―二〇〇八）も、

「人々をして驚かせ、憤らせたのは、ビーアドが建国の父祖である憲法制定者個々人の経済的利害関係から接近して、その神聖のベールをはいだ点にあったといってよい」

（「ビーアド――歴史状況と歴史研究」、『チャールズ・A・ビーアド』研究社、所収）

と、述べている。

アメリカ国民の間でも当時、理想国家の憲法制定に携わった人々を、神のごとくに扱う風潮があったという。憲法制定時、パリにいた建国の父であり、独立宣言の執筆者であったトマス・ジェファソン（一七四三―一八二六）でさえも、憲法制定者たちを「半神」と呼んだといわれる。半神――憲法を神聖視するばかりでなく、憲法制定に関与した人間でさえも神のように扱う。これはやはり異常である。ビーアドはこれを戒めるためにあえてタブーを犯したのだ。その結果として、さまざまな批判を受けた。ビーアドは、一九三五年版の序文で、

「経済的な分析は冷厳なほど中立的である。合衆国憲法の作成と採択に至る大論争において、いず

れの陣営に組した人々に対しても、本書ではひと言も非難を発していない。より強力な政府の形式を通じて、元金と利子との回収を求めた債券所有者たちが、不正として断罪されるのか、それとも賞賛されるのか、それは本書の研究が関知する問題ではない」

と、述べたうえで、

「その回答は、道徳学者や哲学者の領分であって、かかる歴史研究者の領分ではない」と、世間の批判を一蹴している。

ビーアドはこう言いたかったに違いない——歴史を分析し、真実を描くことは歴史家として当然の行為であり、それは何人にも犯されない。それは歴史家の権利であり、義務である。たとえ、国民に辛い結果を突きつけることになり、それゆえ自分が言われなき中傷を受けたとしても、それを揺るがすことはできない……と。

ビーアドの『合衆国憲法の経済的解釈』は、最初に出版されてから、半世紀以上にもわたって、米社会で激しい反応を生み続けている。『アメリカを変えた本』の著者であり、学者でもあるダウンズは「その独創性、洞察力、そして批判的精神は、これからも歴史家たちの想像力に挑戦しつづけることであろう」と、予見している。いわれなき誹謗中傷に遭いながらも、ビーアドの評価は米社会で次第に高まっていった。

そして、一九三三年、ビーアドはアメリカ歴史学会の会長に就任。就任演説で、

「ヒストリアンとして、歴史を書くことはひとつの信念の行為である」

と、述べた。

歴史を書く以上は社会的な諸力を自己の価値観によって秤量し、ひとつの決意をもって、歴史の事実の選択と記述をしなければならない――ビーアドはそう言っているのであり、ビーアドにはその姿勢を貫き通す強さがあった。アメリカ研究者の高木八尺は、ビーアドには世の中に対する警告の姿勢が非常に強く、

「社会の木鐸として、学者がただ一人自分に示された真理はこれは述べねばならぬという態度が強かった」（『チャールズ・A・ビーアド』東京市政調査会、一九五八年）

と、述べている。

「日米関係の核心は中国問題である」

松本重治はビーアドの自宅を訪ねて、そこに集まっている学生らと親しく議論を交わすようになった。ビーアドの自宅で行われていた集会や勉強会に参加したことで、松本の歴史に対する見識はより深まった。松本は後年、ビーアドについて次のように語っている。

「(ビーアド先生は) 教育ということを非常に重要視していた歴史家であった。彼は埋もれた過去を再建してゆくことに関心持つヒストリアンではなく、将来のデザインを考えることを使命としたヒストリアンであった。歴史の著述は庶民のための教育そのものと考えられた」(前記『チャールズ・A・

ビーアド』の座談会）

ビーアドの教育は松本にもうひとつの効用をもたらした。アメリカ人の学生らと議論を交わすようになったことで、松本の英語力も次第に高まっていったのだ。そして、松本は英語で自分の考えを伝えることに自信を持ち始め、それをきっかけに、日本に関する講演を頼まれたり、原稿を依頼されたりするようになった。

松本が最初に書いた原稿は一九二五（大正十四）年春、ニューヨークの進歩的な週刊誌である『ザ・ネイション』誌（三月二十五号）に掲載された“The New Labor Movement in Japan”という論文である――『日本における新しい労働運動』。雑誌の一ページにも満たない論文だが、その中で、大正デモクラシーの時代に鈴木文治（一八八五―一九四六）らが主導した日本の労働運動の草創期を紹介している。また、同時にアジアの新興国家であり、移民問題でアメリカ国民を悩ませていた日本における民主化運動をテーマとしたものだったから、米社会でも、松本の論文はかなりの反響を呼んだ。松本はその結論部で次のように語っている。

「アメリカの排日法案（詳細は後述）は私たち日本人のプライドを著しく傷つけた。が、私はそれが日本の労働運動の発展に影響を及ぼすとは思っていない。なぜなら、こうした運動は一時的な感情の変化になんら影響を受けないと思うからだ。しかし、ここで強調しておきたい。日本の労働運動の健全な発展は明らかに国際平和の維持に拠っている、と」

松本のもとにはさまざまな年齢、階層の人々から手紙が届いたという。アメリカでも経済的な繁栄の裏側で、貧しい人たちや労働者が不満を募らせ、ストライキや労働争議が頻発していた。アメリカ人の仕事を奪いかねない日系移民問題は米社会の頭痛の種だった。そんなタイミングでの論文発表だったから反響を呼んだのも不思議ではない。

松本が処女論文で日本の労働運動のリーダーと紹介した鈴木文治は、明治十八（一八八五）年九月、宮城県に生まれている。明治四十三（一九一〇）年、東京帝大法学部政治学科を卒業後、『朝日新聞』の記者の傍らキリスト教的社会改良運動に携わり、啓蒙的な労働学校を開設したりした。大正元（一九一二）年八月、会員十五人で友愛会を設立。これが「冬の時代」にあり沈滞していた日本の労働運動を再生させる契機となった。鈴木文治の思想の根幹は「労使協調」にあった。だから、資本家である渋沢栄一や同郷の先輩、吉野作造らの手厚い支援を受けて、友愛会の活動も当初は労働者の修養や争議の調停に重点が置かれた穏健な路線を歩んでいた。しかし、大正デモクラシー下の民主化運動がロシア革命の影響で次第に先鋭化し、友愛会の会員も急速に膨らんでいくと、友愛会自体が労働組合の色彩を強めていった。大正七（一九一九）年に大日本労働総同盟友愛会となり、同九（一九二一）年に日本労働総同盟（総同盟）となった。鈴木文治は昭和五（一九三〇）年まで、その会長を務めた。この間、吉野作造らとともに「社会民衆党」を結党している。

鈴木文治は東京帝大出のインテリである。吉野作造とともに、当時の労働・民主化運動のリーダーであった。ふたりはともに、大正デモクラシー期に学生生活をおくった松本ら正義感旺盛な青年インテリ層に幅広く支持された逸材であった。

March 25, 1925] The Nation 313

sway of American enterprise? Would it be possible to isolate the burning house? What if the conflagration started on the Yangtze or on the Inland Sea spread to Europe? It is easier to start a war than to stop it or to divine its outcome. Would the spoils and the fun then balance the blood, treasure, frenzy, and hysterics? Who would hold the bonds, gather the profits, reap the dividends? Who would give their lives and pay the taxes? Would the loot be worth the pain? For a little while the sun shines and it is constitutionally permissible to ask these questions.

The New Labor Movement in Japan

By SHIGEHARU MATSUMOTO

JAPAN became a full-fledged "modern state" after the Chino-Japanese War of 1895. Industrialism was firmly established and had brought about glaring social evils as well as an enormous increase in productivity. The year 1897 saw the beginning of a vigorous agitation by the intellectuals, influenced by "dangerous and radical thoughts" of every type imported from the West. The Association for Organized Labor, the Kingsley Club, the Social-Democratic Party of Japan, and similar bodies were organized

way to the new "functional theory of state." The significance of their achievements becomes amusingly evident if we compare the year 1910, when a convicted thief hanged himself in prison for being called a "Socialist," with the year 1924, when a professed Socialist was appointed dean of the school of economics at Kioto Imperial University.

The emancipation movement during this period was marked by a tendency to imitate foreign methods and to subordinate practical considerations to the integrity of social doctrines—a tendency characteristic of the beginning of other mass movements in backward countries. With the business depression following the Great War, this method proved to be of small value in the actual improvement of social conditions and a new policy embodying more practical measures was proposed. This change was prompted by other factors, among them the amazing success attained by peasant unions with extremely practical programs and the possibility of universal manhood suffrage in the near future.

Although the history of feudal Japan includes, as one of its phases, the story of peasant riots, an organized peasant movement of a modern type was unknown until 1922 when the Peasants League of Japan was organized. Among unions recently organized, the Peasants League is outstanding. Its membership is large (60,000 families) and rapidly increasing, and its realistic policy has succeeded in reducing the average rent to 55 per cent of crop value.

The making of modern Japan is largely due to the
an enlightened bureaucracy. The people never
t their lack of political democracy until about
they began to recognize the dangers of extreme
c methods. Professor Yoshino, champion of
and his colleagues carried on a brisk campaign
nocratic cause, and their temporary goal was
the Manhood Suffrage Bill, which passed the
sion of the Diet.
leaders agreed in opposing political methods, al-
different reasons, and refrained from taking
movement for political democracy. However,
ood suffrage seemed imminent, the problem of
a labor party attracted wide attention. A de-
m the old policy of anti-parliamentarism was
decision of the Federation of Labor of Japan
eclaring the necessity of the labor movement's
elf of every means, political as well as economic,
lopment. The Society for Political Research was
last year with the object of preparing the
the formation and utilization of a labor party.
w effort to study our own social conditions
out plans of social reform which will meet our
may be taken as an evidence of the passing of
of foreign imitation and doctrinaire theorizing.
terest shown by the people in cooperative move-
rious types also indicates a change in the general
our labor movement. Although it must be ad-
the organized labor movement in Japan is still
cy—only 5 per cent of 10,000,000 laborers and
e organized—it has made a good start.
a's recent exclusion act hurt bitterly our
de, but we can fairly deny that it has seriously
growth of the labor movement of Japan, because
ent is little influenced by sentiment. However, it
phasized that the sound development of our labor
epends absolutely upon the maintenance of inter-
ce.

Over the Radio *by Harry Hansen*

The Nation

Vol. CXX, No. 3116 FOUNDED 1865 Wednesday, March 25, 1925

The New Jerusalem
by Ludwig Lewisohn

War with Japan?
by Charles A. Beard

Japan's Labor Movement *by* Shigeharu Matsumoto
America, Japan, and Russia *by* Louis Fischer
Japan: Enemy or Friend?—an Editorial
Advertising War *by* Miriam Beard

In Defense of the Senate
by Oswald Garrison Villard

Fifteen Cents a Copy Five Dollars a Year

Published weekly at 20 Vesey St., New York. Entered as second-class matter December 13, 1897, at the post office at New York, N. Y., under the Act of March 3, 1879
Copyright, 1925, by The Nation, Inc.

『ザ・ネイション』誌（1925年3月25日号）

松本の論文（上）が掲載された号に、恩師ビーアドがカバーストーリーを寄せている。

『ザ・ネイション』誌に掲載された処女論文の反響の大きさに感動した松本はこのとき、

「ジャーナリストになりたい」

と、思った。

職業としてのジャーナリストを意識するようになった最初である。一本の短い論文が松本の人生を大きく変えていくことになる。自分の考えを文章にし、それを多くの人に読んでもらう喜びを感じたに違いないし、それが英語という外国語であればなおさらのことである。このとき松本はさらに自分の書いた記事のリード（導入）部分をばっさりと切って一ページ内にきっちりと収めたアメリカ人の編集者について「アメリカではそれだけの権限があるのだなあ」という素直な驚きを覚えたという。原稿料は十ドルだったが、それを聞いて、松本は「小躍りした」とも、語っている。

ジャーナリストの道へ進むきっかけをつくってくれた『ザ・ネイション』誌は別の意味で松本にとって生涯忘れられない雑誌となった。同じ号に恩師、ビーアドがカバーストーリーを寄せていたからである。それは"War with Japan"という刺激的なタイトルの論文だった。この号の表紙にはビーアドのカバーストーリーが太字で大きく紹介されている。そして、そのすぐ下に松本の論文のタイトルが松本の名前とともに載っている。

「日本との対立の本質は移民問題ではない。それは中国、すなわち貿易と（そこから発する）利益だ。もし、日米戦争が起こるならそれは中国市場の取り合いからであろう。日米間の火ダネは中国問題である」

――松本は二ページ強のこの論文に衝撃を受けた。それを何回も読み返し、

「日米関係の核心的な問題は中国問題であることを初めて悟った」

という。

そのころアメリカではアジアの新興国家、日本に対する警戒心が高まっていた。松本がアメリカ滞在中に日米関係を大きく揺るがしかねない〝大事件〟が起きている。それは一九二四（大正十三）年の春、連邦議会で可決された移民法案である。事実上、日本人の移民を締め出そうとして制定された排日法案で、実際、その後の日本人移民の割り当てはゼロとなった。松本が学生生活を送った東部ではそうでもなかったらしいが、西海岸のカリフォルニア州では当時、勤勉で、キリスト教の安息日である日曜日にも仕事をする日本人は現地の人々から嫌われ、排日運動が先鋭化していった。英語を一言も話さない日本人が徒党を組んで、地域の商慣行や伝統を無視して、日本流に何事も推し進めていくことにも問題もあった。だから、アメリカ側にもっぱら責任があったなどと言えないのだが、これが遠因となって、後に大きな災いを生んだことは確かである。

松本の回想によると、法案通過のニュースが映画館などで報じられると、それを見た観客から拍手喝さいが起こり、松本でさえ、内心では、

「この野郎」、と憤慨し、「今に見てろよっ」と思った。

松本でさえこうだったのだから日本でこれが一面的に報道されれば反米感情のみが増幅されるだけだ。米社会における「排日」の動きはその後の日米関係に暗雲をもたらす苦悩のタネだった。その後

の太平洋戦争へとつながってゆく遠因ともいわれている。

日本人の移民は明治時代の初期から行われていた。当初はハワイが主だったが次第に米本土への移民も盛んになった。移民した日本人は実に勤勉で農作業などハードワークにもよく耐えた。彼らは日曜日でも働いた。ほとんどが英語を話さず、しかも、日系人だけでかたまり、地域社会に溶け込もうとはしなかった。アメリカで稼いだカネもほとんどを日本へ送金していた。移民の中でアメリカの市民権を得ようと考えたり、アメリカへ忠誠を誓っている人々はごく少数に過ぎず、日本人とアメリカ人との間で軋轢が重なっていった。

それでも日本人はアジア諸民族の中で唯一、「連邦移民・帰化法」による移民の全面停止を受けないでいた唯一の民族だった。それは日本がアジア諸国の中で、欧米諸国と対等の外交関係を構築しうる唯一の先進国であり、アメリカ政府もそうした日本の体面を重んじたからだった。だが、アメリカは連邦国家である。連邦政府は州政府以下の自治体で行われる諸規制に対して、限定的な影響力しか行使できなかった。

連邦以下の自治体で排斥運動が起こり、それが行政当局の施策にまでつながっていった典型的な例がサンフランシスコ市で一九〇六年に起きた「日本人学童隔離問題」だった。この年、カリフォルニアを大地震が襲った。多くの学校の校舎が大きな損害を受けた。学校教育再開が遅れたことや、人口増で、学校の定員がすでにオーバーしていることなどを口実にサンフランシスコ市当局が公立学校に通う日本人学童に対してアジア人の学校に転校するよう命令したのだ。このときの日本人の学童数は百人程度だったといわれている。にもかかわらず、市当局は強権を発動し、日本人学童の締め出しを図った。地域住民の反日感情の高まりという裏事情があった。しかし、この「隔離命令」にセオドア・ルーズベルト大統領（一八五八―一九一九）が異例の干渉をし、翌年、市当局に撤回させた。大統領の強権発動だった。

そのとき、連邦政府と市当局との間で交換条件が交わされた。それはハワイ経由による日本人の米本土移民を禁止するという内容だった。大統領も妥協せざるを得なかったのだ。この背景には日露戦争でアメリカが日本を支援したにもかかわらず、日本が門戸開放政策に応じなかったことなどがあったといわれている。

事態がここまで悪化すると、日本政府も危機感を抱き始めた。他のアジア諸国と同列に扱われることをなんとか回避したいと考えるようになった。日本の大国意識がこんなところにも露見し出したのだ。そこで日米両政府は移民問題を協議し、一九〇八年に締結したのが「日米紳士協定」。アメリカへの移民は日本政府が自主規制をすることになった。

このとき、旅券発行が停止されたのは労働目的のみで、観光客や学生、米既往在住者の家族は自由に渡航できた。この協定が締結された結果、一九一〇年以降、日本人移民の純増数はほぼ横ばいとなったという。しかし、抜け道があった。「米既往在住者の家族は渡航可能」という条項がそれだ。これを利用して「写真結婚」による日本人女性の渡米が盛んになった。既往在住者の間では男子の独身比率が高く、若い日本人女性を求めていた。そこで渡航希望の若い女性たちは男性の出身地の親戚などとの間で写真や手紙で結婚の約束を取り交わした。これで花嫁は旅券の発給を受けてアメリカに渡航できるようになった。「見合い結婚」の形式を採ったわけだが、アメリカにはそんな習慣はない。カリフォルニアを中心に「非道徳的」として攻撃されるようになった。結局、日本政府もアメリカ人の反発を考慮せざるを得ず、一九二〇年、写真結婚による渡米も禁止した。

アメリカ人が写真結婚に反発したのは単に道徳上の問題だけではなかった。もともと日本人移民には米社会への帰属意識が乏しかった。移民の男性が日本人女性との結婚に拘ったのはいずれ生まれてくる子供にも、あくまで日本国籍を持たせる思惑があったからだ。彼らの念頭にはアメリカへの帰化意識はまったくなかった。このことをアメリカ人は知り抜いていたのだ。これではアメリカの反発を招くのは当然だった。

一方、一九一三年、カリフォルニア州で「外国人土地法」が成立、「帰化不能外国人」の土地所有が禁止された。この法律下でも法人組織を通じての土地購入や、米国で生まれ、米市民権を得ている自分の子供名義で土地を購入し、自らは後見人となり、その子供から土地を賃借するなどして、脱法的な抜け道が盛んに利用された。が、一九二一年の「土地法改正」でこれらもすべて禁止され、日本人による土地保有の道はこれで完全に閉ざされた。

そのころの日本人移民は米本土で十二万人、カリフォルニア州で七万人程度だったといわれている。アメリカの全人口に比べればほんのわずかだが、それに反して、「排日」の動きは全米各地に広がっていった。同じ移民、特にイタリア系の移民などが日本人移民への反発を強めたことがその最大の要因だったといわれている。勤勉な日本人移民が彼らの職をどんどん奪ってしまったからだ。そしてついに一九二四（大正十三）年、米連邦議会が「排日移民法」を可決、日本人移民の割り当てを「ゼロ」とし、事実上、日本からの移民を締め出したのである。

当時、摂政だった皇太子（後の昭和天皇）はこの問題の影響を憂慮したひとりだった。戦後のことだが、昭和天皇は日米戦争の遠因を側近から尋ねられて、

「加州移民拒否の如きは日本国民を憤慨させるに十分なものである……。かかる国民的憤慨を背景として一度、軍が立ち上がった時に、之を抑えることは容易ではない」

（『昭和天皇独白録』文春文庫、一九九五年）

と、素直な感想を述べている。

日米戦争が勃発する直前まで日米関係の改善に苦悩されていた昭和天皇が、この排日移民法案の成立にいかに困惑されたか、その苦悩の様がありありとうかがえる貴重な証言である。日米戦争の原因のひとつにはアメリカでの排日の動きがあり、大正末期以降、日本人の感情を逆なでしたことは確かだ。

ビーアドと後藤新平

歴史学者のビーアドがコロンビア大学を去った後、一時、ニューヨーク市政の改革に取り組んだ。その縁で、その後、東京市政に深く関与したことは実はあまり知られていない。市政研究家としての

ビーアドが、当時、東京市長であった後藤新平（市長の在職期間は大正九年十二月十七日―大正十二年四月二十日）の目にとまって、東京市政研究のために大正十一（一九二二）年、日本に招かれたのだ。東京市とビーアドの関係を取り持ったのが、ビーアドの「ニュー・スクール・フォア・ソーシャル・リサーチ」などで学んでいた鶴見祐輔だった。鶴見は後藤新平の女婿である。

その経緯について、鶴見は『チャールズ・A・ビーアド』（東京市政調査会、一九五八年）で次のように語っている。

「一九二一（大正十）年の暮れだった。ちょうど東京市長になったばかりの後藤新平から電報が来た。東京市政の腐敗をなおすためにアメリカ市政が腐敗から立ち直った事情、その他を研究してよこしてくれという。その前の年の秋でしたが、「ニュー・スクール・フォア・ソーシャル・リサーチ」の講義に出ておりまして、そのときビーアドさんにお目にかかった。それで、ビーアドさんが一番いいだろうという考えを持ちました」

鶴見が協力を依頼するためビーアドを訪ねたとき、ビーアドは研究のため欧州に発つ前で、「アメリカの市政は簡単な政治のやり方でなおしたのではない、非常に科学的な方法でなおした。それは今ニューヨークにある市政調査会に行って調べなさい」と言って、ルーサー・ギューリック会長を紹介してくれたという。鶴見はその後、ギューリック会長に会って、ニューヨークが腐敗市政から脱却した方法論などを細かに聞き、その主役となったニューヨーク市政調査会に関する資料などをもらって、それらを東京に送った。

すると、東京でも、ニューヨークに倣って、「東京市政調査会」をつくろうということになり、ビーアドをその顧問として招聘することになった。

ルーサー・ギューリックによると、ビーアドがニューヨーク市政を立て直すために採った手法は用意周到なものであり、綿密な戦略に基づいていたという。なぜなら、ビーアドはまず、行政サービスの低迷と停滞、そこから生じる腐敗を生む原因となっていた諸団体と対決したからだ。いきなり守旧派と対決することで、改革に向けた不退転の決意を示したのだという。この諸団体とは私的公益事業者や特恵契約者から酒類販売やバクチなどを運営する諸団体に至る大小すべてが対象だった。古い体質の経営者からヤクザまで相手にしたのだ。時には恐喝まがいのこともあったが、ビーアドはそんなことは一切苦にせず、彼らとの間で正々堂々と議論を繰り返し、問題点を徹底的に暴いた。そのためには市民団体やジャーナリズムをその都度、利用したというから鮮やかだ。議論を公開の場ですればいかに守旧派といえども、抵抗はしにくくなる。問題点を市民の前に赤裸々に暴露した後で問題を解決する方法を編み出して、案件ごとに具体的な解決方法を提示。特殊団体がそれに従わざるを得ないように仕向けた。現代社会ではこの手法はある意味で正攻法だが、九十年近い昔のことだ。民主化されたアメリカ社会であってもそれは画期的なものだった。

なかでも、ニューヨーク市電が経営危機に陥り、抜本的な改革の必要に迫られたときの手際は見事なものだったという。ビーアドはまず、いくつかの原則を打ち立て、それに沿って改革を進めた。その原則とは、（1）永久の特許事業権は容認しない（一定期間を経た後の競争促進）、（2）既設の市電路線の資本はなんらかの操作によって膨らませてはいけない（粉飾決算の禁止と財務内容の透明性確保）、（3）公益事業を営む会社は投下資本に対する合理的な範囲の中で儲けることができる（正当な利益の確保）、（4）市電を運営する特殊会社と市との間で交わされた契約内容を改正しないで料金の値上げは認められない（契約内容の遵守）――などである（以上「ビーアドと市政改革」を参照、『チャールズ・A・ビーアド』東京市政調査会、一九五八年、所収）。

これは現代の公益事業体にも通じる大原則である。これを大正時代に打ち立てたというのだから、ビーアドに先見の明がいかにあったか、の証左である。いつの時代でも、どんな社会でもそうだが、地域の行政サービスはコスト意識がないがしろにされ、しかも、当局と事業者との〝馴れ合い〟関係で人為的に運営されがちだ。それが利権の温床となり、腐敗を生む大きな要因となる。ビーアドはそれらをすっぱりと切り捨て、公明正大な大原則を打ち立てることで、腐敗しないように防波堤を造った。ビーアドの手法は実に科学的だった。事業内容を〝馴れ合い〟ではなくコストと政策効果の点検、競争促進、透明性の確保、経済合理性という観点から見直した。行政が陥りやすいマンネリズムを初めから見通して、そうならないように手立てを講じることに主眼が置かれた――。

チャールズ・ビーアドは大正十一（一九二二）年九月十四日、一家を挙げて来日した。東京市長の後藤新平は東京駅でビーアドを迎えた。そのときの模様を、鶴見は『正伝　後藤新平』の第七巻「東京市長時代」（藤原書店、二〇〇六年）の中で面白おかしく表現しているが、東京駅から乗ったクルマの中でふたりっきりにされ、互いに「錆び付いたドイツ語」を、なんとか思い出しながら会話をして、それがかえって、ふたりの親密感を増していったという。ビーアドはその後、東京市政の研究のかたわら日本を精力的に動き回った。大阪、京都、神戸、奈良、名古屋の各都市で「都市問題」の講演会で話をした。後藤新平もそのすべてに同行し、壇上からビーアドを暖かく紹介した。

後藤は東京市政の研究を始めるにあたって、ビーアドに次のような注文をしている。

「東洋の実情を審《つまび》らかにしないで、欧米の事例をもってこれに臨むのは、何ら公益なくたんに論議の空費に終わるものとする。よってビーアド博士は、まず日本の歴史、地理、住民およびその風俗人情に関する大要の知識を滋養することに努められたい」(『正伝 後藤新平』の第七巻「東京市長時代」)

大学者であるビーアドに臆せず、日本そのものをまず「知る」ことを求めたのだ。これは後藤新平の卓見である。多くの外国人が今日、日本に住んで、日本についてかなりいい加減な議論をしていることがある。原因のほとんどが日本に関する「無知」にある。彼らの見識が優れたものであっても日本の伝統や「特質」を無視した外国流ならばあまり意味がない。それ以上に怖いのは無知なままに描いた日本の姿が海外で伝えられ、間違った認識が海外で植えつけられることだ。大正時代においてそうした誤解を生む危険性は現代以上であったはずだ。後藤はそれを予知し、ビーアドに「まず、日本を知る」ことを求めた。

後にビーアドは日本での調査研究をもとに『東京市政論』(東京市政調査会、一九二二年)をまとめた。それに立ち入る紙幅はないが、東京都行政部長だった原口一次は、

「東京市のみならずわが国諸都市の市政の民主化、科学化に貢献し、さらにわが国の都市行政学を

誕生せしめた功績はまことに大きい」（『チャールズ・A・ビーアド』東京市政調査会）と指摘している。

ビーアドは大正十二年三月十六日、神戸港から信濃丸に乗って、台湾と中国を訪ねた。鶴見によると、ビーアドはこの旅で、後藤が台湾総督府民生長官時代と満鉄総裁時代にそれぞれ手掛けた行政手腕に触れると同時に、後藤が台湾と中国の至る所に研究所や調査局を設け、科学的に研究しつつ仕事を行ったことに感銘を受けたという。ビーアドは、台湾と中国の旅を終えて六月九日にいったん神戸に戻り、十二日に横浜港からマッキンレー号に乗船して帰国した。だが、その年の秋、二度目の訪日の旅につくことになる。そのきっかけとなったのが関東大震災だ。東京は壊滅的な打撃をこうむった。東京の復興を急がねばならなかった後藤新平は再度、ビーアドの招聘を決意。後藤は関東大震災直後、ビーアドに招聘のための電報を打った。が、それと行き違いにビーアドからの電報を受け取った。

「新街路を設定せよ、街路決定前に建築を禁止せよ。鉄道ステーションを統一せよ」

と、書かれてあった。

ビーアドは十月六日に再来日し、まもなく「東京復興に関する意見」を書き上げ、後藤新平に提出している。この意見書は、（1）新路線計画、（2）土地および住宅問題、（3）帝都の尊厳および美観に関する考察――など十一項目にわたって、詳細に記述されている。なかでも、ビーアドの歴史家としての見識が見事に表れているのが「帝都の尊厳および美観に関する考察」の部分で、

「歴史の舞台は大西洋より太平洋に移りつつあります。日本はこの舞台に於いて、立役を勤めるの

でありましょう。東京は多くの印象深い場面の舞台となるでありましょう。そのゆえ、日本の帝都が帝都としての特異性を持たねばならぬことはきわめて重要な事柄であります。貧弱なる帝都は列国の間に伍して威厳を傷つけます」

と、論じているのだ。

後藤新平によって、遠い異国である日本の歴史を、ビーアドは学んだ。その成果がこの考察の中に見事なまでに結実している。また、これが歴史学者としてのビーアドの見識を広げたことも確かなようだ。

ビーアドは第二次世界大戦後、『アメリカ外交政策の形成――一九三二年―一九四〇年』(一九四六年)と『ルーズベルト大統領と一九四一年の開戦』(一九四八年)の二冊の問題作を世に送り出している。後者は日本の真珠湾攻撃が、フランクリン・ルーズベルト大統領(一八八二―一九四五)を中心とするアメリカ側の「挑発」にも責任があることを、政府機関や議会委員会の公文書に基づいて実証しようとしたものだ。多くの専門家が指摘するように今やこのこと自体は共通の見解となっている。だが、終戦直後に、アメリカ側にも、いわば開戦責任があったことを指摘したのだから戦勝に酔うアメリカ国民の気分を害した。ビーアドは太平洋戦争が始まる前からルーズベルト外交を非難する急先鋒で、アメリカ大陸における豊かな資源と広範な市場を背景に、アメリカは不必要な対外介入は避けるべきとした「大陸主義」の外交政策を唱えていた。また、アメリカの対外的な「力のおごり」を憂慮し、警告していた。そして戦争とともに強大化していった大統領の「力のおごり」を戒める発言をしていた。

アメリカ研究家の斉藤真は『ルーズベルト大統領と一九四一年の開戦』もまた、信念の行為としての歴史叙述のひとつの見本であったといえる」（「ビーアド――歴史状況と歴史研究」）と、述べている。

結局、この本が最後の著作となった。一九四八年九月一日、ビーアドは悲哀のうちに静かに息を引きとった。

――信念の行為として歴史を書く。ビーアドは終生、信念を貫き通した。

そして、孤立し、悲哀の人となって亡くなった。

朝河貫一と日露戦争

松本重治はアメリカで、もうひとりの「巨人」と出会った。

それは朝河貫一（一八七三―一九四八）である。朝河は当時、イェール大学歴史学科の助教授で、比較史的な広い視野を持った、日本の古代・中世史の専門家であり、明治日本が生んだ数少ない国際的な文明評論家でもあった。といっても、朝河貫一を知っている人は少ないだろう。

朝河は明治六（一八七三）年十二月二十日、福島県安達郡二本松（現在の二本松市）で、佐幕派の旧二本松藩士である朝河正澄の長男として生まれた。地元の小学校から福島尋常中学校（後の安積中学校、今日の県立安積高校）に入学。早稲田大学の朝河貫一研究会がまとめた『朝河貫一の世界』（早稲田大学出版部、一九九三年）には、小学校時代からの〝朝河伝説〟が数々記されている。朝河は幼いころから神童との呼び声が高く、安積中学校でも特待生となり、首席で卒業。卒業式では流暢な英語で答辞を読み、参会者をびっくりさせたという。英語の猛勉強ぶりはつとに有名で、英語の辞典を毎日一ページずつ暗記し、その分は破り捨てて、残ったカバーを校庭の隅にある桜の木の根元に埋めた。

これを「朝河桜」といい、今日でも安積高校の校庭の片隅に朽ちた桜の木が残っているのが、それである。朝河は後年、「日米の架け橋」となって日米開戦を何とか食い止めようとして奔走。それは失敗するが、日米開戦五十周年にあたる一九九一年十二月八日、朝河桜は株分けされて、二本松市青年会議所の有志の手で、二本松市庁舎の前庭に植えられた。

朝河は明治二十五（一八九二）年、二十歳にして、東京専門学校（現在の早稲田大学）に進んだ。東京専門学校では創設者の大隈重信（一八三八―一九二二）をはじめ後にシェークスピア翻訳で名を成した明治の文豪、坪内逍遥（一八五九―一九三五）ら恩師に恵まれ、首席で卒業した。

また、東京専門学校時代には東京・本郷教会で洗礼を受けている。本郷教会の牧師は横井時雄（一八五七―一九二七）。幕末の思想家である横井小楠（一八〇九―六九）の長男である。横井時雄は明治初期のキリスト教の普及と教化に大きな影響力を与えた逸材だった。本郷教会は明治初期のキリスト教運動の中心地だった。朝河は横井牧師を通じて、アメリカのダートマス大学のウィリアム・タッカー学長（在職期間一八九三―一九〇九）を知り、タッカー学長の支援を得て、明治二十八（一八九五）年、ダートマス大学に留学する。ここでも主席で卒業し、明治三十二（一八九九）年イェール大学大学院歴史学科に進学した。

明治三十五（一九〇二）年六月、英文で書いた『六四五年の改革（大化の改新）の研究』で、哲学博士の学位を取得、ダートマス大学で東西交渉史の講師として教壇に立った。朝河が学者・研究者としての道を歩み始めたちょうどこの時期、明治日本は危急存亡の秋（とき）を迎えようとしていた。ロシアの脅威が日本に迫ってきたのだ。すでに述べたように中国・清朝末期に生じた「義和団事件」の鎮圧を契機にロシアは占領した満州に居座り、朝鮮半島に進出する気配をみせた。このとき、日本がロシアを牽制するため結んだのが、明治三十五年の日英同盟。当時、世界で最強を誇ったイギリスの海軍力や政治力をバックに明治政府は対ロ交渉に臨んだ。が、結局、交渉は決裂、ついに両国は戦端を開いた。明治三十七（一九〇四）年二月のことである。

アメリカで極東アジアの動きをつぶさに聞いていた朝河貫一はこのとき、母国の危機を救うべく立ち上がった。それが日露戦争の開戦から九ヶ月ほど経た明治三十七年十一月に出版された、*The Russo - Japanese Conflict, its causes and issues*（Archibald Constable & Co.ltd,1905）という著作である。

この本は英文で書かれ、日本語による翻訳本は未だにない。タイトルを邦訳すると『日露衝突——その原因と課題』。序説と第一章から第二十章まで各論が及ぶ大作である。ちょうどこのころは乃木希典大将が率いる第三軍が二〇三高地を攻撃中であり、ロシアのバルチック艦隊が太平洋に進撃すべく、北アフリカまで南下していた時期だった。だから、朝河の著書は世界の耳目を集めた。朝河はこの中で次のように書いた。

日露戦争とは旧文明を代表するロシアと新文明を代表する日本との戦いであり、

「もし、ロシアが勝つならば韓国と満州だけでなくモンゴルもロシアの属国になるか、ロシアは東洋のすべての国家権力に対して支配する立場をとる。世界の貿易国はアジアの重要な経済分野から、大部分か、あるいは完全に、排除される。もし日本が勝つならばシベリアと満州の広大な資源開発にふさわしい機能がますます必要になる。東洋の商業はすべてに等しく自由に開かれよう。中華帝国、韓国は独立国にとどまるだけでなく、新しい文明の影響を受けて、その巨大な資源が開発され、その国家体制は改革されよう。その莫大な利点は東洋に関心をもっているすべての国々によって享受されよう」

朝河はこう言って日本の勝利がいかに人類全体に貢献するかを訴えた。『日露衝突』は発売されると驚異的な売れ行きをみせ、版を重ねた。すると、今度は講演依頼が度々、来るようになった。朝河はそうした機会も逃さなかった。

朝河の郷里の後輩である歴史学者の阿部善雄によると、朝河は講演会で、

「日本は戦争の結果がどうであろうと、満州に領土的野心のないことを正式に宣言した。清国は改革を通じて、発展の力を強め、諸外国に恩恵を与えるような道を選ぶべきであり、以前のように貪欲の餌食になるにまかせてはならない」（阿部善雄『最後の「日本人」――朝河貫一の生涯』岩波書店、一九八三年）

と、熱弁を振るったという。

どちらが勝つのか、古い文明か、新しい文明か――この瞬間、世界は分かれ道に立つ。

朝河の試みは見事に成功した。アメリカでは日本を支持する声が次第に高まった。世論に押される形でセオドア・ルーズベルト大統領が日露両国の間に入り、平和の道を選ぶよう促す原動力となった。奉天会戦、日本海海戦などでロシア軍を次々と打ち破った日本。だが、弾薬は尽き掛けていた。敗走するロシア軍部隊を追いかけ、ロシア領に一歩でも踏み込む余力さえ残っていなかった。日本の国力はすでに限界を超えていたのだ。ルーズベルト大統領による日露両国への講和あっせんは日本にとって、まさに〝天の声〟だった。

余談だが、日露戦争が勃発してまもなく――。明治三十七（一九〇四）年六月、大本営陸軍部参謀次長の長岡外史少将（一八五八―一九三三）が「樺太攻撃計画」を提唱している。長岡少将は戦争の先行きを懸念していた。日本陸軍がロシアと戦っている地は清国領の満州であり、戦争が日本の勝利で終結したとしてもロシアから奪った領土の所有権は第一義的に清国にあり、返さなければならないことに苛立ちを覚えていた。さらに言えば日本軍が満州でロシア軍を打ち破ったとしてもロシア本土を占領することはできないだろう、とも考えた。日本軍の実力はロシア軍の南下をせき止めるのが精一杯、との冷静な分析があったからだ。そこで、長岡少将はロシア軍の手薄な樺太を攻撃、占領すれば、将来、講和条約を結ぼうとしたときにそれが有利になる、と踏んで、攻撃計画を策定した。ただ、当時の日本陸海軍にはその余力はなく、実際にこの作戦が動き出したのは一年後の明治三十八年六月である。同じ年の一月に旅順が陥落し、講和が成立するかもしれない、との観測が出始めて以降のことだ。

樺太は江戸時代の末期、日本人、アイヌ人、ロシア人が混在して住んでいた。日露両国間で国境紛争が度々、繰り返された。明治に入ってからも互いの主張は対立した。しかし、明治八（一八七五）年五月七日、ペテルスブルグで、榎本武揚（一八三六―一九〇八）とアレクサンドル・ゴルチャコフ（一七九八―一八八三）との間で「樺太千島交換条約」が締結されて、日本が樺太全島を放棄し、その代わりにロシアは千島列島すべてを日本に譲渡した。樺太（ロシア名、サハリン）は一八〇九（文化六）年、間宮林蔵（一七八〇―一八四四）の探検で島であることが確認された。それ以前にも、ロシア人やオランダ人の探検もあった。十五世紀末には北海道・松前との交渉などが記録されている。しかし、その後も、どこの領土に属するかは明確ではなかった。このため、幕末の日露和親条約を経て一八六七（慶応三）年の「樺太島仮規則調印」で、日本とロシアの共有雑居地となった。

明治政府は明治三（一八七〇）年、樺太開拓使を置いて開拓次官、黒田清隆（一八四〇―一九〇〇）に行政に当たらせたがうまくいかず、その後はロシア主導で経営が運んだ、とされる。結局、「樺太千島交換条約」でロシア領となった。これは日本にとって屈辱的な条約とされている。現在まで尾を引く北方領土問題にはこうした経緯がある。

さて、ルーズベルトの斡旋で日本はロシアとの戦争をなんとか一時休戦までこぎつけた。アメリカの東部、軍港のあるポーツマスで講和会議が開催されることになり、その会議に出席するため小村寿太郎外相（一八五五―一九一一）一行が横浜港を出港したその日、日本全国の家々に国旗が掲げられた。全権一行が通過する沿道にも国旗を手にした市民がむらがった。このため、業者は旗作りに寝食を惜しんで取り組み、臨時に多くの人が雇われたという。

「旗が天日に干され、染料が乾くと小売り商人が争うように持ち去る。人形商の干し場には日章旗がつらなり夏の陽光を浴びていた」（吉村昭『ポーツマスの旗』新潮文庫、一九七九年）

日露戦争の勃発と勝利によって、国旗がはじめて各家々に不可欠となった。以後、国家的なお祝い事には国旗を軒先に飾ることが、国民の祝意の表れとなった。

明治三十八（一九〇五）年九月五日に調印されたポーツマス条約で、日本は、（1）韓国に対する日本の指導・保護・監理権の承認、（2）清国政府の承認を条件として遼東半島租借権、長春—旅順間の鉄道権益（のちの南満州鉄道）などの日本への譲渡、（3）北緯五〇度以南の樺太の日本への譲渡、（4）沿海州における漁業権の日本人への供与——などの権益を得た。追加的な約款では長春—旅順間の鉄道沿線に1キロメートルに十五名以内で鉄道守備兵を置くことなどが決められた。この守備隊がのちに関東軍となる。

多くの犠牲を払って何とか勝ち得た日露戦争。ところが、日露戦争の勝利を機に日本の態度は大きく変わって行く——。

歴史学は熱なき光

ポーツマス条約は日露間の講和条約だったが、実際、その効力が発揮されるためには清国の承認が必要だった。両国の軍隊が死力を尽くして戦った主戦場はことごとく清国の領土であり、ポーツマス条約の規定でも、清国の了解が前提だったからだ。

そこで、小村寿太郎外相と清国の全権、袁世凱（一八五九―一九一六）との間で、日清協議が明治三十八年十一月から開かれた。袁は当初、「鉄道守備兵問題」などで強く、日本に抵抗したが、最後には日本の力の前に譲歩した形となった。この協議で、日本は「安東―奉天」間の軍用鉄道の恒常化や満鉄並行線の禁止などロシアの権益を上回る要求を認めさせ、十二月二十二日、満州に関する日清協約に調印したのである。

日本が日露戦争前に世界に公約したのは第一に「中国と韓国の領土保全と独立」であり、第二に「機会均等の原則」だった。

日清協約はそうした公約からは大きくかけ離れた内容となった。日露戦争前の国際公約は反古にされたのである。日本に同情していたルーズベルト大統領の日本観もすっかり変わり、欧米世論も、日本に対する警戒感が次第に広がっていった。朝河もそうした日本の変化を見て危機感を募らせたひとりだった。

朝河が日露戦争後に日本語で書いた『日本の禍機』という本がある。初版は東京専門学校の卒業生が営んでいた実業之日本社から明治四十二（一九〇九）年六月に出版された。講談社学術文庫（一九八七年）にあり、今でもそれを読むことができる。阿部善雄によると、朝河がこの本を書き始めたのは一九〇八年四月であり、同じ年の十一月には書き終えたという。『日本の過機』は将来にわたる日本の危機の「原因」を指摘したものだが、東京専門学校時代の恩師、坪内逍遥がこれを一読して、それを単なる「危機」とはせずに、広い意味での「過機」としたという。

この本は「序」と「前編」「後編」の三部構成からなっている。「前編」では「日本に関する世情の変遷」を示し、アメリカの世論がいかに変わったかを論じている。「後編」のタイトルは「日本国運の危機」。第一章と第二章からなり、「結論」では「日本国民の愛国心」を論じ、「愛国心」教育というものがいかに危険であるかを指摘している。朝河は先の『日露衝突』で、ロシアは旧文明の代表であり、日本は新文明の代表であるとし、日露戦争を新旧文明の戦いであるとした。その文脈に沿って言えば戦争後の日本の変節は旧文明への回帰であり、その政治外交姿勢は旧文明のそれそのものであった。日本がこうした態度を改めない限り、将来、災いを招く――朝河はこう言って、日本に警告しているのだ。

朝河の論旨は明快であり、すでにその後の歴史を予言していた。文語体でやや読みにくいが、朝河の迫力が伝わりやすいので原文のまま掲載する。

「日本もし旧外交をもって支那に対する方針となさば、米国あるいは我が敵となることあるべく、また日本もし主位に立ちて新外交の二大原則を行わずば、米国必ず代わりてその任にあたるべく、もしこれに反して、日本もし誠実にこれを遂行して東洋の進歩を謀らば、米国は必ず我が強大の与国なるべし」

「而して彼が方針は不動なるがゆえに、以上の大事を決するの自由と責任は彼にあらずして我にあるなり。静かに此決の分るる所の広大無辺なるを想像すれば、これ恐らくは第二十世紀の最大問題なるべく、少なくとも日本国史上の最大事件なるもののごとし。ゆえに余はあえて今日を指して日本の最危機となさざるを得ざるなり」……。

朝河の言わんとするところを現代文に要約すると――日本は日露戦争の勝利後に豹変してしまった。旧文明の外交を志向し出した日本の前にいずれアメリカが屹然として立ちふさがる。それが日本にとって史上最大の「危機」となる、と――。

朝河はこう予言しているのだ。これは太平洋戦争に突入する三十三年前のことだ。日本はその「危機」に直面し、その結果、国家そのものが滅亡したのである。

朝河貫一がこの本の結論部分で「日本国民の愛国心」についてわざわざ一章を設けて、言及していることも注目される。なぜなら、朝河はこの時点で、日本人が抱えていた欠点を確実に把握していたことにもなるからだ。

その欠点とは「愛国心」そのものである。いったい朝河はここに何を見たのだろうか。

愛国心――国家や民族を愛することは美しい。それはいかなる時代においても尊いものだ。だが、歴史が示しているように国家の行為がすべて正しかったか、というと、必ずしもそういうわけではない。国民は国家に隷属し、国家から苛められた時代もある。が、近代になると、国家観がかなり限定的なものとしてとらえられるようになった。つまり、国家はその領域に居住する国民をひとつに統合するための手段、ツールであり、その限りにおいて、国民の理解を得て、国民を強制的にまとめる「権力」を有している。だから、本来的には国民の道徳観念を決めたり、国民の正義を代表したりする機関ではない。しかし、自分は愛国者である、という人にありがちなのが、国家を愛するあまりに国家の過ちを見逃してしまう危険性だ。国家の意思が絶対であり、それに盲従することが国民としての美徳であるなどと考えてしまうと、自分の周りで起きている物事がまともに見えなくなり、自分たちを危険に晒していることとさえ理解できなくなる。

明治国家は憲法上、主権者としての天皇に絶対君主としての政治的な権力と国民の伝統や思想を代表する頭領という精神的な権威とのふたつを併せ持たせた。その両方を代行するのが政府の仕事であるというわけだ。このため、政府はすべての面で国民生活に介入する権利を憲法上、持った。これで、国家＝政府が絶対的な存在となった。これはある意味で、明治日本が当初から抱えていた構造的な瑕疵であり、日本人の悲劇なのだが、そんな絶対的な権力と権威を同時に持った天皇＝その代行者としての政府が行う「愛国者教育」など、もってのほかで、硬直した国家観を国民の間に育む原因となったのだ。朝河は結論部でまさにそのことを主張しているのだ。

また、朝河はこうも言っている。日本人の美点は「反省力」にあり、欧米諸国のどこと比較しても優れている、と。そのうえで、「これを国民的な性格として極力、増進させていくことが必要である」と説いている。しかし、その一方で、「今日のごとく反省力を国民的に長ずることを怠っている日本の前途は極めて不安心のものといわざるべからず」と。そして国のためならば正義に反してもいい、正しい個人の名誉を傷つけてもいい、という思想は「旧式の日本の遺物で」あり、こうした思想は一時的な国利を重んじるあまりに、永久の国害を論じる人さえ「非愛国者」として切って捨ててしまう。

なぜなら、

「識者は世の憎悪を恐れて国の大事に関しても公言するを得ざるに至るべく、あるいは識者自ら習気に化せられて、孤立の思考をなす能わざるに至るべし」

というからだという。それでは真の愛国者を養成するにはどうしたらいいのか。

朝河の主張はここで、一段と熱を帯び、

「国の立場を固くするには、国民をして、反省思慮せしめざるべからず。否、この善良なる習慣を養成せんことに努力せざるべからず。こは啻《ただ》に教育にて養い得べきことにあらず、国家が公平の地位に立ち、天下の正路を歩み、困難と戦いて技倆と性格とを練磨しつつ、堂々として進歩せば、世の進歩を刺激し幸福を増進して止まざるべく、是のごとくにてこそ国民に無量の実物的教育を与うるを得るなれ。また是のごとくにてこそ教育家の目的確立し、その労力は効果あるべし。日本の国家は実にかくのごとくならざるべからざるなり」

国家基盤を強化するにはまず、国民に反省・思慮させる習慣を養う努力が必要であるが、これは教育だけで実現するものではない。なによりも、国家自身が公平と正道を原則とし、困難と戦うことによって、これを克服する政治姿勢を練磨して、堂々と、進まなければならない。そうすればその刺激によって社会が進歩し、国民の幸福も増進する。こうした政治の姿勢こそ、国民に無量の実物教育を与えられるのであり、したがって教育家の目的もそこに確立し、その労力も十分に効果を挙げることができる——と。

朝河貫一は日露戦争後、日本に一時帰国したが、明治政府への批判を強め出した朝河に、元老、伊藤博文らは冷淡で、陰では朝河への非難を繰り返した、という。

朝河はそれに失望し、これを最後に日本の地を二度と踏むことはなかった。

その後、朝河は明治四十（一九〇七）年十月、イェール大学講師となり、日本文化史の講義を担当するようになった。明治四十三年五月、大学院の日本文化史助教授に昇進。イェールの歴史学教授に就任するのはそれから二十七年後の昭和十二年である。

松本重治がアメリカに滞在し、イェール大学で学んでいた大正十三（一九二四）年当時の朝河は助教授だった。この年の九月新学期から、フランス、ドイツ、イタリア、日本にわたる比較法制史の講義を担当していた。

『最後の「日本人」――朝河貫一の生涯』によると、朝河は自分の授業を受けている学生たちをよく食事に招いた。なかでも、一九二四年のはじめから翌年にかけて、一人の日本人学生をとくに可愛がっていた。その青年というのが松本重治だった。朝河は二十四、五歳の松本に、自分の向学心に燃えていた若かりし日の姿を見出したのかもしれない。イェール大学の学寮に住む松本が夜分、朝河の居室のドアをたたき、

「先生、お話をすこし聞かせてください」と頼むと、朝河は心から、

「さあ、いらっしゃい」と迎え入れ、三、四十分は資料カードなどの整理の手を休めて、好きなパ

イプをくゆらしながら、あれこれの話題に興じた。あるときは移民法への憂慮やヨーロッパ視察での思い出を語ったりした。

朝河は同僚の家庭の夕食に招かれるとき、松本を一緒に連れていくことが多かった。松本は計量経済学者、アービング・フィッシャーの講義を聞き終えると、一九二五（大正十四）年六月にウィスコンシン大学へ移って行った。松本は終生、朝河の恩を忘れることはなかった。

「朝河先生の英語がよどみなく流れてすばらしかったことや、厳寒の日でも襟巻きをしないで、外套の襟を立てて歩いていた端正な姿が強く焼き付けられた」

『最後の「日本人」』の序文に、松本が朝河の思い出を記している。

「お目にかかる度毎に、私は、先生の人間というものの何となき偉さに傾倒するようになっていった。あるとき私は『先生、歴史学とは何ですか？』と質問した。先生は私に『熱なき光である』と応えられた。私は、心に、『熱なき光』と繰り返しつつ、『そうですか』といった。先生のこの一句は、私が終生忘れ得ぬものとなった」

歴史学とは「熱なき光」――。遠い昔に放れた光は決して熱くはない。が、どんなに小さな光源であっても、それを見逃さず、根気よく追いかけていけば、いずれ、そこにたどり着くことができる。それは歴史学者が「真実」を求めて、遠い昔の小さな事実を探る姿勢に似ている。朝河はこういいたかったに違いない。

松本はイェール大学で、歴史学者として朝河の真摯な態度を、そばで眺めた。そして、真の愛国心とは何か、ということを学んだ。

松本の思想・哲学はアメリカ時代に完成したといえる。チャールズ・ビーアドと朝河貫一というふたりの巨人に出会い、大きな感化を受けたからである。

松本はふたりの巨人の教えを終世、忘れることはなかった。ジャーナリストとしてであれ、学者としてであれ、国際交流の先達としてであれ、松本重治は、自らが志したものすべてに対して、信念をもって臨んだ。

松本重治にとって、決定的な意味を持つ、アメリカ留学だった。

第四章

太平洋の架け橋

松本重治はアメリカでの留学生活を終えると、そのまま、大西洋を横断して、欧州に向かった。約二年に及ぶ欧州滞在中、松本はロンドン、パリ、ジュネーブ、フランクフルト……と欧州の主要都市を訪ねた。見聞を広げると同時に、国際政治学と歴史学を学んだ。経済学を志して米留学を決意した松本だったが、チャールズ・ビーアド、朝河貫一と出会って刺激を受けたことに加えて、将来、国際的なジャーナリストになるためにも、ヨーロッパでの勉強が不可欠だ、と、考えたからだった。

パリに滞在していた大正十五（一九二六）年春のある日のことだった。母方の叔父、松方幸次郎（川崎造船所社長）から松本の下宿先に英文の電報が届いた。松方幸次郎はこのとき、スイスのジュネーブで開催されていた国際労働機構（ＩＬＯ）の会議（大正十五年五月から六月）に出席しており、「通訳をして欲しい」との依頼だった。

ＩＬＯは国際連盟の一機構として設立された労働機関だ。本部はスイスのジュネーブにあった。第二次世界大戦後に設立された「国際連合」の一機構としても残り、その活動は今日まで続いている。日本は昭和八（一九三三）年、「満州問題」に関する国連決議に反発し、国際連盟を脱退しており、このとき同時にＩＬＯからも離脱している。復帰したのは太平洋戦争後のことだ。

ＩＬＯパリ会議に出席したことで松本はまた、後の人生に深く関わることになる人々と出会うことになった——。

ＩＬＯパリ会議

大正十五年五月から六月にかけて開催されたＩＬＯの加盟国会議には日本政府代表として前田多門（一八八四—一九六二）、労働者代表で労働総同盟会長の松岡駒吉（一八八八—一九五八）、そして経営者代表で松方幸次郎が出席している。電報を受けて松本はすぐにパリからジュネーブに向かった。通訳として、活躍することになるが、ここでは素晴らしい出会いがあった。それはまず、政府代表、前田多門との出会いである。やや後のことだが、このときの出会いがきっかけとなって、松本が欧米留学から帰国後、進路を決める会議に高木八尺らとともに前田も招かれている。

前田多門は明治十七（一八八四）年五月、大阪府に生まれた。明治四十二年に東京帝大法学部を卒業した内務官僚だった。大正十二（一九二三）年から三年間、ＩＬＯ日本代表としてジュネーブに駐在。帰国後、『東京朝日』の論説委員、ニューヨーク日本文化会館館長を歴任した。

敗戦直後の昭和二十（一九四五）年八月、東久邇稔彦内閣で文部大臣として初入閣、次の幣原喜重郎（一八七二―一九五一）内閣でも留任したが、昭和二十一年一月、公職追放で文相を辞任している。

文相在任中の昭和二十年十月、新教育方針中央講習会で、

「此際吾々が教育界より一掃せねばならぬものは軍国主義と極端狭隘なる国家主義」

と述べ、それまでの国家主義的な愛国者教育を痛烈に批判した。

前田多門は新渡戸稲造門下の国際通のリベラリストであったが、その反面、教育勅語の修読を薦めるという、戦前の保守派らしい側面も併せもっていた。

ジュネーブではもうひとつの素晴らしい出会いがあった。労働者代表として出席していた松岡駒吉の知遇を得たことだ。松岡もまた、明治の生んだ逸材のひとりだ。

松岡は明治二十一（一八八八）年四月、鳥取県で生まれた。十五歳で郷里を出奔、舞鶴海軍工廠の旋盤見習い工を皮切りに大阪や朝鮮などの鉄工所を転々と渡り歩いた。大正三（一九一四）年、室蘭の日本鉄鋼所で、友愛会室蘭支部に入った。そこで友愛会会長の鈴木文治に出会った。その鈴木に才能を見出されて大正六年、友愛会本部に入り、その後の生涯を労働運動に捧げた。松本が英語で書いた処女論文で鈴木文治に言及したことはすでに述べた。日本の労働運動の源流である友愛会は鈴木文治という東大出のインテリと、彼の三歳下で、現場からのたたき上げである松岡駒吉という異色の組

み合わせでスタートし、今日に至っている。

松本はこのときのＩＬＯ会議でもっぱら松岡駒吉の通訳を務めた。会議開催中、松本は松岡のそばにいて藩閥や学閥とはまったく無縁の労働界の〝大親分〟を観察した。松岡から出てくるオーラは前田のそれとはまた違っていて、松岡の度量の大きさにすっかり感服してしまったという。政府要人や大企業の経営者と遜色ない存在感を示した松岡に魅せられてしまったわけだが、それなりの背景がある。松本が日本を離れている間、日本の労働運動が大きく飛躍している。第一次世界大戦下の日本はヨーロッパ列強の経済界に代わって未曾有の好景気を謳歌した。日本で生産された商品はアジア市場へ進出。貿易収支は大幅な輸出超過となった。その主役は海運、造船、鉄鋼、化学、軍需関連産業で、好況の裾野はかなり広く「大活況」を呈した。大企業にぶらさがって部品などを供給した中小・零細企業も大いに儲け、巷には小資本家（プチ・ブルジョア）があふれた。〝にわか成金〟という言葉が生まれたのもちょうどこのころだ。

工場労働者も急増している。腕のたつ熟練工の中にはより高い賃金を求め、工場を転々とする者も現れた。松岡駒吉もそうした熟練工場労働者のひとりだった。だが、未曾有の好況で会社は儲かり、雇用が増えても、一般労働者の生活実態は一向に好転しなかった。名目賃金が幾分か上がっても物価の上昇はそれをはるかに大きく上回っており、名目賃金の上昇分から物価上昇分を差し引いた、いわゆる「実質賃金」は年々、低下していった。経済の大活況によるインフレが庶民生活を直撃したのだ。日銀の統計によると、大正三年から九年までの東京卸売物価指数（明治三十三年十月＝一〇〇）は総平均で、それぞれ一二六・三、一二七・八、一五四・六、一九四・五、二五四・八、三二一・一、三四三・二を示し、驚異的な物価上昇となっている。また、内務省の統計によると、その間の名目賃金（工場労働者）上昇率は年率で平均数％と、微々たるものだった。これでは労働者が必死に働き、それで収入が少々増えても焼け石に水だ。働いても、働いても生活は苦しくなるばかりで労働者側からみれば経営者や資本家が自分たちの稼ぎを搾取しているようにしか見えない。その結果として、全国各地で、労働争議が頻発した。

『日本労働運動史料』（労働運動史料委員会編、一九五九年）第十巻（統計篇）に収められてある内務省警保局の調査によると、大正三年に争議（同盟罷業）件数が五十件、参加人員は七千九百四人だったのが、五年には百八件、八千四百十三人、六年に三百九十八件、五万七千三百九人まで急増している。わずか三年の間に争議件数は四倍近くまで増えたのだから社会の治安は大いに乱れた。友愛会会員の中でも、争議に参加する者が増え、鈴木文治や松岡駒吉が東奔西走して労働組合と会社との間に立って大活躍したのもちょうどこのころである。労働運動の中核的な存在に成長した友愛会は鈴木文治を会長に、現場労働者の松岡駒吉、西尾末広（一八九一―一九八一、戦後の日本社会党書記長、片山内閣で官房長官などを歴任）といった名参謀を得て、このとき基礎を固めた。

ＩＬＯ会議で貴重な体験をした松本はその後しばらくすると同じスイスのジュネーブ大学で勉強を始めた。ジュネーブの風景に魅せられたことも影響していたようだ。ジュネーブでは山登りにも熱中した。グリンデルワルドをベースキャンプにして、マッターホルンなどの山々に登った。当時、イギリスのオックスフォード大学に留学していた昭和天皇の弟（大正天皇の第二皇子）、秩父宮雍仁殿下（一九〇二—五三）らとともに登山を楽しんだ。スイスの後、松本はオーストリアのウィーンへも遊学している。ドイツ語を勉強する傍ら、オペラや芝居などにも興じ、青春を謳歌した……。

松本が充実した欧米留学から帰国したのは昭和二年の夏だった。当時の日本は昭和金融恐慌の真っ只中。多くの銀行の経営が行き詰まり、その煽りを受けて、産業界でも企業が連日のようにバタバタと倒産していた。

日本経済はいわゆる、昭和初期の金融恐慌のどん底であえいでいたのだ。実は松本の帰国が早まったのもこれと無関係ではなかった。父、枩蔵の経営する会社の経営も行き詰まり、母、光子の兄、松方幸次郎の経営する川崎造船所の経営不振は深刻だった。当時、日本企業の中でも規模の大きさでトップ5に入るような大企業、川崎造船が危機的な状況だったのだから、昭和金融恐慌がいかに日本経済を蝕んだか、理解されよう。

『川崎造船所四十年史』（阿部市助編著、一九三六年）によると、川崎造船所の資金繰りが悪化したのはメインバンクの十五銀行が昭和二年四月二十一日、休業に追い込まれたからだった、という。社長の松方幸次郎は金融恐慌を欧州旅行の最中に知り、急きょ、帰国した。すぐに政府、日銀に救済を求めたが、受け入れてもらえず、そこで、やむを得ず大リストラを断行した。昭和二（一九二七）年七月に約三千三百人の職工を解雇、八月五日には約三百人の付属員を整理、翌六日にも二百人余の所員に休職を命じている。その責任をとって、松方幸次郎は翌年、辞任している。川崎造船所の苦難はその後も続いた。血のにじむような努力にもかかわらず資金繰りがなかなか好転しなかった。そのうえ、長期に渡った大口債権者との協議も難航。ついに昭和六（一九三一）年七月、神戸地方裁判所に強制和議法の適用を申請、事実上、経営が破綻した。昭和金融恐慌の勃発から四年以上も経過していた。一時的な金融パニックは収束していたものの、その余波で日本経済は長期低迷し、川崎造船所のような日本を代表する大会社でも、そのショックからなかなか立ち直れなかった。

だが、暗い話ばかりではなかった。昭和二年の夏、欧州航路の客船で神戸港に帰国した松本の傍らにはある女性が立っていた。その女性とは松本の従姉妹、松方花子である。松方花子は松方幸次郎の娘。花子も音楽を勉強するためにイギリスへ留学していた。ふたりの帰国は当時の新聞でも華々しく報道されている。『神戸新聞』の昭和二（一九二七）年八月十六日付夕刊の第二面に掲載されたその記事にはモノクロ写真が一枚添付されていて、その真ん中に、若くて、美しい女性が立っている。それが松方花子だ。

両手を腰の前で軽く結んで、はにかんだような笑み。記事の見出しには、

「純白で上品な洋装に瑪瑙《めのう》の首飾り」

純白のワンピースの胸元にはネックレス。それが瑪瑙なのだろうが、一粒ひと粒が大きい。ややうつむきかげんだが、上目越しに、その先にある何かを暖かく見やっている。

「慕はしい許婚の君と伴に」

この「許婚」というのが、松本重治である。松本は身長が一八〇センチ近くあり、明治生まれの男

子としてはかなり大きい。当時は細身だったので、スラリとしており、貴公子然とした雰囲気があった。『神戸新聞』も、

「スラリとして瀟洒《しょうしゃ》な背広姿」。松本をこう描写している。

そんな二人が、欧州航路の豪華客船から神戸の波止場に降り立ったのだからハリウッド映画のワンシーンのような雰囲気を醸し出していただろう。波止場に押しかけた群衆もふたりの姿にすっかり魅了されたに違いない。ふたりはこのときすでに結婚の約束を取り交わしていた。松本がイェール大学での学位取得に頓着せず、アメリカの留学生活を早めに切り上げロンドンに向かったのも、ある〝魂胆〟があったからだ。

それは花子にプロポーズするためだったのだ。そして、帰国してから二ヶ月後の昭和二年十月二日、京都の都ホテルで結婚式を挙げた。結婚式といっても質素そのもので、ふたりと双方の両親の合計六人で、京都のホテルで、簡単な会食をしただけだったという。

このとき松本は二十八歳、花子は一歳下の二十七歳だった。

松本夫婦は以後ずっと、どこに行くのにも一緒だった。これからだいぶ後年のことになるが、戦後、しばらくして松本が東京・六本木にある国際文化会館の理事長になると、ふたりはよく会館の日本庭園をしずかに散策し、付近の鳥居坂を、手をつないで歩いているのがよく目撃されたという。花子は昭和五十三年十二月、七十八歳で永眠するが、松本は終生、まったく変わることのない愛妻家だった。

松本は明治生まれの日本男児である。しかも、若い頃からスラリとして眉目秀麗。家柄もよく洋行

帰り。女性にもてなかったはずがないのだが、松本の周辺には艶っぽい話はまったくといっていいほど残っていない。今のギスギスした時代と違って明治生まれの男は大体、功なり名を遂げると、普通、花柳界などでも浮名を流すものである。当時の明治男児はむしろそれを誉れとしたようなところがあった。松本も一度や二度ぐらい隠れて浮気をしたことはあるとは思うのだが、そうした話はとんと聞かれないのだ。せいぜい欧州に留学していた時代、ウィーンかパリあたりで、当時流行のレビューなどに出ている女優に夢中になって、劇場に通いつめ、同じように彼女に夢中になって通いつめていた青年と知り合い、最後は張り合ったということぐらいだ。しかし、それも独身時代の話である。花子との結婚後はそんなこともなくなった。松本は後年、後輩たちに向かって、

「金とオンナにだらしない奴は駄目だ」

と、よく苦言を呈したという。

このエピソードを語ってくれた老齢の元新聞記者はそれを聞いたとき、松本の顔を正面から見ることが出来なかった、と証言している。それぐらい松本は自身の私生活に自信を持っていた。だからといって、松本は単なる堅物だったわけではない。松本の周囲には父が贔屓にしていた芸者さんや、松本を信頼していた女流作家たちが常にいて、松本も彼女たちに対して優しく接していたという。

昭和の初めに花子と結婚した松本の生活はあわただしくなった。結婚式を挙げたとはいえそのころの松本は一介の米国研究者にすぎない。夫婦の家柄がともに良かったからといっていつまでも親のすねかじりをしているわけにはいかなかった。大学に残って、学者の道を歩むのか。それとも、就職先

を見つけるのか。松本はアメリカで「インターナショナル・ジャーナリストになりたい」と決意していた。ただ、日本は未曾有の不況の最中であり、新聞社などに就職口を探すのも、至難な時代である。東京帝大を卒業し、欧米留学から帰ったばかりの松本といえども思い通りに事は運ばなかった。松本も困り果て、そこで、貴族院議員の黒木三次に相談することになる。黒木についてはすでに触れた。黒木はヨーロッパ各国を長い間、旅行し、政治だけでなく西洋美術にも造詣が深かった。

松本が米留学を決めたとき、アメリカとイギリスの留学から帰国したばかりの高木八尺に紹介してくれたのが、黒木三次だったが、今度は松本の就職相談である。黒木は自分ひとりが相談にのるよりも、多くの人間の意見を聴いたほうがいいと言って、当時、『朝日新聞』論説委員に転職していた前田多門や、ニューヨークでチャールズ・ビーアド教授を紹介してくれた鶴見祐輔、そして、高木八尺教授を呼んで会合を開いた。松本は四人を前に「インターナショナル・ジャーナリストになりたい」との意思を改めて明らかにした。が、この会談でも結局、すぐに良策は浮かばなかった。助け舟を出してくれたのが高木八尺で、自分が主任教授を務めていた「米国講座」の助手をするよう薦めてくれた。松本も承諾し、研究室の助手としてしばらく様子を見ることになった。

太平洋会議

松本が東京帝大で助手をしているころの昭和四（一九二九）年十月、京都で太平洋問題調査会（I

ＰＲ）の「第三回太平洋会議」が開催されることになった。この会議は松本にとって、運命的な会議となった。そこで、生涯の師と仰ぐことになる新渡戸稲造と、後に、自分を同盟通信社に引っ張ってくれる岩永裕吉の知遇を得たからだ。

太平洋会議とは太平洋諸国の民間有識者で構成する団体で、国際的な非政府組織の先駆的な存在である。英語のＩＰＲとは"The Institute of Pacific Relations"の略。一九一九年にアメリカのＹＭＣＡ（キリスト教青年会）事務局が、緊張が高まりつつあった太平洋地域に住む人々が相互理解を深めるためにはどうしたらいいか、その方法を検討するよう、各国のＹＭＣＡ関係者に呼び掛けたのがきっかけで出来た。第一回会議は一九二五年七月（大正十五）年、二年後の第二回会議もともにハワイで開催された。当初は宗教色の強いものだったが、政治、経済、社会、文化などあらゆる面で、学術的な調査と基礎研究をやろう、ということになり、各国に下部機構として太平洋問題調査会が組織されるようになると、次第に宗教色が薄れていった。

その第三回会議が昭和四年十月、京都で開催されることになったのである。日本代表団は太平洋問題調査会理事長、新渡戸稲造を団長に鶴見祐輔、高木八尺や満鉄副総裁の松岡洋右（一八八〇―一九四六）が名を連ね、新聞界からも新聞聯合社（後の同盟通信社）の岩永裕吉社長らが参加した。松本重治は日本代表団のセクレタリーのひとりとして参加を許された。日本代表団は団長の新渡戸をはじめいずれも、キリスト者であり、自由主義者ばかりだった。ただ、ひとりだけ例外がいた。それは松岡洋右である。松岡は京都会議の四年後、昭和八年、日本が国際連盟を脱退した際、全権を務めた。その後、近衛文麿の第二次内閣では外相となり、松岡の手で日独伊三国同盟や日ソ中立条約が締結されることになる。松岡洋右は京都会議で「満蒙は日本の生命線」との大演説をぶち、中国代表団と激しく対立している。

大正十五（一九二五）年に開催された太平洋会議の第一回会議ではアメリカの移民法問題や人種差別問題などに議論の多くが費やされた。ところが、第二回会議からは一変して「中国問題」が会議の中心テーマとなった。中国代表団はこのとき、日本の対華二十一ヶ条要求（一九一五年五月）や山東出兵（一九二七年五月）を批判している。が、とはいえ、このときの対決の図式はむしろ中国対欧米列強という構図だった。特に、中国はイギリスに批判を集中させていた。日本批判もみられたが、反英という文脈のなかで取り上げられたに過ぎず、日本側が反論するのに〝熱く〟なる場面は少なかった。

ところが――。第三回の京都会議は昭和四年の開催だ。日中関係は二年前より悪化しており、日本側も警戒を強めた。その原因は前年（昭和三年）に起きた張作霖爆殺事件だった。民間の国際会議とはいえ、その時代性や国際情勢を勘案せずに議論するのは不可能で、張作霖爆殺事件が日本の関係者を憂鬱にさせたのである。もし、会議の冒頭で、日本と中国が衝突すれば会議が失敗するかもしれない。それを避けるためにはどうすればいいのか。そこで、鶴見祐輔が各国に根回しし、中国問題は会議の後半に集中させることで、なんとか合意を取りつけた。日本側の努力が実を結び、冒頭決裂の事態は免れた。

そして――。京都会議は順調に滑り出し後半に入った。昭和四（一九二九）年十一月四日午前、松

岡洋右が円卓会議のスピーカー席に颯爽と登壇。聴衆が固唾を飲んで見守る中、

「満蒙は日本人の多くの血で得た特殊権益であり、現在、将来ともに日本の生命線である」

（新渡戸稲造編『太平洋問題――一九二九年京都会議』太平洋問題調査会、一九三〇年）

と、持論をぶった。

松岡は明治二十六（一八九三）年、十四歳のときにほとんど労働移民のような状態で渡米した。明治三十五（一九〇二）年に帰国するまでオレゴン州ポートランド、カリフォルニア州オークランドなどで苦学した経験を持っている。英語による演説も巧みで、日本語と同様、朗々としており、聴衆をすぐに引き込んだ。松岡の「生命線」演説に対し、中国側も当然ながら猛反発した。中国代表団の首脳格、燕京大学教授の徐淑希（生没年不明）がまず反論に立った。徐は国際法、外交史の専門家である。スピーカー席から松岡を睨みつけるようにして、

「満州は中国の一部である。日本側は満州での権益を主張するが、それを取り決めた条約や協定の多くは無効である」

と、徹底的に反駁を加えた。

徐教授がここで主張している「条約や協定の多くが無効」という論理は日露戦争後に両国で締結された日清協約などは日本の軍事的な圧力に屈したもので、半強制的に調印を迫られた、ということをさしている。だが、喧嘩では松岡も負けてはいなかった。その翌日、中国側の反論にさらに再反論を加えた。その最後の段で、

「過去において払われたる血と財との犠牲に対して、中華民国諸友は如何なる具体的かつ満足なる報償を吾人日本人に与ふるの用意をしておらるるか。我が国防上の重大問題に関係ある点について保障を吾人に与へらるるの用意あるか。何らかの満足なる回答の与へられざる限りは遺憾ながら所謂《いわゆる》、満蒙問題の解決の試みなどはいくら試みても、あまり多く歩を進め得ないと信じる」

（『太平洋問題――一九二九年京都会議』）

と、述べ、中国側を睥睨した。

これが後に有名となる松岡の「支那に用意ありや」の大演説である。松岡は「日本の満州占拠は無効である」とした徐の主張に対し国際政治の現実的な立場から再反駁を加え、「もし返して欲しかったらその代償を寄こせ」といわんばかりの調子だった。松岡の論理は実に手前勝手であり、〝勝者の驕り〟すらある。だが、これは当時の日本の多くの政論と同じ論理であった。松岡洋右はある意味では傑出した戦前の政治家であり、外交官だった。その松岡にしてこの時点ですでに、「日本亡国論」にすっかり侵食されてしまっていた。

後に詳述するが、日本代表団の団長、新渡戸稲造は平和主義者だった。新渡戸らが命を賭して、非戦の論理を訴え、平和論を唱えても、こうした大向こう受けのする声にかき消されていった。それが当時の日本の世論の実態だった。太平洋会議に日本代表団のセクレタリーとして参加した松本重治も松岡と徐の激しいやりとりを、すぐそばで見詰めていた。

「これで会議は決裂するのではないか」

と、かなり緊張したという。

しかし、それは杞憂に過ぎなかった。というのも、激論を戦わせた当のふたりが、会議が終わると、何事もなかったかのように平然とし、ふたりとも笑顔を絶やさず、昼食をとっていたからだ。これを見た松本は、

「国際会議とは表舞台だけではなく裏舞台、裏芸もあるのだなあ、という強烈な印象を受けた」

との感想を持ったという。

国益と国益の衝突する国際会議は表面を見ているだけでは何も分からない。政府対政府の会議ばかりでなく民間の会議であってもそれは同じである。松本はそれを肌身で学んだ。昭和初期の段階でこうした経験をしたことは貴重だった。今の時代なら国際電話で手軽に会議を開くことができるが、当時はそうではない。国際的な舞台が極めて限られた時代にあってそうした国際政治の本質をそのそばで垣間見ることができたのは大きな収穫だった。こうした経験の積み重ねが後々、役立つことになる。

京都会議ではもうひとつ、注目される基調演説があった。それはイギリスの歴史家、アーノルド・トインビー（一八八九―一九七五）の演説である。トインビーは第一次世界大戦時にイギリス外務省に務め、パリの講和会議にも出席した。歴史家であったが、優れた外交官としても、厳しい国際政治の現場を経験している。このとき彼は四十歳にすぎない。ただ、すでにロンドンの王立国際問題研究所所長であり、学識の深さは世界中に知れ渡っていた。代表作である全十二巻に及ぶ大著『歴史の研究』の執筆に取り掛かるのはこれから五年後のことである。松本重治が演説のメモを残しているので、そ

の中身を要約すると――

「絶対主権国家」とは何か。それは国の内外に対し、命令・強制し、そして、殺戮する権利を有する国家を指す。少なくとも、「絶対主権国家」と呼ばれる国家群はこのように主張する。が、そんな勝手な理屈がまかり通るだろうか。そんなはずがない。

こうした「国家思想」が現実に存在し、実践される限り、そんな国家群は戦争とともに滅ぶべき運命にある。それは歴史が証明しているのだ。

では、国家を滅亡させないようにするにはどうしたらいいのか。

簡単である。「絶対主権」の主張を捨て、戦争を「国策の具」として使用することを止めればいいのだ……（『太平洋問題――一九二九年京都会議』）

トインビーが静かに語ったとき、聴衆は深い憂鬱の念に包まれた。聴衆は極東アジアで進展しつつある事態を思い浮かべ、胸を痛めた。絶対主権国家は戦争とともに滅ぶべき運命にある――日本のその後を暗示している。京都会議での日本の立場は微妙だった。特に平和主義者の新渡戸は松岡のような自国権益の擁護論を苦々しく見ていた。

そして最終日、新渡戸は満を持して登壇、熱弁を振るった。

「他人の祖国を憎むことなく、己が祖国を愛することも出来、他人の利益を害《そこな》うことなくとも外国人と貿易することは可能であります。即ち他人の力を卑劣なる手段で害うことなく同じ競争をすることが出来るのであります」

「究極の目的に於いて人類は一つであります。吾らの努力はつとめて一致に向けなくてはならないのであります。これなくては永遠の平和も幸福も繁栄も得ることは出来ないのでありましょう」

これを聴いた各国の代表者はみんな感動し、立ち上がって、拍手を送った。中国側も惜しみない拍手を新渡戸に寄せたという。他人の祖国を憎むことなく己が祖国を愛することが出来る。人類全体の究極の目的は一つであり、その努力を一致しなければならない。その目的とは言うまでもなく「世界平和」である。新渡戸の思想はここに凝縮されている。

だが、新渡戸の熱弁も、そのころの日本政府には届かなかった。当時の政府がこの会議にどう対応したのか、を示した面白い研究報告がある。太平洋会議は純粋に民間有識者の会議だったのだが、京都会議には日本の外務省が非公式ながら参加している。軍も参加の意思を表明していたが、高木八尺がこれを拒絶していた。ではどうして、外務省が会議場に入れたのか。当時、国際会議が日本で開催されることは稀で、日本太平洋会議の事務局が国際会議の運営に不慣れだったことや、ビザの発給や宿舎の割り当てなどで、外務省に協力を仰がざるを得ず、その見返りに非公式な参加を認めたためだったらしい。

山岡道男による『「太平洋問題調査会」研究』（龍渓書舎、一九九七年）の中に外務省が会議の模様を克明に記録した報告書が載っている。これが政府（外務省）の関与した証拠なのだが、会議の様子を克明に記した報告書となっている。これは単なる役人メモを通り越していて、感情がほとばしっているのだ。たとえば松岡と徐の「満州問題」に関する激しい演説の応酬があった日のメモには「日中両代表に熱烈なる議論が行われ、場面緊張せり」と記されてある。たったこれだけなのだが、政府の緊張振りは実によく伝わってくる。というのは、通常、政府の報告書はこうした場合、例えそれが非公式のメモであっても議論があった事実のみが記されるだけで「熱烈なる」などという形容句は書かれない。それは担当者の主観だからだ。ところが、このメモにはそれがある。これを書いた担当者も担当者だが、部下のメモをチェックした上司も報告書の中に「熱烈なる」という形容句をそのまま残した。松岡と徐の議論の応酬がいかに激しく、政府をナーバスにしたか。その証左だろう。

さて、京都会議の次の第四回の太平洋会議は二年後の昭和六（一九三一）年十一月、中国・杭州で開催される予定だった。ところが、杭州会議の直前、世界の耳目を集める〝大事件〟が起きた。それは昭和六年九月十八日の満州事変である。日本の中国に対する「十五年戦争」の発端となった事件で、詳細は後述するが、関東軍の板垣征四郎大佐（一八八五―一九四八）、石原莞爾中佐（一八八九―一九四九）ら幕僚が独断で画策し、実行した。この事変をきっかけに満州を占領した関東軍は翌年の三月、「満州国」を建設した。京都会議のメインテーマであった「満州問題」がついに日中両国の軍事衝突を招いたのだが、第四回会議が開催される前に日本側は「満州で戦争をしているので、杭州で会議を開いても冷静な議論はできない」として会議の無期延期を主張した。だが、中国は太平洋会議を予定通りに杭州で開くことを強く主張した。中国側は対外宣伝の場に利用しようとしたのだ。ここでも、日本と中国の思惑は深く対立した。それでも、度重なる折衝の結果、なんとか両国間に妥協が成立。その年の十月末、非公式会合が中国の上海で開かれた。これが事実上の第四回太平洋会議となった。

松本重治は第四回太平洋会議では日本代表団の一人に格上げされている。満州事変の影響を色濃く反映して、より暗鬱なものとなった。上海会議では満州問題を正式な議題にするか、しないかで、相当白熱した議論が連日、続いたが、そんな緊迫した雰囲気の中、日本代表団の新渡戸団長が演壇に立って、

「日本と中国がお互いに正しく認識しあうことが、将来の世界のために、いかに重要であるか」

と、諄々と説いた。

「満州問題」で熱くなった日中両国の代表団をはじめ、出席者全員が静かに耳を澄まし、新渡戸の演説に聞き入った。新渡戸の演説が終わると、全員総立ちとなり、満場の拍手がおくられたという。

新渡戸稲造の教え

上海での太平洋会議から帰って間もないころ、松本重治に転機が訪れた。ひょんなことからカリフォルニア大学バークレー校客員教授の就任話が持ち上がったのだ。日中関係の悪化が日米関係にどう影響するのか――それを危惧していた松本にとって、アメリカでその研究を発展させることができる絶好の機会だった。しかも、

（アメリカ市民に直接働きかけて、日本と日本人への誤解を解くことができるかもしれない……）

松本の脳裏にアメリカを走り回った新渡戸や鶴見の姿がよぎった。

実はこの話は新渡戸稲造から出たものだった。アメリカの排日問題は先述したが、このころになると新たな移民の渡航禁止という次元を通り越してすでにアメリカ社会で暮らしている日本人の人権そのものを制限したり、抑圧したりしかねない問題に発展する様相をみせていた。このままでは日米関係に大きなヒビが入ってしまう――新渡戸は何とか、日米関係がこれ以上、悪化しないようにしなければならない、と苦悩していた。そして妙案が浮かんだ。それはカリフォルニア大学に日本人教授をひとり入れアメリカ人の日本や日本人に対する「誤解」を解こうというアイディアだった。新渡戸は当時の駐日米大使、カッセルや東京帝大の高木八尺らとも相談してその有力な候補者として松本が選ばれたのだ。

当時、松本は高木研究室で米国研究に励むかたわら中央大学、法政大学、日本女子大などで非常勤講師をしていた。新渡戸や高木からこの話を聞いて「そういうことなら……」と、松本も乗り気になった。すぐにカリフォルニア大学にこの話が持ち込まれた。

カリフォルニア大学も当初、これには積極的だった。大学評議員会で正式決定する手はずだった。ところがである。肝心の評議会で招聘案そのものが否決されてしまった。予算不足が表向きの理由だったが、評議委員の抱く日本への悪感情が評決に微妙な影を落したのは否めなかった。その原因は満州事変だった。アメリカではここまで日本観が悪化してしまっていた。もともとあった排日感情に加えて満州事変。これでは新渡戸らがどんなに努力しても両国関係は悪化するばかりだった。

新渡戸には苦い思い出があった。それは一九二四（大正十三）年、米連邦議会が排日移民法を可決、日本人移民の割り当てをゼロとし、事実上、日本からの移民を締め出したことと関係している。当時、新渡戸は国際連盟事務次長を辞任し、ジュネーブからアメリカ経由で帰国する予定だった。新渡戸の妻はアメリカ人だったからアメリカ経由の帰国が望ましかったがその矢先に法案成立――新渡戸は激しく怒り、法案が改正されるまでは、

「二度とアメリカの土は踏まない」

と、深く誓った。

アメリカを、アメリカ人を、ともに深く愛した新渡戸にしてもこうだったのだ。何の知識も持たない普通の日本国民がアメリカに対して大きな憤りを募らせたのは想像に難くない。特に軍部ではそうした意識がことのほか強まり、反米感情がいつのまに嫌米感情へと転化し暴発寸前となったのもこれ以降のことだ。昭和天皇が戦後、日米開戦の遠因のひとつとして取り上げているのも、決して過剰な被害者意識から出たわけではなかった。

大正末期から昭和初期にかけて、日本は暗く沈んだ日々の中にあった。昭和金融恐慌、共産党弾圧事件、血盟団事件、五・一五事件、海軍軍縮条約問題に端を発した「統帥権問題」、政界汚職……。農作物の不作続きで東北地方の農村では一家の生計を保つのに娘まで売り飛ばさなければならない農家まであらわれた。国内的にたまりにたまった不安のマグマがいつ、爆発するのか。誰もが「危機」

を感じた。このころから「一九三五、三六年危機」（昭和十年、十一年危機）が次第に真顔で語られるようになった。

危機説の根拠は必ずしも明確ではないのだが、国民生活の不満と不安、政治不信、貧富の格差の拡大、アメリカの排日問題などに対する怒りなどが静かに、深く国民意識の中に沈潜し、それが暴発寸前のレベルまで高まりつつあった……。

内外ともに世相が一段と厳しさを増していた。しかし、このころの新渡戸の周辺ではまだなんとか穏やかな日々が続いていた。少なくとも表面的にはそうだった。松本重治もこのころ、新渡戸の自宅をしばしば訪ねた。太平洋会議で新渡戸を知り、その哲学に触れる機会を持ってすっかり新渡戸シンパになっていた。新渡戸はそんな松本を弟子同様にかわいがった。

新渡戸は一高校長や東京帝大で教鞭をとっていた時代、学生に向かってこれからの日本が国際社会で生きていくために必要な心構えや思想・哲学を教え、諭した。それは平和の尊さであり、文化や伝統のまったく異なる諸外国といがみ合わないで、親しくつきあっていくことの大切さだった。単純な話ではあったが、時代の風潮に影響されやすい青年層にそれを丁寧に分かりやすく話してやることができるのも新渡戸ならではであった。そんな新渡戸の周りには前途有為な青年たちが集まった。矢内原忠雄、高木八尺、鶴見祐輔、前田多門、黒木三次、岩永裕吉……。いつの間にか〝新渡戸教〟と呼ばれるようになった。松本は学生時代、新渡戸に直接教わる機会はなかったが、太平洋会議をきっかけに新渡戸に魅せられ、〝新渡戸教〟の系譜に加わったひとりとなった。

松本が妻の花子とともに新渡戸を自宅に訪ねたある日、新渡戸は、

「松本君、センス・オブ・プロポーションという言葉を知っているかい」

と、尋ねた。松本が答えに窮していると、

「これは大きいことと小さいことを識別する能力をいう。イギリス人はこの能力に強いが、日本人は残念ながらまだ、弱い」

また、あるときには、

「グラスプ・オブ・シングスという言葉を知っているかね」

これも松本には分からなかった。

「人生でも、社会や政治の問題でも複雑に決まっている。そうした問題の核心を把握することをいうんだ。そうすれば自ずとどうすればよいのか、分かってくる。これも、イギリス人というか、アングロ・サクソンが強いんだな」

もちろん、松本にもそうした語句の表面上の意味は理解できたが、そうした言葉の語源や裏に隠されている真の意味までは分からなかった。松本は幼い頃から英語に触れる機会を持ち、中学、高校、大学でも英語では常にトップクラスの実力の持ち主だった。米国への留学経験もあった。それでも英語の語句や格言に含まれる真意を極めるという能力において新渡戸には適わなかった。松本にとってそれは神の教えに似ていた。乾いた地に水がすぅーとしみこんで行くように松本の精神の奥深くに新渡戸の言葉が浸潤していったのである。新渡戸は松本に言葉の真意を分からせようとしたのではない。

物事の本質を見極めることがいかに大切なことなのかを教えたのである。新渡戸が第一高等学校校長時代の学生たちが皆そうであったように、松本もまた、自分の心の目が開かれる思いだった。松本は新渡戸から生きた教育を受けたのだ。

カリフォルニア大学講師の口の決定を待っていたころ、新渡戸は松本に対して、こんなこともいった。

「松本君、日本村で有名になろうとするなよ」

たったそれだけだが、これは名文句である。世界的に名を挙げた新渡戸がこういったのだ。松本の脳髄を叩きのめすほど重く響いた。

これはいったいどういう意味かというと――新渡戸は日本という国家を小さい村に例えている。日本が近隣の〝アジア郡〟で威張っていても世界の中では所詮、アジア郡のはずれ極東アジアの、しかも、その片隅にある田舎モノにすぎない。そんな小さな村社会でも世に認められて有名になるとそのことに安穏としてしまって「井の中の蛙、大海を知らず」の格言が示しているように視野が狭くなってしまう。それでは世界的なモノの見方ができなくなる。世間知らずの夜郎自大になってしまう――そのことを松本に戒めたのだ。

若い頃から世界を相手に苦労した新渡戸ならではのアドバイスだった。松本がその後、抱くようになった思想・哲学には新渡戸の影響が大きいのはいうまでもない……。

「武士道」と太平洋の橋

新渡戸稲造は文久二(一八六二)年八月、南部盛岡藩藩士の三男として生まれた。その後の経歴は先に述べた。新渡戸の輝かしい業績以上に新渡戸の名前を世界的に知らしめたのは『武士道』の作者としてである。新渡戸は礼節や義、仁、忠節などを重んじる日本人の道徳観念の源流は「武士道」にあり、その精神は日本人の中に脈々と続いている、と説いた。忠義や礼節を重んじる態度は日本人の最大の美徳で、その源流が「武士道」にあるとしたのは実は新渡戸が初めてだった。「武士道」という言葉も中世以前にはなく、近世になってから用いられるようになった。日本人の間でも、新渡戸によって広く知られるようになったとも言われている。

名著『武士道』は最初、英語で書かれた。アメリカの出版社がその初版を出したのが明治三十二年。日本語翻訳版が出たのは英語版の九年後の明治四十一(一九〇八)年で、桜井鷗村(一八七二―一九二九)の全訳で出版されている。桜井鷗村は津田梅子(一八六四―一九二九)とともに女子英学塾(現在の津田塾大学)を設立した人物である。桜井による翻訳版は文語体だった。それを矢内原忠雄が全面的に訳し直して現代文に改めた。矢内原による訳本が岩波書店から出たのが昭和十三年十月。これが今でも岩波文庫に残っておりベストセラーだ。

「武士道」は武士階級の一種独特な観念だったが、新渡戸はそれを武士の規律や規範としてのみ捉えたのではなかった。「武士道」は「その表徴たる桜花と同じく、日本の土地に固有の花である」。新渡戸はこう述べて日本人全体を貫く道徳観念である、と説明した。英語版のタイトルに「日本の魂」という副題が付されているのもこのためで、新渡戸は「武士道」というひとつの窓を通して、日本の道徳観や倫理観を描いた。そして、

「過去の日本は武士の賜物である。彼等は国民の花たるのみでなく又その根であった。あらゆる点の良き賜物は彼等を通して流れ出た。彼等は社会的に民衆より超然として構へたけれども、之に対して道義の標準を立て、自己の模範によって之を指導した」

とも述べている。

明治以前の支配階級だった武士の道徳観が被支配階級にまで普及したことを日本にとっては「幸運であった」と見ているのだ。これはある意味で、武士礼賛とも受け取れるが、そう単純な論理ではない。新渡戸家は南部藩の家老格の家柄だった。幼いころから武士としていかに生きるべきか、祖父母や父母から厳しい「教育」を受けた。人の上に立つ「エスタブリッシュメント」として恥ずかしくないような生き方を仕込まれた。それは庶人の道徳的、精神的な模範となるような生き方であった。そうした子供時代からの教えが新渡戸の精神の隅々まで染み渡っており、武士礼賛論の背景となった。

そのうえで、新渡戸は「封建制度の子たる武士道の光はその母たる制度の死にし後にも生き残って、今なお我々の道徳の道を照らしている」と述べている。つまり、時代が進化して、武士階級がなくなっても「武士道」精神はの光は私たちを照らし続け、今後も、日本人の道徳精神から決して消え去るも

のではない、と指摘しているのだ。

新渡戸が日本の道徳観念と「武士道」とを関連づけて考えるきっかけとなったのが、留学先のベルギーでの体験だったという。それは明治二十二（一八八九）年のことで、新渡戸がベルギーの法学大家であるド・ラブレー教授と散歩をしているときだった。

「あなたのお国の学校には宗教教育はない、とおっしゃるのですか」

老教授が強い調子で、新渡戸に質した。「ありません」。新渡戸がそう答えると、老教授が驚いて、突然、歩みを停めた。

「宗教なし！　どうして道徳教育を授けるのですか……」

老教授がそう繰り返し言った声を新渡戸は忘れることができなかった。そして、この質問は新渡戸を大いにまごつかせた。なぜなら、新渡戸が少年時代に学んだ道徳は学校などで教えられたわけではなかったからだ。それ以来、この問題を考え続けて、ある日、

「正邪善悪の観念を、私の鼻腔に吹き込んだものは『武士道』であることをようやく見い出した」

（岩波文庫版所収の『武士道』第一版序）

と、述べている。

さて、新渡戸稲造といえば「太平洋の架け橋」というエピソードが有名である。

新渡戸は札幌農学校を卒業した後、短期間ながら開拓使御用係を勤めた。が、学問への情熱を抑えることができなかった。そこで、明治十六（一八八三）年に上京、東京帝大に選科生として入学しよ

う面接試験を受けた。選科生というのは一高など旧制の高等学校を出て入学してきた学生(本科生)と違って、講義の聴講のみを許された学生のことで、どんなに成績が良くても卒業証書はもらえなかった。選科生であるかぎり「東京帝大卒業」という輝かしい称号を得ることはできなかった。旧制高校を出ているかいないか、で当時はこれだけの〝差別〟があった。とはいえ、「選科生」であっても、入学に際しては厳粛な試験が行われた。英文学の外山正一教授(一八四八―一九〇〇)が入学面接で、新渡戸に対して、「君は、文学部に入って何をやるつもりなのですか」と訊いた。新渡戸が「私は農政学をやりたいのですが、その基礎となる経済学、統計学、政治学を勉強したいと思います。それに英文学も、この大学で学びたいと思っています」と、答えた。さらに、外山教授が「経済学や統計学を学ぶのはいいとして、英文学を学びたい、というのはどういうわけですか」と質問を続けた。

そのとき、新渡戸が、

「はい、太平洋の橋になりたいと思います」

と、きっぱりとした声で答えた。

外山教授にはその意味が十分に伝わらなかった。そこで、新渡戸は「私の考えによりますと……」と、説明を始めた。それは次のようなことだった。

「わが国と西洋とではまだ本当の交流はありません。わが国には固有のすぐれた文化と伝統があり、西洋には西洋のすぐれた文明があります。西洋の文明は非常な勢いでわが国に入っておりますが、わが国の文化は西洋にはまだ理解されておりません。互いにその長所をとって理解し合うことが大事だと思います。私は及ばずながら、日本の文化を西洋に伝え西洋の文明を日本に普及する。その橋渡しになりたいと思うのです」（須知徳平『新渡戸稲造と武士道』青磁社、一九八四年）

新渡戸はこう言って学問を続けるための抱負を述べたのだ。このとき弱冠二十歳。青年らしい大胆な抱負だったが、その後の人生のほとんどをこの決意通りに生きた。

ただ、新渡戸はせっかく入った東京帝大も一年で退学してしまう。あまりに東京帝大の授業レベルが低かったからだという。札幌農学校で鍛えられた新渡戸の英語力は相当高かった。入学面接をした外山教授のシェークスピアも退屈だったらしい。さらにこんなこともあった。札幌農学校は全寮制で、教授も学生も同じ寄宿舎に寝泊りし、同じ釜の飯を食って互いに励ましあいながら勉学に励んだ。型どおりの講義しか行われなかった東京帝大の講義は新渡戸には物足りなかった。そこで退学して明治十七年、新渡戸は渡米した。

留学先のジョンズ・ホプキンス大学では、経済学、歴史学、文学、農政学などを学んでいる。大学のあるボルチモアで、クエーカー教徒の信仰の態度を知り、自分が長年、求めていたものに出遭うことも出来た。クエーカー教徒の信仰哲学は「絶対平和主義」である。ドイツのボン大学への留学を経て明治二十四（一八九一）年帰国。その年の三月には母校の札幌農学校教授に就任したが、まもなく、病気（脳神経衰弱症）を患い、明治三十一（一八九八）年三月、札幌農学校教授を辞任した。この災いが逆に新渡戸の人生には福となった。

病気療養のため群馬県の伊香保温泉に一時滞在したが、夫人の薦めもあって、アメリカ西海岸の保養地モントレイに渡り、療養に専念することとなった。モントレイはサンフランシスコの南約二百キロ、太平洋に面したアメリカでも屈指のリゾート地でここのホテルに二年間滞在した。療養の効果が次第にあらわれてここで書かれたのが『武士道』である。新渡戸は三十八歳だった。同時に『農業本論』を書き上げた。翌年、日本で最初の農学博士となる。病気も癒え、札幌農学校に戻ろうとした矢先、一通の手紙が届いた。

それは当時の農商務大臣である曾彌荒助（一八四九―一九一〇）からの手紙で、「台湾の産業発展のために台湾総督府の殖産局長に就任してほしい」と書かれてあった。農商務大臣からの丁寧な依頼状だった。このときの台湾総督府のトップは児玉源太郎（一八五二―一九〇六）、民政長官は後藤新平だった。児玉は後に陸軍大将参謀総長となり、日露戦争で日本を勝利に導いた。後藤は後に東京市長などを務め、政界の「大立者」となった。新渡戸は最初、この申し出を断るが、後藤新平からたびたび熱誠あふれる便りをもらったりしてついに台湾行きを決める。新渡戸は療養先のアメリカから明治三十四（一九〇一）年一月に帰国、二月に台湾総督府技師、五月に殖産局長に就任。

明治三十五年に台湾から帰国すると、すぐに欧米に派遣され、臨時の台湾総督府糖務局長となった。新渡戸は農学博士であり、台湾で、砂糖の生産を大幅に増やすなど製糖業や農業全般の振興にも大きく貢献した。後藤新平が当時はまだ、一介の学者に過ぎなかった新渡戸稲造を台湾総督府殖産局長に抜擢したのはなぜか。後藤は岩手県水沢市出身、新渡戸と同じ地域の出身である。もちろん、そうした事情はあったろうが、後藤はもともと医者であり、同じ科学者としての新渡戸の能力を高く評価していた。作家の須知徳平（一九二二―二〇〇九）によると、後藤新平は新渡戸の『農業本論』と『武士道』を読んで感銘を受け、「わが国の植民政策を推進していくにはこの人物しかいない」と思ったからだという。

後藤新平はその後も新渡戸を応援し続けた。こんなエピソードもある。明治三十六年春、後藤は京都に立ち寄った。京都帝国大学法科大学教授の織田萬（一八六八―一九四五、貴族院議員）を訪ねて「植民政策」の必要を説いた。そのとき後藤は新渡戸を「植民政策」を担当する講座の主任教授に任命するよう推薦したのである。アメリカの大学を出ているとはいえ、札幌農学校の教授であった新渡戸を帝大の教授に推挙したのだ。これは異例中の異例だった。新渡戸はこの年十月、京都帝大教授に就任、植民政策講座を担当した。これが日本で初めて設けられた「植民政策講座」だった。しかも、東京帝大ではなく京都帝大に設けられたのだ。京大での実績が認められて明治三十九（一九〇六）年九月、新渡戸は第一高等学校校長に就任。四十五歳だった。明治四十二年からは東京帝大教授を兼務している。東京帝大でも「植民政策講座」が設置されるに伴い新渡戸が初代の主任教授となった。新渡戸が第一高等学校校長時代に入学したのが弟子の矢内原忠雄で、その後、矢内原が東京帝大教授に就任し、「植民政策講座」の後継者となったのが、大正十二（一九二三）年のことである。

新渡戸稲造が第一高等学校校長だった時代、ある〝大事件〟が起きた。

明治四十四（一九一一）年二月一日、一高の弁論部が作家、徳富蘆花（一八六八―一九二七）を迎えて講演会を開いた。このとき蘆花は「謀反論」という演題で、「大逆事件」の判決に真っ向から反対論を述べた。「大逆事件」は幸徳秋水（一八七一―一九一一）ら無政府主義者と社会主義者が多数、明治天皇を暗殺し、政府転覆を図ったとの容疑で検挙された事件で、後に幸徳秋水らが死刑となった。

死刑判決はこの年の一月末に下されている。徳富蘆花が演壇に立ったのは幸徳秋水らの処刑が終わってわずか一週間しか経っていないときである。一高の講堂には「謀反論」という演題が掲げられた。すると、満場の一高生の間に異様などよめきが巻き起こった。蘆花は淡々と語り始めた。一高の近くには武蔵野の丘をはさんで、幕末の勤皇家、吉田松陰（一八三〇―五九）の墓と江戸幕府の大老、井伊直弼（一八一五―六〇）の墓がある。松陰は謀反人として井伊から死刑に処せられた。しかし時代が移って明治維新政府によって松陰は「国士」として神社に祭られている。だが、井伊大老の墓は今も訪れる者はまれである。人間の価値は現世の業績で定まるものでもなく、死後に定まるものでもない。それはただ、神の最後の審判によるのみである――こう語り進んで、蘆花は幸徳秋水たちを「身をささげて人類のためにつくさんとする志士」と呼び、彼らを処刑することしかできない桂太郎内閣と検察当局を「大馬鹿者」と、激しく非難した。そして、蘆花は一高生に向かって、

「謀反を恐れてはならぬ。新しいものは常に謀反である」

と、訴えた。

会場にあふれた学生たちは蘆花の雄弁と気迫に圧倒され、水を打ったように静まり返っていた。演説が終わってしばらくすると、学生たちは万雷の拍手をおくった、という。

この事件はたちまち外に漏れた。新聞などでも大きく報道された。このため、弁論部は進退伺いを

出した。このときの弁論部委員は河合栄治郎（一八九一―一九四四、後の東京帝国大学経済学部教授）であり、河上丈太郎（一八八九―一九六五、戦後の日本社会党委員長）らだった。蘆花の「謀反論」は正義感旺盛な青年を刺激し、おおいに鼓舞した。後世、語り継がれて行く「大演説」となったわけだから講演会は大成功を収めた。だが、内容が内容だけに弁論部員が「進退伺い」を出しただけでは済まされそうになかった。結局、新渡戸校長の責任問題にも発展し、新渡戸はこのとき「譴責処分」を受けた。それでも、新渡戸は、

「こんなことは大したことはないよ。われわれはいろんな人からいろんな話を聞き、それを自分で判断すればいいいんだ。今度はひとつ、あれと全く違った意見の人を招いて話を聞こうね」

と言って、平然としていたという。

（須知徳平『新渡戸稲造と武士道』）

第一回日米交換教授

新渡戸稲造は明治四十四（一九一一）年八月、一高校長在任のまま最初の日米交換教授として渡米、アメリカ各地の大学で講演することになった。カリフォルニア州ではそのころ、サンフランシスコ大地震（一九〇六年）の後に「日本人学童隔離問題」が起きるなど日本人排斥運動が激しさを増していた。その原因は主にアメリカ人の日本人に対する誤解や無知にあった。アメリカ人をいかにして啓蒙

するか。それが新渡戸の最大の使命だった。カーネギー財団の財政的な援助もあり、日本でも渋沢栄一ら財界人が日米関係の悪化を懸念してこの計画に協力した。新渡戸はそのころ、世界でもっとも有名な日本人だった。第一回日米交換教授としては最適の人材だったのだ。

そんな重責を担って新渡戸稲造が日本を出発したのは明治四十四年八月二十九日。汽船「春洋丸」に乗船して横浜港を出航。ハワイ経由の十九日間の航海で、サンフランシスコに着いた。在米日本人会の代表者ら大勢が新渡戸を出迎えたという。サンフランシスコに到着すると、すぐに講演行脚が始まっている。カリフォルニアをはじめ全米各地を回って、翌年の五月に帰国するまで合計百六十六回もの講演を行うなど実にハードなスケジュールをこなしている。

新渡戸が最初に講演を行ったのはサンフランシスコの南にあるスタンフォード大学。講演の題目は「太平洋に平和を」だった。そのころ巷間で、まことしやかにささやかれていた「日米戦争説」について、新渡戸は黒船来航以来の日米関係史をひもときながら、分かりやすく、静かに話した。

「私が二十八年前にサンフランシスコを初めて通過したときは平和そのものでした。当時は戦争の話などありませんでした。悪意の言葉など耳にひびかず、ドレッドノート型戦艦で働いている造船工の鎚音もなく要塞を築く石工の音もせず、ラッパや太鼓の響きもありませんでした。私は今、自分の眼自分の耳がほとんど信じられません。（中略）私は兵士と水兵で有名な国に住んでいます。しかし、武器と軍国主義が引き連れてくるものは、それをもてあそぶ国の破滅です。日本の子として、アメリカの幸せを願う者として、戦いの噂はすべて暁の到来とともに消え去る束の間の夢、恐ろしい夢魔にすぎないと判明することを、私は心から願います」

そして、日本人排斥問題にも触れて、

「星条旗の下に、五十以上の別々の国籍の何千人という移民が、アメリカにどっと流れこんでくるのを目にし、またこれらいろんな色合いの流れがしばらくのうちに共和国民という一つの川に合流するのを見るのはおよそ目撃しうる最も壮大で心高まる光景です。人種的相違のゆえにある民族を排除するのはアメリカの法制度にあらゆる人種をどうかする力がないと認めることです。現代アメリカ人がその父祖がもっと厳しい状況下で保有し行使した力を失ってしまったとは私には信じられません」

(『新渡戸稲造全集　第十七巻』教文館、一九八五年、所収)


と、聴衆に切々と訴えた。

このとき、新渡戸に付き添って渡米していた一高時代から門下生、鶴見祐輔は会場の片隅で緊張した面持ちでそれを聴いていた。

「大きい講堂に満ち満ちていた米国の学生と市民とを眺め渡しただけで、私の胸は一杯であった。先生も少し堅くなって居られたように見受けられた。何をお話になったかすっかり忘れてしまったが、先生のお話が済んで、どっと急霰んほような拍手が起こったときに、私は、私は感激のため思わず暗涙を催したことだけを記憶している」

(鶴見祐輔「日米交換教授時代の新渡戸先生」、前田多門、高木八尺編著『新渡戸博士追憶集』故新渡戸博士記念事業実行委員、一九三六年、所収)

と述べている。

新渡戸が交換教授として訪れた各地の大学はスタンフォード大学を皮切りに、ブラウン大学（ロード・アイランド州）、コロンビア大学（ニューヨーク州）、シカゴ大学（イリノイ州）、ジョンズ・ホプキンス大学（メリーランド州）、バージニア大学、ワシントン・リー大学（バージニア州）など。新渡戸の母校、ジョンズ・ホプキンス大学で講演したのは明治四十五（一九一二）年一月で、卒業してから二十五年後のことだった。残念ながら講演内容は残っていないが、講演は合計九回にわたって行われている。鶴見によると、

「先生が嘗てこの地に遊学されていたといふ事実が、土地の人々に知れ綿《ママ》って、今までに無い大勢の聴衆が堂に溢れた。そして先生が初めて演壇に立たれたときの喝采は全く堂を揺るばかりの熱烈なもので、先生も深く感動されたものだった」（「日米交換教授時代の新渡戸先生」）

という。

『新渡戸稲造』（新評論、一九八六年）の著者、蝦名賢造によると、新渡戸は百六十六回の講演で実に約四万人のアメリカ人聴衆に向かって話をした。それが終わると、新渡戸は再び、東海岸に行って、講演で話した内容を整理し、翌年、アメリカで『日本国民――その国土・民族・生活――合衆国との関係を特に考慮して』（全集の第十七巻に佐藤全弘訳で掲載されている）として出版した（原文は英語）。新渡戸はそのなかで、アメリカで多くの講演を行って、日本と日本人への理解を求めた自らの役目を振り返って、

「太平洋を渡す橋の迫持《せりもち》はすでに建造を了えたことになろう」

と、述べている。

迫持とはアーチと同じ意味で、橋の開口上部を、楔形の石やレンガなどでくみ上げて曲線状にしたもので、アーチ橋の基本構造のひとつにあたる。東大の入学試験で「太平洋の架け橋になる」と宣言し、それを己の人生の一大目標に掲げ続けた新渡戸だったが、今回のアメリカ講演でその確かな手応えを感じたのだろう。日米間、日本人とアメリカ人の心の中に架ける橋の基礎がようやく出来上がったとの感慨がこの一文に込められている。

そして新渡戸は帰路についた。途中、欧州に立ち寄り、帰国したのは大正元（一九一二）年九月。欧州滞在中に明治天皇が崩御した。その知らせを受けると、旅程を大幅に短縮して大急ぎで帰ってきた。日米交換教授として派遣され、日本と日本人への理解を深めようと、それこそ獅子奮迅の働きをした新渡戸稲造の役割について、評論家の鶴見俊輔は次のように述べている。

「新渡戸は日本政府が外国に派遣するのにもっともふさわしい人物だった。満州事変以後の日本の中国侵略政策を正当化するために、日本政府が欧米に送った数百名の自由主義者からなる国民使節の群像の原型となる人であった」

（「日本の折衷主義——新渡戸稲造論」、『鶴見俊輔著作集　3』筑摩書房、一九七五年、所収）

鶴見俊輔は昭和十七年にハーバード大学哲学科を卒業した日本を代表する思想家。後藤新平の女婿で、新渡戸の講演旅行に随行した鶴見祐輔の長男である。新渡戸を見出し、新渡戸を終生、応援した後藤の孫にあたる。その彼が自分の祖父と父にもっとも近かった新渡戸の役割を、冷静に分析しているところが興味深い。

国際連盟事務局次長

さて、大正三（一九一四）年七月、第一次大戦が勃発している。日本も、連合国の一員として参戦。戦争が終わったのは大正七（一九一八）年十一月だった。この年の四月、新渡戸は札幌農学校の先輩であり、新渡戸をジョンズ・ホプキンス大学に誘ってくれた佐藤昌介（一八五六―一九三九）の推薦で、創立されたばかりの東京女子大学の初代学長に就任した。ちなみに佐藤は新渡戸に続いて第二回日米交換教授となっている。

翌年の大正八（一九一九）年三月、後藤新平とともに新渡戸は欧米視察に出た。ちょうどそのころ、パリでは第一次世界大戦後の講和会議が開催されており、日本からは西園寺公望（一八四九―一九四〇）を首席全権として、牧野伸顕（一八六一―一九四九）らが出席していた。

この平和会議の席上、アメリカの首席全権であるウッドロウ・ウィルソン大統領によって提唱されたのが「国際連盟」の設立である。これを運営するために事務局がおかれ、事務総長にはイギリスのジェームズ・ドラモンド卿（一八七六―一九五二）が就任、日本も連合国の一員として一人の事務次長を出すことになった。しかし、全権団がその人選に苦慮していた矢先に、欧米視察中の後藤新平と新渡戸稲造がパリのホテルで、講和会議一行と出会った。このとき牧野は新渡戸の顔を見て、

「ここに立派な候補者がいる」

と、叫んだ、という。

牧野伸顕は文部大臣在任中、新渡戸の存在を知り、一高校長に推薦した人物である。新渡戸の経歴や人格、見識を十二分に知っており、新渡戸のほかにいない、と思い立った。

牧野伸顕は明治維新の元勲、大久保利通の次男として生まれ、牧野家の養子となった。明治四年、大久保らの「遣米欧使節団」に随行、そのまま留学。帰国後、外務省に入省した。イタリア、オーストリア駐在公使を経て、第二次西園寺内閣で農商務大臣として初入閣した。第二次伊藤博文内閣で、西園寺が文部大臣をしていたときに牧野は文部次官として西園寺を支え、その才覚を西園寺に認められた。

牧野の要請に新渡戸は再三再四、固辞した。が、後藤新平の説得で、ようやく承諾し、東京女子大学学長兼任のまま、国際連盟事務局次長に就任することとなった。

新渡戸は英語を自由に操る。そのほかドイツ語やフランス語も達者で、平和論者であり、非戦論者でもあった。そうした見識をなんのためらいもなく欧米人に対して堂々と言える人物で、確かに牧野の言うように日本には「この人」しかいなかった。国際連盟を提唱したウィルソン米大統領はジョンズ・ホプキンス大学で、新渡戸の二年先輩である。それも好都合だった。

新渡戸は大正九（一九二〇）年一月から大正十五（一九二六）年十二月までの六年間、国際連盟事務局次長を務めた。昭和二（一九二七）年二月、帰国。それから五年後の昭和七年四月、新渡戸は再び、渡米しなければならなくなった。新渡戸はこのとき七十一歳、すでに老齢の域に達していた。中国問題を原因として悪化する日米関係を改善するため、日本政府が再び、利用しようとしたのだ。

排日移民法の成立に怒り「二度とアメリカの土は踏まない」と誓った新渡戸だったが、悪化の一途をたどる日米関係を黙視することができなかった。新渡戸はアメリカ人の妻、メアリーと一緒にアメリカに向かった。率先してカリフォルニアの排日派の人々と会い、排日移民法の撤回を要請した。また、時の大統領、ハーバート・フーバー（一八七四―一九六四）との会談では日米協力と平和を説いた。国務長官のヘンリー・スチムソン（一八六七―一九五〇）との間では満州問題を中心とする和解の方策を探った。

新渡戸はこのときも全米各地を回って講演し、日本の立場を説明し、アメリカの誤解を晴らそうと必死に努力した。このときの講演会も百回を超えた。

だが、新渡戸の努力も無駄だった。かつての友人や知人の間からも、

「新渡戸は日本の軍部に頼まれてやって来た。彼は変節した」

と、厳しい批判に晒されたのである。

新渡戸は昭和八（一九三三）年二月二十四日、アメリカで病気になった妻、メアリーをアメリカに残し、失意のうちに帰国した。ちょうどその日、国際連盟では日本軍の満州撤退勧告案を「42対1」の大差で可決している。このときの日本代表団全権が松岡洋右。京都の太平洋問題調査会の第三回会議で「満蒙は日本の生命線である」と演説した松岡である。

そして、日本軍の満州撤退勧告決議が可決されてからちょうど一ヶ月後の昭和八年三月二十七日、日本は国際連盟を脱退した。

それから五ヶ月後、昭和八年八月二日、カナダ・バンクーバーで開かれる第五回太平洋問題調査会の日本側団長として出席するため、新渡戸は再び渡米した。が、二度と故国の土を踏むことはなかった。バンクーバーでの太平洋問題調査会会議中に病に倒れ、昭和八年十月十五日午後八時半、七十二歳の波乱に満ちた生涯を閉じた。

新渡戸の弟子であり、太平洋問題調査会の会議で新渡戸をサポートした高木八尺は、

「新渡戸先生の生涯は平和主義と民主主義との思想に一貫されていた。国際連盟に対する長年間の奉仕も根底にはこの思想があった。先生が連盟の優れた具現者として連盟の中枢に活躍し、東西両文明の体得者として世界の知識人に伍して重きをなしたのは、皆その思想の結実と思われる。天若し仮すに時を以ってしたなら、東西文明の架橋として、知的協力に実質的貢献なされたことであったろう」

(『新渡戸稲造先生の平和思想と実践』基督友会日本年会、一九六三年)

と、述べている。

新聞記者になる

日本政府が新渡戸に渡米を促した昭和七(一九三二)年四月、松本は新渡戸門下生とともに新渡戸を、

横浜港まで行って見送った。その帰途、松本は運命的なオファーを受けた。その相手は社団法人日本新聞聯合社（後に同盟通信社）の専務理事、岩永裕吉だった。

岩永が横浜からの帰途、松本を自分の車の中に招じ入れると、

「僕のやっている聯合に入って上海に行ってもらえないか」

松本はこの岩永の誘いには驚いたが、これが、松本が聯合入りするきっかけとなった。

岩永裕吉も、また、新渡戸を生涯の師として仰いだひとりだった。恩師が非常な決意を抱いて、アメリカに向かって、出航したまさにその日、岩永裕吉は、自らの後継者となる人材を得たことになる。

岩永と松本にとって運命的な一日だった。

岩永裕吉は新聞人であると同時にキリスト者でもあった。ＩＰＲの日本側メンバーとして京都会議や上海会議に参加し、松本の仕事ぶりをつぶさに観察していた。そのころから聯合に引っ張ることはできないか、と思っていたというから松本の才能と人柄に惚れ込んだのだろう。岩永は日本を代表する国際通信社を設立しようと思い、密かに計画を練っていた。それを実現するためには何よりも有能な人材を確保することが不可欠。そう考えた岩永はあらゆる機会をとらえては人材発掘に努めていた。そんなとき、岩永の目の前に現れたのが松本重治だった。

岩永の勧誘はいつも単刀直入だった。「これは」と思える人間にはズバリと切り出して、相手をアッという間に落としてしまう。松本もまた、そんな岩永の勧誘方法に〝熱い〟ものを感じ、五ヶ月後の昭和七年十二月、日本新聞聯合社に入社することになった。ＩＰＲ京都会議から三年、松本重治はこ

のとき三十三歳だった。

松本は念願だった「インターナショナル・ジャーナリスト」への道をついに歩みだしたのである。聯合に入社した松本はすぐに上海支局長に大抜擢された。新聞記者になったばかりの男を上海支局長にするのだからやはり大抜擢だろう。しかも、当時、日本にとっての最大の関心事は中国情勢だ。メディアにとっても、それは同じで、各社は競い合うようにして、有能な人材を中国各地に特派し、ニュース活動でしのぎを削った。松本の先輩、朝日の嘉治隆一も、中国の特派員となっている。中国の大地はメディアにとっても「戦場」だった。そんな中に、新人記者を突然、放り込むのだから、岩永の期待がいかに高かったか。周囲は強く反対したであろう。が、岩永はそれを断行した。大英断である。

支局長として上海に向かう直前、岩永裕吉は松本に対し、

「長江の泥水の中で三年くらいもまれて来い。そうすれば男一匹になれるかも知れん」

こう言って激励した。「長江の泥水……」というのは荒っぽい激励だが、もちろんそれだけではなかった。岩永は上海支局長に就任する松本に対して、

「上海に行ったら外国通信社を向こうに回して、日本の名誉《オナー》を守るんだ。しかし、『ロイテル』(英『ロイター』)や『AP』(米通信社)とは、締盟通信社としての仁義はたてなければいかんよ」

(『岩永裕吉君』岩永裕吉君伝記編纂委員会、一九四一年)

こう言って、支局長の心構えをきちんと伝えている。

岩永が見込んで入社させ、抜擢した。社内の反発も押し返した。松本の能力を認めていても内心は心配だったはずだ。松本はまだ若く、使命の重さに緊張し、不安で一杯となった。だが、それは杞憂だった。松本は同盟の名声を世界に轟かせる活躍をすることになる。

第五章

西安事件のスクープ

松本重治が新聞記者としての第一歩を踏み出したのは中国・上海だった。

長崎から上海丸に乗って上海に到着したのは昭和七（一九三二）年十二月中旬。太平洋会議上海会議以来二度目のことだった。そのころの上海は「反日」「抗日」の嵐で大揺れに揺れていた。前年六月に満州事変が勃発、事実上、日中間は戦争状態に突入していた。

元々、上海は反日運動のメッカとして知られていたが、これを機に中国国民の反日・抗日の民族意識が一段とヒートアップし、街全体が殺気立ち、異様な雰囲気に包まれていた。日本の軍部はそれを抑圧しようと必死だった。同時に関東軍が水面下で進めていた「満州国」の樹立工作から欧米列強の目を逸らす必要に迫られて、上海駐在武官だった田中隆吉少佐（一八九三―一九七二）らが謀略を計画。

昭和七年一月十八日、買収した中国人に日本人の托鉢僧を襲撃させるという事件が起きた。田中らの謀略が見事なまでに成功して、日本と中国の軍隊は上海でも衝突。さらに発展する様相をみせた。関東軍の思う壺だった。

当時、上海に配置された日本の軍事力は居留民を守るための海軍陸戦隊千人だけだった。日中の衝突は当初、小競り合い程度だったが、中国側が反日意識の強かった広州系部隊三万五千人を投入すると、事態は一変。日本側もこれに反応して、海軍が第三艦隊を上海沖に派遣。さらに陸軍も二個師団の兵力を急きょ増派することを決定している。

日本軍の総反撃は昭和七年二月二十一日から始まった。三月三日に中国軍が撤退するまで三十六日間の戦闘で双方の戦闘員だけでも数千人規模の被害が出たといわれている。上海全市が破壊され、住民の被害は戦闘員を大きく上回った、という（大内力『日本の歴史　ファシズムへの道』中央公論社、一九六七年）。

松本重治が上海の地に足を踏み入れたのは「第一次上海事変」の直後の時期で、街並みはすっかり荒れ果ててしまっていた。そこで六年の歳月を過ごすことになる……。

〝魔都〟上海

上海は大河・長江のめぐみに育まれた。長江がまさに東シナ海に注がんとして、その河口に出来た港湾都市である。長江とは揚子江のことだ。厳密に言うと、長江は上流部の金沙江と、下流部の揚子江を合わせたもので二つの大河の総称ということになる。長江の源流地はチベット高原。中国青海省である。そこから実に六千三百八十キロ。源流地の泉から湧いた水滴がこの旅路を経て、大河となり、東シナ海にたどり着く。日本列島をはるかに越える距離である。長江の水は鈍く濁っていて源流地の青海湖から膨らむイメージとかけ離れている。焦げ茶に近い黄土色。大河の流れが沿岸の土石を深く削り取り、丸ごと呑んでしまって大量の土砂が混じっているためだ。何千年にもわたって大陸の奥深くから土石が運ばれ、それらが堆積して、河口に大きな洲を形成した。その地に出来上がった都市が上海である。長江が東シナ海にふり注ぐ湾口はかなり広い。隅田川の湾口もかなり広いが、その比ではない。湾口の対岸が霞んでしまってまったく見えないのだ。

上海は当時、アジアでも最も栄えていた国際貿易都市だった。アジアばかりでなく遠くヨーロッパからも様々な輸入品が陸揚げされた。港にはいくつもの埠頭があって荷物をあちこちから運んできた大型の外国貨物船がずらりと停泊し、その間を縫うようにして数多の幌付き小船が行き交い、賑わった。人々の往来も激しかった。中国内陸部のほかインドやインドシナ半島などから苦力と呼ばれた港湾労働者が仕事を求めて押し寄せた。それに外国人の船乗りや商社マンも多数居て、国際都市の名にふさわしい雑多な人種が暮らしていた。外国人の数はピーク時で実に五十ヶ国、合計で四万人を数えたという。昭和初期の上海の総人口は約三百六十万人だったといわれており、外国人の比率は一・一%となる。そのころから七十年以上経った東京のそれは一・七七%（平成十二年、総務省調べ）。東京の方が多いのだが、その差はわずか。むしろ、総人口が現代の東京の四分の一程度だった当時の上海のほうが外国人のプレゼンスはかなりのものだったはずだ。

外国人のほとんどは「租界」という特殊権益に守られた地域に住んでいた。租界はイギリスが阿片戦争で勝利し、一八四五年に半ば強制的に清朝政府から奪った自国民の居留地を嚆矢とする。その後、数次にわたって区域が拡大された。共同租界とフランス租界の二つがあり、日本人そうが呼んでいた日本租界というものは実在しなかった。日本租界と称していたのは蘇州河の北東側にある虹口《ほんきゅう》と呼ばれていた地区の日本人が多く集まっている地域のことで、共同租界の一部に過ぎなかった。日本人が勝手にそう呼んでいただけである。日本は上海で一大勢力を形成することになるが、並み居る外国人を押しのけてトップに躍り出るのは一九一五年ごろ。そのきっかけとなったのが日露戦争と第一次世界大戦だった。「大国」として台頭すると同時に本格的な上海移民が始まったのだ。

松本重治の『上海時代』（増補版、中央公論社、一九七七年）に収められている歴史学者、加藤祐三（国際日本文化研究センター客員教授）の「上海略史」によると、ふたつの戦争の後、日本人の数が増え出して日中全面戦争の起きる二年前の一九三五（昭和十）年に日本人の人口は二万六千人程度に膨らんだという。列強でもっとも多かったのがイギリスで六千六百人程度、以下、ロシア、アメリカ、ドイツ、ポルトガルの順。

これだけ多くの外国人が暮らしていたのだから上海の都市文化もまた実に国際色が豊かだった。中国古来の伝統文化と西洋文明などが奇妙に混じりあった〝華洋折衷〟の独特なもので、それは豪華絢爛だが、どこか淫靡な雰囲気が漂っていた。しかも、昭和初期にはすでに天を衝く摩天楼があった。

並び立つ摩天楼の隙間を縫うように茶館や妓館が軒を連ね、おびただしい数の娼婦とダンサー、妖しい女たちが艶を競った。そこかしこにあるアヘン窟では人間の肉体と精神が日夜、蝕まれていった。上海が〝魔都〟と呼ばれたのはこのためで、多くの人間が〝魔都〟の夜を耽溺し、ときには懊悩したのだ。

だから、上海は大正・昭和期の文学作品にも数多く登場している。芥川龍之介（一八九二─一九二七）、谷崎潤一郎（一八八六─一九六五）、横光利一（一八九八─一九四七）……。文豪たちが上海の地を相次いで訪ね、そこにうごめいている人々を描いた。日本文学で活写された上海を時代順に追ってみよう。

まずは芥川龍之介。芥川は大正十（一九二一）年三月下旬から七月上旬までの約四ヶ月、『大阪毎日新聞』の海外視察員として上海、南京、漢口、北京、天津などを巡回し、帰国後、その紀行文を『毎日新聞』紙上で発表。その後、『支那游記』にまとめられた。その中に『上海游記』があって、ジャーナリスティックな感覚に溢れ、皮肉たっぷりで実に面白い紀行文である。例えば、

「パブリック・ガーデンは面白かった。外国人ははいっても好いが、支那人は一人もはいる事が出来ない。しかも、パブリックと号するのだから、命名の妙を極めてゐる……」

（『芥川龍之介全集　第七巻』岩波書店、一九三五年、所収）

パブリック・ガーデンは今の黄浦公園。当時、この公園の入り口に「中国人立ち入るべからず」との立て看板があったことはよく知られている。中国人は犬猫以下の扱いを受け、差別されていたのを、芥川は皮肉っているのだ。が、そんな芥川でも、上海という街は不気味な都市に見えたようで「支那

第一の悪の都会」とも呼んでいる。「悪の都会」とはあまりに悪辣な言い回しだが、人間のあらゆる煩悩が複雑に交錯し、一片の倫理すら存在しないという、ある種、精神がアナーキーな状態と化していることをさしていて、芥川はそれを嫌悪したようだ。「各国の人間が寄り集まっているところだから自然にそうなりやすい」と、古くからそこに住んでいる中国人にしきりに同情を寄せてはいるものの「私が見聞しただけでも、風儀は確かに悪い」と、最後まで手厳しい評価で通している。

芥川より五年ばかり遅れて上海の地を訪ねた谷崎潤一郎になると、国際都市・上海が構造的に抱えていた〝イビッサ〟が、より鮮明に映った。谷崎は大正十五年一月に上海を訪ね、帰国後、「上海見聞録」「上海交遊記」をまとめている。それによると、

「上海と云うところは一面に於いて非常にハイカラに発達してゐるが、他の一面では東京よりずっと田舎と云う感じを覚へる。ダンスホールは市中に二三十あるけれども、帝国ホテル、花月園、もとのグランドホテルあたりの定連の方が（日本人西洋人ひっくるめて）ダンスは遥かに上手である。活動写真は亜米利加物の二流どころの絵が主流であって欧州物はほとんど見当たらぬ（中流）支那人の風俗なぞも、悪く西洋かぶれして、八年前に来た時とは大分違った印象を受けた。気に入ったならば上海へ一戸を構へてもいいくらゐに思ってゐた私は、大いに失望して帰った……」

（「上海見聞録」、『谷崎潤一郎全集　第八巻』中央公論社、一九六七年）

谷崎自身、かなり西洋かぶれしていたが、上海のハイカラや支那人の西洋かぶれにはほとほと辟易したようだ。文中にあるように谷崎は八年前の大正七（一九一八）年以来、二度目の上海訪問だった。

この八年間で、上海が大きな変化を遂げたことが読み取れる。だが、その変化は決して進歩や改善ではなかったことも、併せて理解できよう。

横光利一は昭和三年に上海へ渡り、六年まで滞在した。その間、初めての長編小説『上海』を執筆している。横光の上海滞在は谷崎よりほぼ三年遅い。松本重治が上海に赴任したのは昭和七年末だから、ほぼ同時期の上海の雰囲気を知ることができる。そして、横光の『上海』では、芥川や谷崎の紀行文よりも一段と鮮明に、東洋と西洋とが中途半端に混じった大都市の苦悩と矛盾、そして、その底辺に這い蹲るようにして喘いでいる中国人のナマの生活が炙り出されている。いくつかの情景描写を拾ってみると、

「崩れかけた煉瓦の街。其の狭い通りには、黒い着物を袖長に来た中国人の群れが、海底の昆布のやうにぞろり満ちて淀んでいた。乞食等は小石を敷き詰めた道の上に跨っていた。彼等の頭の上の店頭には、魚の気胞や、血の滴った鯉の胴切りが下がってゐる（中略）この豚屋と果物屋との間から、トルコ風呂の看板のかかった家への入口までは、歪んだ煉瓦の柱に支へられた深い露路が続いてゐる……」

「露路の奥には、阿片に慄へた女の群れがべったりと壁にひっついて並んでいた……」

「苦力達は寝静まった街の舗道で寝ている。塊った彼らの肩の隙間では、襤褸だけが風に靡いた植物のように動いてゐた……」

実に暗くてジメジメとしていて、鬱屈した上海の姿である。が、その一方で、現代の国際都市を彷

彿とさせる情景描写もある。

「商業中心地帯に這入ると、並列した銀行めがけて、為替仲買人の馬車の密集集団が疾走してゐた。（中略）此の馬車を動かす蒙古馬の速力は、刻々ニューヨークとロンドンの為替相場を動かしてゐるのである……」（『定本　横光利一全集　第三巻』河出書房新社、一九八一年、所収）

上海という街がもつ二面性。表の顔と裏の顔を見事に描いた作品である。三人の文豪の手による上海像はわずか十数年のタイムラグがあるにすぎない。が、時代を経るにつれていかに荒廃していったか。そして、その間の国際化がいかに激しかったか。ただ、共通して言えることは国際化あるいはグローバル化の波が、現地の中国人を、必ずしも幸せにしたわけではない、という、冷厳な事実である……。

さて、新聞記者として第一歩を踏み出した松本重治の勤務していた「聯合」（昭和十一年一月に聯合通信社と日本電報通信社と合併し同盟通信となる）の上海支局は、通称・日本租界の一角にある大北電信今司ビルの四階にあった。英ロイターが四階をすべて借りていたのだが、聯合はその一角をロイターから又借りしていたという。

部屋の広さは二十五坪ほど。そこに数人の日本人スタッフと、数人の中国人配達夫いるだけの小さな所帯だった。

ここで松本の忙しい新聞記者生活が始まった……。

日本料理屋「新月」の夜

上海に赴任してから四年――上海の冬は何度経験しても厳しく辛いものだった。黄褐色に濁った長江から突き刺す冷気に包まれた風が体を芯まで凍らせた。しかもカラカラに乾いている。普通に呼吸をしても、咽喉がすぐにいがらっぽくなる。空気にも目に見えない細かい砂が混じっているのだ。

上海の日本人街、虹口の一角に「新月」という小さな日本料理屋があった。昭和十一（一九三六）年十二月十二日――普段は勤め人でかなり賑わっているのだが、この日は土曜日で、客入りもまばらだった。同盟通信上海支局長の松本重治が新月の清潔な小部屋で誰かを待っていた。このとき、三十七歳。松本は新月を贔屓にしていた。師走の土曜日の夜にわざわざ出向いたのにはそれなりの理由があった。松本が待っていたのは中国事情とりわけ蒋介石率いる国民党の内部事情に詳しい人物だったからだ。

そのころの中国は混乱の渦中にあった。一九一一（明治四十四）年、孫文（一八六六―一九二五）らによる辛亥革命で、十四省が次々と独立を宣言した中国では翌年の一月、各省の代表が集まり、孫文を臨時大総統として中華民国臨時政府を設立した。二月、清朝最後の皇帝、宣統帝（溥儀、一九〇六―六七）が退位すると、袁世凱が臨時政府の大総統に就任した（詳細は後述）。その後、袁世凱と対立した孫文は一九一九（大正八）年、中国国民党を創建し、二一年に後の国民政府の基になる革命政府を自分の出生地である広州で樹立した。ところが、孫文が翌年、病死してしまう。実は孫文が亡くなる前の二十四年、国民党と共産党は第一次国共合作を行っていた。孫文の死で、両者の間に疑心が芽生えたことに加えて、南京事件（一九二七年、蒋介石の国民革命軍が南京を占領した際に起きた日本を含む外国領事館と居留民に対する襲撃事件）が起こったことで、両党は国共合作を解消。すると、孫文の後継者となった蒋介石の指揮のもとで国民党は共産党を駆逐する運動を始め、対立を深めていった。蒋介石はそれ以降、数次にわたって、共産党殲滅を意味する「剿匪作戦」を断続的に行っていた。

昭和十一（一九三六）年末当時、蒋介石の国民党軍は中国全土をほぼ制圧していた。その最後の戦いである第六次剿匪作戦が進行しつつあり、上海では、

「この剿匪作戦はほぼ一ヶ月で片がつくだろう」（『上海時代』）

といわれていたという。

ただ、松本はそんな巷の噂にも「計画どおりにいかないのではないか」と、首を傾げるばかりだった。松本が漠然と抱いていた観測、いわば〝第六感〟はそのわずか数時間後に証明されることになる。それは西安事件の勃発のことだ。西安事件を世界的にスクープしたのが松本重治である。ただ、このとき日本料理屋の片隅で客を待つ松本はそれを知る由もない。

昭和十一（一九三六）年という年は世界的な重大事件が相次いだ年である。軍靴の響きが世界中で高まり、世界の平和が瀬戸際に追い込まれつつあった。まず、日本では二月に二・二六事件が起きた。斎藤実（一八五八―一九三六）、高橋是清（一八五四―一九三六）など昭和天皇の股肱の重臣たちが叛乱軍

兵士の凶弾に倒れ、テロの恐怖をまざまざと見せ付けられた。二・二六事件は中国でも、『天津大公報』などの新聞が一面トップで伝えるなど、その衝撃は世界中を駆け巡った。七月にはスペインで、フランコ将軍がスペイン共和国に反対して軍事蜂起。いわゆるスペイン内戦が勃発した。そして中国の西安事件――。

そんな荒れた年の師走、新月で客を待ちながら、松本が、

（中国はどこに進んでいくのか、そして日中関係の将来はどうなるのか）

そんな想いに耽っていると、新月の門を、ひとりの中国人ジャーナリストがひっそりとくぐった。天津の有力日刊紙『大公報』の主筆、張季鸞（一八八八―一九四一）である。張は一八八八年生まれだから松本より十一歳も年長である。中国言論界で屈指の知日家として知られていた。張は一九〇九（明治四十二）年、日本の第一高等学校で勉強したことがある。日本語も堪能だった。

明治末期から大正期にかけて、日本には中国をはじめアジアから多くの留学生がやってきた。中国からは孫文や、その師弟筋にあたる蒋介石、汪兆銘らが日本で刻苦勉励している。日華学会の『中國人日本留學史稿』（実藤恵秀、一九三九年）によると、明治三十四（一九〇一）年、日本に留学していた中国人の数は二百八十人ほどにすぎなかったが、翌年には四百五十人に達した。最盛期は日露戦争で日本が勝利した明治三十八（一九〇五）年から翌年にかけてで八千人に膨れ上がった。一時は二万人に達したとの記録もある。これは留学生が卒業証書欲しさで、複数の大学を掛け持ちした結果で、それらが何重にもカウントされたためという。最盛期を過ぎると、その後の数年は六千人から八千人前後

を維持したが、次第に減っていく。

日露戦争前後に中国から官費留学生として日本に留学していた革命家、汪兆銘は、日本国民の熱狂と落胆の双方を目撃し、民族意識を刺激され、革命家として生きて行く決意を固めたといわれる。張季鸞もそうした「憂国の士」のひとりだった。張季鸞は一高時代、孫文らが横浜で結成した「同盟会」に加わり、漢民族による中華革命への情熱を高めた。一高三年生のときに辛亥革命が起きた。革命に参加しようと張は一高を中退して帰国。その後、上海の政論紙『民立報』の記者となる。同紙北京版で宋教仁（一八八二―一九一三）暗殺について袁世凱政府を攻撃したため逮捕されたこともある。

その経緯についても簡単に触れておこう。宋教仁は清朝末期の革命家だった。日露戦争の末期に日本に留学した経験がある。日本で孫文を知り、中国同盟会に参画、孫文らとともに辛亥革命を引き起こした。一九一二年一月、孫文らとともに南京で、革命政府である中華民国臨時政府を発足させた。このとき孫文が臨時大総統に就任。ところがその翌月、清朝の宣統帝が突然、退位し、清朝が滅亡してしまい、臨時政府の大総統も孫文に代わって前政権の重鎮であり、大きな軍事力を持っていた袁世凱が就いたことはすでに述べた。

この権力交替劇はあまりに不自然だ。これにはある裏取引があった。というのは孫文は発足後まもない革命臨時政府をなんとか維持するために、宣統帝の退位と引き換えに、袁世凱に革命政府の大総統の座を譲ることを約束していたのだ。しかし、袁世凱は革命政府の実権をいったん握ってしまうと独裁を始めた。袁世凱は革命勢力にそもそも反感を抱いており、その勢力を政府から放擲、強権的に中国の近代化を推し進めようとした。孫文や宋教仁はこれには猛反発した。孫文は再起を期して日本に再び亡命したが、宋教仁は踏みとどまった。共和政体を利用して議会の多数党で袁世凱の独裁を抑え込もうとした。そこで国民党を新たに組織（理事長は孫文、孫文がその後に創建する国民党とは別組織）した。

そして一九一三（大正二）年二月の総選挙で目論見どおりに袁世凱の与党に圧勝。が、すぐに宋を悲劇が襲った——総選挙からわずか一ヶ月後の三月二十日、宋が上海停車場で同志の黄興（一八七四—一九一六）と話しているところを、袁世凱の放ったといわれる刺客に射殺されたのだ。袁世凱は孫文よりも宋教仁を恐れていた。宋は三十二歳の若さだった。

さて、張季鸞は『民立報』紙面で、それを堂々と指摘し、袁世凱を批判して逮捕されたのである。張は釈放されると、胡霖（一八九三—一九四九）の招きで上海に戻った。いくつかの新聞社で記者を続けたが、それと同時に中国公学で西洋史を教えた。そして一九二六年、休刊中の天津の有力紙『大公報』を、呉鼎昌（一八八三—一九五〇）が資金を出して、胡霖が経営を受け持ち、張が主筆となって再建した。不党（かたよらない）、不売（政治家に株を売らない）、不私（私物化しない）、不盲（事実に基づく報道）——編集綱紀に「四不主義」を掲げ、正統派のジャーナリズムを創り上げた。国民党の最高実力者、蒋介石の信任が極めて厚かったといわれている。

この夜、松本重治と張季鸞は新月の名物料理である鶉《うずら》鍋に舌鼓をうち、酒杯を交わしながら久闊を叙した。大先輩との会食は緊張する。寒気の厳しい中国では酒の回りも鈍い。松本が話の糸口にしようと、こう切り出した。

「張さん、あなたの日本批判に返す言葉はありません。東京の中国認識には中国の現実と相当ずれがある。軍部のタカ派は中国認識がはなはだ不足しており、中国での新情勢を理解しようとしない。むしろ、逆行するような手を打っている。蒋介石院長も日本に対して打つ手がないのは分かります」

昭和六年の満州事変以降、日本軍は満州国を強引に建設、そればかりでなく満州と華北地区を一体化しようと企てて、着々と、華北進出の手を打っていた。蒋介石政権はこれに苛立ちを募らせていたが、共産党攻撃に専念していたため、日本に対して表向きは静観の構えをみせていた。一方、揚子江流域の要衝である上海でも、陸軍の特務機関が蠢いていた。満州事変がこの地域に飛び火した昭和七年の第一次上海事変後の停戦協定では上海は租界を含む外国人居住地域の周辺が国際的な非武装地帯とされ、中国人警察による治安維持が行われていた。協定にはイギリス、アメリカ、フランス、イタリアなどの代表も立会人として署名し、協定の執行と運営を監督する国際委員会が設けられていた。ただ、委員会には治安維持部隊を指揮する権限はなく、有名無実化していた。各国は居留民と自国権益を守るためという名目で、一部兵力を維持。日本も第三艦隊の海軍陸戦隊が増強されて常時、中国側の動静を監視していた。この時点で、停戦協定の効力はまだあったが、事実上、上海の地もまた、戦闘のない戦場と同様だった。

当時、日本国内では言論統制が徐々に強められつつあった。上海でもそれは同じで、日本人記者が中国人記者を相手に日本批判を繰り広げたことを、上海の特務機関や憲兵に知られでもすれば松本自身の身を危険にさらすことになる。そんな大胆な松本の発言に、酒盃を傾けながら張は静かに耳を傾けた。しばらくすると、張が箸を休め、シガレットをふかし始めた。松本はそれを待っていたかのように、

「蒋院長は依然、『安内攘外』の姿勢を堅持しているようです。十月下旬、蒋院長は西北に向けて南京を発つとき『一ヶ月ないし三ヶ月で共匪を剿倒する』と言明したと聞いています。もう一ヶ月半も経っています。果たしてそうなるのでしょうか」

と、問い質した。

蒋介石は国民党政府の最高実力者。蒋が推し進めていた政策が「安内攘外」。これは国内を安定化させた後に外国勢力を打ち払うという意味である。つまり、国内各地に割拠している地方軍閥や共産党軍を打ち破って国民党政権の下に国内を統一し、その後、中国を植民地化している外国勢力を追い出す、という政策だった。

張季鸞は松本の顔をまっすぐ見つめた。

「蒋院長も異常な決意で、瀋陽、太原、潼関、西安を飛び回っています。腹心の胡宗南の第一師が攻撃の主力となっていますが、雑軍にも協力させながら、それらを整理、改編することも蒋介石の意図にあるようです。ただ、旧東北軍その他の雑軍の間にも『内戦停止』『一致抗日』の空気がかなり強くなっていますからねえ……」

と、言って、心なしか顔を曇らせた。

張はこのとき西安から帰ったばかりだった。松本もそれを知っていた。すかさず、

「西安では蔣介石に会ったのでしょう」

こう追い討ちをかけたが、張は黙ったまま……。

実はこのときの松本の推測は正しかった。張は実際、西安で蔣介石と会っていた。蔣介石による『中国のなかのソ連』（毎日新聞外信部訳、毎日新聞社、一九五七）年の中に、その際のやりとりが描かれている。そこからこのときのふたりの会話を援用する。


蔣介石と張季鸞のふたりの会話が、陝西省北部の不穏な情勢に触れた時だった。蔣が「きみは陝北（陝西省北部）の人。故郷のことには当然、人一倍の関心を持っているはずだ。君の社の延安駐在記者から最近、何か重要ニュースが入らなかったかね」と尋ねた。すると張は「最近はデマが非常に多い。でも、自分は信じないよ」と言葉を濁した。

そこで蔣は「デマの中に延安で張学良と中共が中央政府を支持して挙国一致で抗日しようと交渉したという話はなかったかね」と具体的な中身を質した。それを聞いて、張はちょっと驚いた様子だったが、はっきりと「その話は確かに聞いた。ただ、この話は本当とは思えない」と首を傾げた。そして、張はその理由を蔣介石に話し始めた。

「もし、彼らが本当に中央を支持し、挙国一致して抗日する考えなら、張学良は必ず素直に中央政府に報告するはずだ。中央を素通りして、中共とこっそり結託したりはしないだろう。このデマは離

間的な陰謀とみなければならない。最近はデマがあまりに多い。よほど用心しなければと思うね」

張季鸞はさらに言葉を続けた。

「これよりむしろ、別の情勢に特別の注意を払わねばならぬと思う。それは西安一帯にみなぎる『剿共停止、一致抗日』という空気だ」

張が蒋介石と会ってこんな会話を交わしたのは西安へ視察に来て十日後のことである。それまでさまざまな人々を取材し、それを通じて得た結論だった。

張はすかさず蒋介石に対し、

「『剿共停止、一致抗日』をどう思うか」と質問した。蒋介石は、

「一致抗日は中央政府の一貫した政策である。また昨年、江西剿共戦を完成したのちの既定方針である。しかし、中共の真意がどこにあるか、我々は知るべきだ。彼らの狙いは一致抗日にあるのではなく、剿共停止にある。彼らの言う一致抗日はただその目的を達成するための一時的な方便にすぎない」

こう答えたという。ふたりの会話の中に出てくる張学良とは昭和三年六月、関東軍の謀略によって殺害された張作霖の長男で、その後、東北軍の総司令官となった。

松本重治が、張季鸞から、蒋介石との会談内容を聞き出そうとして、質問の矢を放ったとき、新月の座敷のふすまが突如、スゥーと開いて、女中が入ってきた。

「松本様、『同盟』南京支局からの急ぎの電話です」

松本は階段を降り、受話器を受け取った。電話をかけてきたのは支局長の芦田英祥。電話越しに聞こえる芦田の声は震え、緊張している様子がありありとうかがえた。

「奇怪なことですが午後から南京と潼関の電話連絡が切れています。蒋介石院長は目下西安にいるはずですが、何かが起こったのかもしれません。南京側は狼狽気味のようです」

松本は腕時計を見た。午後八時を少し回ったところだった。小部屋に戻って松本が電話の内容を伝えても、張は押し黙ったまま。張がまた、シガレットに火をつけた。するとそのとき、また、女中が入ってきて、松本に電話という。今度もまた、芦田からだった。

「南京の日本軍駐在武官に聞いたところ、蒋介石は昨日、潼関から西安に向かったらしいとの情報がひとつあるだけだそうですが、これも確報ではないそうです。そして、潼関の臨時行営からは南京の軍政部や蒋院長秘書室にもいまだに何の連絡もないようです」

松本は張にこれも伝えた。すると張が沈黙を破った。

「仮に、蒋院長がきょう西安にいるとして、その後、南京への連絡がないとすれば変なことが起きたのかもしれない。きょうはこれで失礼していいでしょうか」

張が急に席を立った。張は不吉な予感を抱いたようだった。ふたりはこれでその夜は別れたが、松本も急いで同盟通信上海支局に戻った。支局へ戻る途中、「張に蒋介石との会談を聞くことはできなかった」と盛んに悔やんだが、大事件が松本を待ち受けていた。

松本が支局に着いたのは午後九時を少し回ったころだった。支局次長兼発信部長の下条雄三の自宅に電話をかけて呼び出した。下条が出社してくるまでの間、取材の段取りを考えた。南京駐在武官にもあの程度の情報しかない。日本海軍や大使館に取材しても無駄だろう。日本側のニュース・ソースには期待できない。第三国の情報関係者も同じだろう。中国側を片っ端から取材をしないと真相はわからない——中国側のソースで思い浮かべたひとりが国民党政権の行政院院長代理である孔祥熙（一八八一—一九六七）の秘書、喬輔三だった。松本は喬とも親しく、家族同士でテニスを楽しむ仲だった。

松本は孔公館へ電話を掛けた。二回目で運良くつながり、喬本人が電話に出た。松本が「西安に行かれた蔣院長の身辺に何か異変があったのか。南京がただならぬ雰囲気のようですが」。こう尋ねた。すると喬も興奮を隠さず「重大事件だよ」。さらに続けて、

「南京から孔部長宛の電話によると、今日払暁、張学良指揮の下に、学良の部隊と楊虎城（一八九三—一九四九）の部隊が兵乱を起こし、西安郊外の華清池温泉で、蔣院長を監禁した。張学良から孔部長宛の通電がさっき到着したので目下解読中だ」

大事件の発生である——。松本も興奮した。それをなんとか押し隠しながら、

「反乱の目的はなにか。どういう性格のものか」

質問を重ねた。喬はそれを今、解読中で、あと三十分したら「もう一度電話をくれ」。そう言って電話を切った。午後十時少し前だった。支局次長の下条が支局に到着した。松本がこれまでの経緯を伝えると、下条はねじり鉢巻をして鉛筆をもった。ふいに松本をじっと見つめて「蔣介石はまさか殺

されてはいまいね……」と漏らした。

「それはわからない。監禁されたのだから殺されているかもしれない。しかし、まず、第一報は南京において蒋介石は消息不明だと打ったらいいのではないか」

松本も焦りを隠せなかった。第一報がまもなく出来上がった。

上海十二日同盟　中国側の情報によれば国民党の蒋介石行政院長は西安郊外の温泉に向かったままその後消息不明となっている。南京では同氏の安否を気遣っている

第一報は短い。ニュースのエッセンスだけで構成されている。それで十分だった。チェックし終えると、松本もようやく落ち着きを取り戻した。

「本社の東亜部を突然びっくりさせると眉唾ものにされる。じわじわ行こう。第二報では張学良の兵変と蒋介石の監禁を打つ。第三報は逮捕監禁の時刻と場所を」

松本は次々に指示を出した。待ち遠しい三十分が過ぎた。再び、孔公館に電話した。喬が電話を待っていてくれたかのようにすぐに出た。通電の中身を話してくれた。それは驚くべき内容だった。電話を握る手もぶるぶる震えた。

（1）南京政府を改組し各党派を参加させるとともに救国の責任をとる

(2)すべての内戦を停止する
(3)上海で逮捕された愛国領袖を釈放する
(4)全国のすべての政治犯を釈放する
(5)民衆の愛国運動を開放する
(6)人民の集会、結社、すべての政治的自由を保障する
(7)孫文総理遺嘱の確実な遵守
(8)救国会議の即時招集

「通電」で示された要求は八項目にわたっていた。喬がそれをひとつひとつ読み上げて「これで大体、叛乱の目的、性格がわかったでしょう」。松本が「張学良の通電内容はつまり、剿匪作戦を止めて、全国民一致して抗日に乗り出す政治体制をつくれ、ということですね」と確認を迫ると、喬は「そのとおり」と短く答えた。午後十一時半を過ぎていた。締め切り間際のきわどい時間帯である。松本はさらに数本の電文を東京に書き送った。それが世界的なスクープとなった――。

松本が書いた記事は翌日、『朝日新聞』、『毎日新聞』などに大きく掲載された。また、同盟の本社で英文化され、海外にも配信されている。一九三六年十二月十三日付の米『ニューヨーク・タイムズ』紙をみると、国際ニュース面(E2面)の関連記事の中で、「同盟が昨日、報じたところによると……」という形で、その一部を使用している。国立国会図書館で所蔵されている同紙(マイクロフィ

A CHRISTMAS APPEAL! NEW YORK'S 100 NEEDIEST CASES, SECTION 11

"All the News That's Fit to Print."

The New York Times.

LATE CITY EDITION

Section 1

VOL. LXXXVI....No. 28,913. NEW YORK, SUNDAY, DECEMBER 13, 1936. TEN CENTS

2 E

to call in the Pope's old friend, the Rev. Father Agostino Gemelli of Milan (who also is a physician) to persuade the Pontiff that he was too ill to arise.

On Thursday Pius XI was permitted to leave his bed for a time and go in an armchair to hear mass in his private chapel. But it was said he would spend much time in bed from now on. Besides the difficulty with his leg, the Pope is suffering from asthma, an irregular heart and a general weakening of his system caused by advanced years.

(The Regime in the Vatican: p. 4.)

Doubts in Japan

In Japan, where the Emperor exercises wide powers, a distinguished body of statesmen known as the Privy Council stand between him and his Cabinet. In matters of grave import the Son of Heaven seeks their advice.

Last Wednesday Emperor Hirohito conferred with his Privy Council and retired. A few minutes later Prime Minister Koki Hirota and Foreign Minister Hachiro Arita were summoned before the august body, questioned sharply, and asked if they were ready to make a "grave decision."

Thus was imparted to them the information that their Emperor was dissatisfied with their services and was considering replacing them. Two major issues were involved.

(1) The recently concluded German-Japanese pact against communism, which has been interpreted abroad as a military agreement, and has resulted in the alienation of Great Britain and the refusal of Soviet Russia to ratify a treaty renewing permission to Japan to fish the teeming waters off the Siberian coast.

(2) The breakdown of negotiations with China, which followed attacks on Suiyuan Province by the forces of Inner Mongolia and Manchukuo, backed by the Japanese army, and the landing of marines from Japanese warships at Tsingtao to protect Japanese mills against striking Chinese workers.

Arita's Defense

On the first point, Foreign Minister Arita admitted that Moscow's refusal to ratify the fisheries treaty had been caused by the signing of the pact with Germany; he expressed "regret" that the British reaction had been unfavorable, but promised that Ambassador Shigeru Yoshida's efforts to promote friendly relations would be continued. He denied discussing a similar pact with Italy, reiterating that the Italian negotiations were concerned solely with recognition of the Ethiopian conquest.

On the second point he observed that cold weather soon would end the fighting in Suiyuan, whereupon means probably could be found of reviving the Chinese negotiations. Observers took this as a left-handed way of saying that the army, which has grown enormously in power, in recent years, was interfering with governmental policies and should be curbed.

Yesterday the Japanese Domei news

Bayonet practice outfit for Jim—

agency reported that a Chinese army stationed at the northwestern frontier of China had revolted against Premier Chiang Kai-shek, demanding that he declare war against Japan for restoration of Chinese territory, including Manchukuo.

(Pact a Boomerang for Tokyo: p. 6.)

Fatal Flight

As a boy in Spain Juan de la Cierva made toy planes, flew them, watched them crash. At 15 he and his brother made a glider, and it, too, crashed. In 1920 de la Cierva, recently graduated from the Special Technical College of Madrid, saw a real plane crash. He resolved to devote his life to making flying safer.

Eight years later, in 1928, de la Cierva startled the world of aviation with his first autogiro model—an unwieldy looking contraption with a windmill-like device which revolved horizontally on top. With it he could land in a small space, thus eliminating a great hazard in forced descents. Soon he had perfected a plane without the conventional wings. Thereafter he never rode in any other type except in emergencies.

An emergency arose last week and de la Cierva set out with twelve other passengers and a crew of four in a fast plane of the Royal Dutch Air Line bound from London to Amsterdam. As the plane took off, in a heavy fog, its undercarriage grazed a rooftop; it plunged to earth and burst into flames. De la Cierva and Admiral Arvid Lindman, former Prime Minister of Sweden, were among the fourteen dead.

Schacht Warns

Before the war Germany had a European area of 208,951 square miles and a relatively small, but rich, colonial empire of 1,027,000 square miles in Africa and the Northern and Southern Pacific. Today her Continental territory has shrunk to 181,699 square miles and she has no colonies. Excepting Japan, she is the most densely populated nation in the world.

Declaring that "Europe's peace, and with it that of the rest of the world, depends upon whether the crowded masses of Central Europe obtain a

『ニューヨーク・タイムズ』紙(1936年12月13日)

「西安事件」を報じる国際ニュース面。左段の最後の行には“Domei”とみえる。世界に先駆けて報じられた松本によるスクープは、各紙の紙面を飾った。

『東京日日新聞』（昭和 11［1936］年 12 月 13 日号外）

松本の記事は、事件発生翌日の『朝日新聞』や『東京日日新聞』などでも大きく取り上げられた。上は『東京日日新聞』の号外。

ルム）は市内版（最終版）で、一面の右肩に「西安事件」の詳細を伝える記事が掲載され、トップ急の扱いだ。ただ、その記事は同紙の上海特派員が書いたもので、そこには同盟のクレジットはない。おそらく、それよりも早い時間帯に製作された「早版」では同盟の英文記事がより大きく扱われた可能性が高い。

運命の兵諫

華清池《かせいち》――。唐の詩人、白居易（七七二―八四六）が「長恨歌」のなかで、

「春寒くして浴を賜う華清の池
　温泉、水なめらかにして凝脂を洗う」

こう歌った温泉地であり、唐代、玄宗皇帝（六八五―七六二）と楊貴妃（七一九―七五六）のロマンスの舞台として名高い景勝の地でもある。玄宗皇帝は楊貴妃としばしば華清宮を訪れ、愛を深めた。皇帝を虜にした楊貴妃――その類まれな美貌がやがて安禄山の乱を引き起こし、楊貴妃もまた、はかない命を落とした。近くには秦の始皇帝陵もある。西安市の中心から二十五キロ、クルマでわずか一時間弱の華清池が西安事件の舞台である。張学良の名を、中国現代史の中に深く刻むと同時に張学良の人生を大きく狂わせた運命の地だ。

当時、西安には全国から抗日救国を求める学生が多数、集まり、抗日学生運動のメッカとなってい

た。その運動の中核となっていたのが満州事変で故郷を追われた東北大学の学生たちだ。彼らは北京や西安の学生たちと連携して、抗日戦の開始を強く求めた。西安事件の起きる三日前の十二月九日は北京で前年に起きた学生の一二・九運動の一周年記念日に当たった。西安にいた学生たちはデモをして国民政府に対し全国民が一致団結して日本帝国主義の侵略に反撃するよう要求した。

張学良はこうした学生たちにも理解が深かったといわれる。その年の十月、西安で活動中の東北大学学生のふたりが憲兵によって逮捕され、国民党支部に監禁された事件があった。が、張学良の東北軍が国民党支部を包囲し、学生を救出したこともあった。

西安事件前の十二月七日夜、張学良は剿匪作戦を督励するために来ていた蒋介石を華清池温泉の宿営に訪ねた。

「共産党員もまた同じ中国人であり愛国者です。抗日の主張を鮮明にしているので連合に加えるべきです。委員長が剿匪政策を堅持するのは、日本軍閥の『華を以って華を制す』の毒計にかかっているようなものだ」

と、激しく迫った。これに対して、蒋介石は張学良がまだ若く、「共産党の甘言に惑わされている」と思って諫めた。だが、張は簡単に引き下がらず、執拗に蒋に食い下がった。すると、蒋の顔色がみるみるうちに変わっていった。激昂のあまり素手で机を強く叩いて、

「今、お前が私をピストルで殺しても、私の剿匪政策を変えることはできない」

と、一喝したという（臼井勝美『新版　日中戦争――和平か戦線拡大か』中公新書、二〇〇〇年）。ふたりの口

論は二、三時間も続いた。だが、張学良は蒋介石を説得することはできなかった。そして、ついに兵《へい》諫《かん》を決意した。兵諫とは武力でもって、目下の者が目上の者に諫言する行為をいう。

十二月十二日午前一時、東北軍の主だった将校が張学良公館に集まった。張はその場で蒋介石との話し合いの経緯を説明。その後、兵諫の決意を伝えた。午前二時、張学良は東北軍の将兵を引き連れて楊虎城の新城大楼に入った。午前五時、東北軍部隊が華清池のある中国臨潼に到着。午前六時、華清池の門にトラックを横付けした。

門の守衛は合言葉を求めた。東北軍兵士はこれに答えられず、たちまち銃撃戦となった。華清池は事件当時、戸数が二千、人口一万人ほどの小都市にすぎなかった。県城の城壁の周囲は約二十五キロ、ほぼ正方形に街区を囲い、西門、南門、北門の三つの門があった。鉄道の「隴海線《ろうかい》」が走っていた。県城の東南にはこの後、蒋介石が負傷し、足を引きずって登った驪山《りざん》がそびえている。ここからは蒋介石自身の証言に沿って事件を見ていこう。蒋介石は翌年の二月に「西安半月記」（J・バートラム『西安事件——抗日民族統一運動の転機』岡田丈夫、香内三郎、竹内実訳、太平出版社、一九七三年、所収）という記録を書き残している。

この日、蒋介石は午前五時半、起床した。ベッドの上で日課となっている体操を終え、着替えを始めた。そのとき、表門のあたりで突然、銃声がした。ただちに護衛を見に行かせた。護衛が戻らぬうちにまた一発の銃声音。もうひとりを行かせたあとは銃声が間断なく鳴り響いた。蒋介石は「東北軍の叛乱だ」と直感したという。蒋介石は私服の護衛と衛兵二十人を連れているだけだった。護衛兵がやっと戻ってきた。

「(叛乱軍兵士は)毛皮の帽子を被っています。全員東北軍の将兵です」

自分の直感が正しかったことが証明された。おそらく、前日の張との会見で、蒋介石が張を激しく叱責したことが脳裏にあったのだろう。蒋介石は張との会見後、「ベッドに入ってからも、あれこれ考えたが、わからない」。こう何度も煩悶し、なかなか寝付けなかった。ただ、この叛乱は組織立った大掛かりなものではない。蒋介石は当初、そんな感想を抱いていたようだ。「初めのうち、私は事態をこう見ていた——これは学良の全体的計画のもとに取られた行動ではなく、共産匪に扇動された臨潼駐留守部隊の暴動に違いない。東北軍全体の叛乱ならば宿営は完全に包囲されているはずだ」。

そこで、蒋介石は「正面以外に叛軍の気配がないとすれば局部的な反乱と見ていい。山を越え、夜明けを待てば難は避けられる」と脱出を決意した。護衛兵や随員を連れて、裏門(高さ三メートル)の塀を乗り越えて、驪山に逃れた。塀を乗り越えたとき、足を滑らせ、塀の外の壕に転落してしまい、負傷した。壕は豪雨の際に驪山から流れ出てくる大水の水はけをよくするために溝が深く掘られていた。空掘りの深さは約十メートル、塀の上からだと約十三メートルもあった。蒋介石はその高さから落下したのである。

「三分ほどして辛うじて立ち上がる。数十歩で一小廟にたどり着き、待ち受けていた衛兵の肩を借りて山を登る。(中略)三十分ほどして、山頂付近のやや平坦な場所で小休止し、衛兵に山頂からの偵察を命じる。すると、四方から銃声が起こり、弾丸が耳もとをかすめる。われわれは完全に包囲されていたのだ。ここにきてようやく、局部的な叛乱ではなく、全東北軍の叛乱だと悟った」

東北軍将兵はなかなか蒋介石を見つけることができなかった。蒋介石が発見されたのは最初の銃撃から三時間経った「午前九時ごろだった」という。それ以来、蒋介石は二十五日までの十三日間、監禁されることになる。

一方、楊虎城の第一七路軍は蒋介石に随従して西安に来ていた中央の軍政大官とその従兵三百余人を一斉に抑留した。そして、張は南京に電報を打った。（1）南京政府を改組し各党派を参加させるとともに救国の責任をとる、（2）内戦を停止する——八項目に及んでいた。松本重治がスクープした先の通電である。

実は張が兵諫を決意した背景には共産党の影があった。張はそれまで蒋介石の命令に従って共産党の紅軍に攻撃を加えていたが、その一方で、共産党との関係を何とか模索する動きに出ている。紅軍との戦いに意気が上がらない東北軍の将兵の突き上げがあったためだ。そこで、張学良と紅軍や共産党との接触が図られ、西安事件が勃発する半年以上も前の四月九日、張が西安から延安に飛行機で飛んで、空港近くの教会で、周恩来（一八九八—一九七六）と歴史的な会見を行っている。もちろん、これは極秘だった。この会見で、周恩来は張学良に対して機材や衣服の援助を頼み、張学良は共産党に「反蒋抗日」から「逼蒋抗日」に転換するよう要望した、などといわれている。

ＮＨＫ取材班が後に張学良に付き添って周恩来との会談に赴いた東北軍の将校、孫銘九にインタビューした際、孫は会談の模様を次のように語っている。

「話し合いの主な内容はいかにして内戦を停止するかだった。内戦の停止で両者は一致したが、当時の共産党案は『反蒋抗日』、張の考えは『連蒋抗日』でした。つまり、蒋介石を支えて共同で日本に対抗しようというものでした。周恩来は自分では決められない。帰って、党中央の指示を仰がなければならないと言いました。周恩来は『あなたが内から、私たちが外から事を運べば共産党討伐を止めさせ、内戦を停止して一致して抗日を行う目的が達成される』とも言いました」

（NHK取材班、臼井勝美『張学良の昭和史最後の証言』角川書店、一九九一年）

周恩来が党中央の指示を得て帰ってきた五月上旬から中旬にかけて周恩来と張学良との間で二回目の会談が行われた。「連蒋抗日」を求める張学良に対し「反蒋抗日」の周恩来。この会談で、張学良と「逼蒋抗日」への政策転換を図った共産党との間でついに妥協が成立。「逼蒋抗日」とは蒋介石に圧力をかけて抗日を迫る、という意味である。

両者の間で、十項目に及ぶ協定が出来上がった。それは、

（1）共産党の武装部隊は国民軍へ編入、合同訓練を受け入れ、抗日戦争に備える
（2）紅軍という名称を廃止し、国民軍と同等に待遇する
（3）共産党は軍隊内部で工作しない、
（4）抗日戦勝利後は共産党も国民軍同様、復員帰郷させる

などである。

残された課題は張学良が蒋介石をいかに説得するか。それだけだった。張学良が西安事件を引き起こす要件はこれで完全に整ったことになる。

西安事件とはなんだったのか

西安で張学良に拉致された蒋介石はその後、二週間にわたって拘束され、内戦の停止と一致抗日に政策を転換するよう、執拗に攻められている。といっても、言葉による攻撃である。しかし、蒋介石は「南京に戻さなければ一切の妥協にも応じない」と突っぱね、頑として耳を貸さなかった。そのときの蒋介石と張学良の緊迫したやりとりは「西安半月記」に克明に記されていて非常に面白いがここでは割愛する。

一方、事件の第一報を中国共産党幹部らが知ったのは十二月十二日深夜だった。共産党幹部にとってもそれは「青天の霹靂」の出来事だった。共産党幹部の中には蒋介石を殺すべきだとする強硬意見もあったといわれる。ただ、大勢はモスクワの態度を打診すべきだ、というもので、当分の間は張学良と楊虎城ら叛乱軍の態度を静観することになった。

十三日の朝、張学良から周恩来の招聘を求める電報が届いた。これを受けて共産党は調停のため、周恩来を西安に送ることを決めた。南京政府側も事態解決のために動き出そうとしていた。孔祥熙、宋子文（一八九四―一九七一）、蒋介石夫人の宋美齢（一八九六［一九〇一など諸説あり］―二〇〇三）が善後策を協議、宋子文を西安に派遣することを決定した。宋子文は中国四大財閥のひとつ、浙江財閥の中心人物で、中央銀行である中国銀行のトップだった。長姉は孔祥熙の、次姉は孫文の、妹は蔣介石の、それぞれ夫人で、いわゆる〝宋家の三姉妹〟として有名である。宋子文はいわば蔣介石の縁者として事態の収拾に乗り出すことになった。

周恩来が十七日、宋子文は二十日に西安に到着している。二十二日には蔣介石の妻、宋美齢も西安に入り、必死の努力が行われた。そして二十三日に宋子文、張学良、楊虎城と周恩来との間で会談が行われた。その席上、周恩来は次のように六項目提案を行っている。

（1）停戦と中央軍の潼関以東への撤兵
（2）南京政府の改組、親日派の一掃、抗日人士の参加
（3）政治犯の釈放、民主的権利の保障
（4）共産党討伐の停止、共産軍との連合抗日
（5）各党、各派、各界、各軍からなる救国会議の招集
（6）抗日支持諸国との協力

この周恩来案が基礎となって事態は展開することになる。蔣介石はこれらの要求に対して最後まで文書による確認を拒否した。しかし、身柄を拘束されて追い詰められている以上、抵抗にも限界があっ

て、周恩来の提案を渋々ながら承諾し、蒋介石の南京帰還と抗日のための協力が諒解された。その結果、事件の収拾がようやく図られる見通しとなった。

そして、問題解決に向けて、大詰めを迎えていた二十四日夜、蒋介石と周恩来の間で歴史的な会談が行われた、といわれている。両首脳による歴史的な会談の詳細は未だに分かっていない。NHK取材班が後年、張学良にインタビューした際でも、張学良は内容に触れることを頑なに拒否している。

「私はその場にいただけではなく、周恩来を蒋介石先生のところに連れて行ったのは私なのです。でも、それ以上はお答えできません。（あのまま）蒋介石先生を拘留していたら内戦が拡大するではありませんか」（『張学良の昭和史最後の証言』）

なぜか、蒋介石の「西安半月記」や宋美齢の「西安事件回想録」（前出、J・バートラム『西安事件』所収）でも、この会談について一切言及されていないのだ。実はその歴史的な会談内容の一部が分かったのはつい最近のことだ。

蒋介石の日記というものがあって、アメリカのスタンフォード大学フーバー研究所が管理しているのだが、遺族の申し出により日記は数回に分けて公開されている。二〇〇七年五月に公開された「蒋介石日記」は一九三二年から四五年までの分で「西安事件」に関する記載もあった。私も直接、この日記を読みたくて、フーバー研究所に電子メールを出した。メールに添付して送ってくれれば幸いだと思ったからだが、それは無理だった。現地に赴けば見せることはできるが、希望には応えられない、とのことだった。やむを得ないことだが、『産経新聞』が五月二十三日朝刊から「蒋介石日記」の企画記事を連載したので、それを参考にしたい。企画記事を執筆したのは山本秀也記者。

それによると、蒋介石と周恩来の会談は十二月二十四日夜と二十五日の二回あった。周恩来が会談の冒頭、蒋介石を「校長」と呼びかけた、というエピソードはJ・バートラムなども書いていて以前から有名になっている。蒋介石が黄埔軍官学校校長だった時代、周恩来も学生として在籍しておりその慣例に従った、ということだった。蒋介石と周恩来の最初の会談があった二十四日の日記に、蒋介石は周恩来と握手を交わして「情を生じることを忘れなかった」と書いており、例の名場面があったのはおそらくこのときであろう、と山本記者は推測している。また、会談で、共産党は蒋介石に対して「合意文書」に署名することを執拗に求めたが、蒋介石はそれを拒否している。両者の駆け引きが続いた。周恩来と蒋介石の丁々発止のやりとりが二十五日の日記に記されている。

蒋介石「君は私の普段の性格がどうだか知っているのかね」

周恩来「私は蒋先生の革命的人格を存じておりますので、何も無理をお願いしてはおりません」

蒋「君は私がどういう人物かを知ったうえで、今日は共産党の掃討をもうしないと言明するよう求めているではないか」

蒋介石はこのとき「私は（周恩来が求める言質を）与えないことを決めた」と心の中で思ったことを日記に書いたうえで、引き続き、会談内容を記録している。

蒋「私が普段から求めているのは国家の統一と全国の軍隊の指揮だけだ。（四字程度破損）私の革命の障害なのだ。もし、君たちが今後は統一を破壊せず、中央の命令に従って私の統一的な指揮を完全に受け入れるというのなら、さらなる掃討を控えて（共産党軍を）他の部隊と同等に扱うことはできる」

周「紅軍（共産党軍）は必ず蒋先生の指揮を受け、中央の統一を擁護して決して破壊しません」

ここで蒋介石は前夜（二十四日夜）と同じく「その他のことは漢卿（張学良）と詳しく話してほしい」と述べて、会談は終わったという。

この二日目の会談の終了後、蒋介石は監禁を解かれた。

二十五日午後、蒋介石を乗せた飛行機が西安を発った。二十五日午後五時半、冬の日が沈む洛陽（河南省）郊外の飛行場に降り立った。このとき、蒋介石は万感の思いを込めて、日記にこうしたためた。

「安全に到着。神の加護に感謝する」

中国を二週間にわたって揺るがせた西安事件。蒋介石が危機を脱したことで、一応の解決を見た。蒋介石は翌日、洛陽の飛行場を飛び立ち、南京の飛行場に着陸したのが二十六日正午すぎのことである。その瞬間、蒋介石の帰還を祝福し安堵する声が全国にあふれた。

張学良は兵諫で蒋介石に内戦の停止と一致抗日を求めた。張学良の目論見は結局、失敗に終わった。蒋介石の頑なな姿勢を最後まで突き崩せなかったからだ。ただ、蒋介石と周恩来が二度にわたって会談したことで「一致抗日」の統一戦線に向けた基礎づくりは出来た。後は蒋介石と周恩来が国民党、共産党の世論を、それぞれまとめて行くだけのことで、第二次国共合作は時間の問題と思われた。

蒋介石は危機を脱した。しかし、心は晴れなかった。西安事件は、「わが国民革命に一大頓挫を来たしたと言わなければならない」と言って、何度も唇を噛んだ。というのも、「八年間に及ぶ共産匪掃討戦の成果――あと二週間（遅くとも一ヶ月以内）で完成するはずであった全成果――が一瞬にして失われた」（「西安半月記」）からだ。蒋介石にとっては悔やんでも悔やみきれない二週間だった。蒋介石には張学良の行為は「暴挙」に等しいものに見えた――。

「西安事件」とは何だったのか。松本重治は『上海時代』の中で、「西安事件の焦点を、蒋介石と張学良と、そして両者相互の屈折した人間関係にあてることが、複雑な要素をはらむ事件の分析と説明とに、いちばん役立つものと考える」と、述べている。そのうえで、「蒋介石と中国共産党との対決、そして両者の『妥協』としてのみ西安事件を観ることはあまりに簡単すぎて如何かと思う」とも、指摘している。

当時、日本のジャーナリズムも限られた情報の中ではあったが、西安事件の意義を問う企画記事や論文を数多く掲載している。ただ、いずれも「張学良はドンキホーテであり、西安の彼の軍隊は完全に中共軍そのものであった」（雑誌『改造』一九三七年一月号所収の山上正義の論文「張学良の役割」）などと皮相的なものばかりで、中国はますます混乱を極めるであろうと決め付けるステレオタイプの論調が多かった。

これに対して松本は「張学良を単なるピエロとみなすのは張学良に対して酷に過ぎる」と指摘し「真実を見極める能力の欠如した」当時のジャーナリズムを批判している。ただ、そんな中で後にゾルゲ事件（昭和十六年十月）で検挙される『朝日新聞』記者の尾崎秀実（一九〇一―四四）が『中央公論』誌（昭和十二年一月号）上で「日米開戦前夜の危機（一九三六年末―三七年前半）張学良クーデターの意義――支那社会の内部的矛盾の暴発」という論文を発表しているが、出色である。尾崎は、

「（この事件は）単に『発展途上にある』支那に起こった突発的な事件ではなく、実に現代支那社会の持つ基本的な矛盾の端的な表現であるという点である。われわれはかかるものとしてこの事件の発生を見る時、この事件の重要性を一層痛切に覚え、事件の発展に特別な関心を覚えるのである」としたうえで、

「……而して南京政府自体と日本との関係は一方において南京政府はますます英米依存の度を加へつつも政府自体の一層の無力化のために、日本に対しても勢ひ聴従せざるを得なくなることと思はれる。以上の如き解釈は一見日本にとって総べて好都合であると予断する如くとられるおそれがあるが、決してさうではない。真の問題はそれよりも更に一層広く、かつ一層深い処に横たはってゐるのである。今日支那に於ける抗日意識の深刻なることはかつての東北の大軍閥、張学良をすらその戦線の内に巻き込む程に及んでゐることを思ふべきである。支那に於ける戦線を截然二つに分つとともに、日

本自らその一つ、人民戦線と対峙することとなるであろう。『防共協定』の意義はここにはっきりと具体性を帯び来るのである」（米谷匡史編『尾崎秀実時評集』平凡社、二〇〇四年、所収）としている。

「西安事件」の背景にある「抗日意識」が中国社会でいかに深いものになっているか。張学良が蒋介石に反旗を翻したことはそれを物語っているのだ。日本の支那戦線はいずれかの時期にふたつに分断される。そして、自らが（国民党軍とは違う）もう一方の相手、「人民戦線派」（共産党主導の抗日戦線組織）と対峙しなければならないだろう、と予見しているのだ。尾崎はすでにこの時期、国際共産主義運動に加担していたと思われるが、その尾崎ならではの視点である。

さて、松本の分析に戻ろう。松本は「その焦点を蒋介石と張学良と、そして両者相互の屈折した人間関係にあてることが、複雑な要素をはらむ事件の分析と説明とに、いちばん役立つものと考える」と述べた。では、ふたりの間の屈折した人間関係とは何か。それは張学良がそれまで送った人生と深く関わっている……。

〝不抵抗将軍〟

張学良は一九〇一（明治三十四）年に生まれた。先述したように父親は東北地方（満州）を地盤とする軍閥の首領、張作霖である。軍閥の首領というと厳めしいがもともとは清朝末期から活躍していた満州馬賊の大親分で学良はその長男である。馬賊というと、どうしても盗賊団的なイメージがつきまとうが、それとは逆の民衆の自衛組織（土匪・匪賊）だった。当時、満州では清朝の衰退によって治安が悪化し、盗賊がはびこっていた。これと対抗するため、民衆は自衛組織を作り、盗賊に対抗していたのだ。ただ、満州内の混乱が進むにつれて力を持った馬賊が本来の「自衛」を越えて盗賊的な行為も行う場合があったという。また、満州で、日本の関東軍の支配が強まり出すと馬賊は日本人とも衝突。満州各地で日本軍ないし日本人を襲う事件が多発した。

張作霖の出身地は遼寧省（当時は奉天省）海城県ということになっている。息子の学良も自分の原籍は海城だと称している。ところが、学良は海城には住んだことがない。張学良は馬賊の頭目だった父がどこかの根拠地にいるときに呱々の声を上げた。

昭和三（一九二八）年六月、父張作霖は乗っていた列車を日本軍によって爆破されたため、死亡。いわゆる張作霖爆殺事件である。その後、父親が一代で築いた奉天軍閥の遺産を若干、二十八歳だった学良がそっくり受け継いだ。父の死後はそれまで対立していた蒋介石の国民政府を支持するようになった。そして一九二八年末、東北三省に国民政府の晴天白日旗を掲げる易幟（えきし）を断行。その功績が認められて蒋介石から東北辺防軍司令官、東北政務委員会委員長に任命されている。一九三〇年の馮玉祥（一八八二―一九四八）、閻錫山（一八八三―一九六〇）らの反蒋運動でも、蒋介石を強く支持。蒋の厚い信任を受けて全国陸海軍総司令に就任するなど国民党政権のなかでも破格の待遇を受けた。ところがである。張学良が国民党政権の傘下に降ったことが思わぬ余波を生んだ。日本の関東軍がもくろんでいた満州の分離工作が一時、頓挫することになったからだ。張学良は関東軍の怨みを正面から買ったわけである。

それでも、関東軍の野望は潰えなかった。ついに満州事変を引き起こした。昭和六（一九三一）年九月十八日のことである。この日、満州に駐屯する関東軍は奉天（現在の瀋陽）郊外の柳条湖を通る満鉄線を、中国軍（張学良の東北軍）が爆破した、として、東北軍の駐屯地である北大営を攻撃した。このため満州事変は柳条湖事件とも呼ばれている。ところが、満鉄線が中国軍によって爆破されたというのは真っ赤なうそだった――関東軍の高級参謀、板垣征四郎大佐と副参謀、石原莞爾中佐が中心となって仕組んだ謀略だったのだ。

そのころの東北辺防軍は四十四万人の規模。最高責任者の張学良は事件当日、主力の十一万人を率いて関内（万里の長城の南側）に出動しており、奉天にはその一部の留守部隊がいただけだった。張は部下からの長距離電話で日本軍の攻撃を知った。

後年、NHK取材班のインタビューに答えて、そのときの模様を語っている。

「当時、私は病気療養のため北平（現在の北京）にいました。満州事変の報告を受けたのはイギリス大使を招いて、梅蘭芳の芝居を鑑賞していたときでした。知らせを受け、すぐに自宅に帰り、『抵抗するな』という指示を部下に出しました。というのも、私はどんな状況なのか全くわからなかったので、ひとまず情勢を見定めようと考えたからです」（『張学良の昭和史最後の証言』）

余談だが、この中に出てくる梅蘭芳（一八九四―一九六一）とは中国の伝統演劇、京劇・昆曲の花旦（女形）として傑出した才能を発揮した役者で、当時、中国随一の芸術家だった。張学良がこのとき部下に対して行った「抵抗するな」との命令は実は蒋介石の厳命だった。共産軍討伐に忙しい蒋介石はそれが日本軍の謀略だと分かっていてもこれ以上、ことを荒立て事変を拡大したくなかったのである。

張学良は事件の翌日、入院中の協和病院で、緊急幕僚会議を開催。日本人が国際公法に反し東亜の平和を破壊したからわれわれは不抵抗主義をとって一切を国際公法に任せるとの決定を下した。張学良は使者を米英公使のもとに派遣し、自分たちの軍は兵営内にとどまって報復措置は採らないよう命令したことを伝えている。しかし、不抵抗主義をとったことで満州は次々と関東軍に占領されていくことになる。当時、北大営には東北軍第一旅長の王以哲が率いる六千八百人の部隊がいた。張学良の「抵抗するな」との命令を受け、ほとんど抵抗らしい抵抗もせず撤退した。関東軍はこれに乗じて十九日には奉天、続いて長春、営口など満鉄沿線都市を占領した。それでも、関東軍は止まらなかった。

「満州の治安を紊乱し、住民の平穏なる生存を脅威する震源地は錦州政権であり、其元凶は張学良である。（中略）帝国軍は自衛ならびに正義のため断固彼らを膺懲する必要生ずべく、否、今や彼らの行動は帝国軍に対して実力の発動を強要する事態を展開しつつあるものと言わねばならない」

（陸軍省調査班『張学良錦州政権の対日交戦準備に就て』一九三一年）

と、さらに攻撃を拡大していった。関東軍は十月八日、張学良が逃避していた錦州を爆撃し、下旬には黒竜江省の省都、察哈爾《チャハル》への攻撃も開始、十一月九日には占領した。翌年の一月三日には錦州を、二月五日にはハルビンをそれぞれ占領した。事変勃発からわずか約四ヶ月半で関東軍は奉天、吉林、黒竜江の東北三省を占領したことになる。

東北三省は人口三千万人を擁する広大な地域だ。関東軍はこの地に、翌年の一九三二（昭和七）年三月、新国家を建設する。これが「満州国」である。執政として清朝最後の皇帝、溥儀を擁立している。満州民族による新国家との体裁は整えてあるが、実態は関東軍による傀儡政権である。張学良の東北軍はこれで故郷から完全に追い出された。張学良もまた、国民から〝不抵抗将軍〟との汚名をきせられることになる。張は、

「日本軍があそこまでやるとは予想しなかった。絶対にありえないと思った。日本がこの軍事行動によってわれわれを挑発しようとしているのだと思いました。国民から不抵抗であったことを非難されましたが、それを認めません。ただ、日本の陰謀を見破れなかったと非難されるのならばその責任は認めます。もし、日本が本当に戦争を起こすつもりだと分かっていたら私は命をかけて戦ったでしょう」（『張学良の昭和史最後の証言』）

と、悔しさをにじませている。

東北軍の兵士は家族を残したまま故郷を追われたのだ。軍の内部では次第に張学良への不満がたまっていく。張もそれを敏感に感じ取った。中国人は個人の面子や尊厳をもっとも重んじる。兵士たちが向ける冷たい視線。張にはこれがこたえた。蒋介石の命令には絶対に従わなければならない。でも、兵士たちの自分に対する不満も十二分に理解できる——張の中でも、鬱屈した思いが募っていった。それが結果的に蒋介石への不信と懐疑へとつながっていくことになった。その一方で、張はまた、

父親の死後、自分を東北軍司令官にまで遇してくれた蒋介石への恩義を忘れることはなかった。張学良はこのとき蒋介石に対し愛憎半ばするという心境だった。極端なまでに蒋介石への思いが上下し、複雑に交錯していた張学良にとって共産党の呼び掛けは鬱憤をはらすのに天の声のように聞こえたであろう。それが張学良の行った兵諫であり、西安事件の真相だった。

松本重治が「その焦点を蒋介石と張学良と、そして両者相互の屈折した人間関係にあてることが、複雑な要素をはらむ事件の分析と説明とに、いちばん役立つものと考える」と指摘しているのは、このことを指しているのである。張学良の兵諫は失敗に終わった。が、その後、国民党軍と共産党の紅軍は一致して日本軍に立ち向かう「統一民族戦線」の結成に向けて大きく動き出し、事件から九ヶ月後にそれは結実することになる。

その直接的なきっかけとなったのが昭和十二（一九三七）年七月七日に起きた盧溝橋事件だった。中国が共産化することをもっとも恐れ、満州や華北地方を分離してそこを防共の防波堤にしようと考えていた関東軍。その傲慢と暴虐の反動で、逆に、中国人をして一致抗日に向かわしめたのである。これは歴史の皮肉としかいいようがない――。

西安事件後、張学良は国民党軍の軟禁下に置かれた。それは一九三七年初頭から、台湾の李登輝政権下で名誉回復される一九九〇年まで実に半世紀以上に及んだ。事件当時、若干、三十七歳の壮年の域に達したばかりの張学良。軟禁が解除されたときは九十歳になろうとしていた。その後は妻とともにハワイで過ごし、二〇〇一年十月、百歳で死去した――。

同盟通信社上海支局長、松本重治が報じた西安事件のスクープは世界を駆け巡り、世界は衝撃を受けた。国民党政権の外交部が事件の勃発を正式発表したのが翌十三日の午前一時前。松本の一報はそれよりもほぼ二時間先んじたことになる。これは決定的なスクープだ。松本はこのときの喜びを『上海時代』の中で、素直に披瀝している。

「(帰りの)車の中で、疲れが出たせいか、深いあくびが幾度か出た。仰ぐと、冬の夜空に星が光っていた。世界的大事件に遭遇して、おそらくスクープになったことの、抑えきれぬ喜びがこみあげてきた」

新聞記者にとってこれほど心地よい一夜はなかっただろう。その一方で、松本の脳裏を、

「蒋介石はどう切り抜けるのか。南京はどういう救い出し策を考えるのか。中国統一の前途はどうなるのであろう。そして日本はどう対処すべきか……」

と、数々の疑念がよぎった。

翌日、松本は定刻通りに上海支局へ出社した。同僚らが奪い合うようにして昨夜打った数々の記事に読み入っていた。すると、東京本社から電報が届いた。

「昨夜来の健闘に謝す。『朝日新聞』は貴電を満載せる全ページ大の号外を朝刊に押し込み配布した。今後の健闘を祈る――」

社長の岩永裕吉からの〝謝電〟だった。それに湧き上がる支局員を尻目に松本は次の取材への目配

りも忘れなかった。

「兵変と蒋介石の監禁とでは『同盟』は勝った。『朝日』や『毎日』はきっと今ごろ、各本社から叱咤されているだろう。彼らは巻き返してくるに違いない。勝って兜の緒を締めよ、だ。次のスクープは蒋介石が殺されたかどうかだが、早まるなよ。これからは正確慎重に打つことだ」

ちょうどそのとき、米『ニューヨーク・タイムズ』紙の特派員、ハレット・アーベンドが松本を訪ねてきた。前夜来、大北電信は海外への電報の受け付けを禁止していた。ハレットは「『昨日、蒋介石は西安で張学良により監禁された』(英文)とのほんの一、二行の電文を持ってきた。これを東京(同盟本社)へ送り、東京からニューヨークに打電してもらえるよう協力してくれないか」と言ってきた。意外な要請だったが、快くハレットに協力する。でも、その際の気持ちを、松本は、

「平素は表面上、友好関係にあったが、内心では『同盟なにするものぞ』と軽蔑していたらしかった。だが、頭を下げてきたのだ。頼みにきたのだから助けてやったのは気持ちがよかった」

松本は敵に塩を送ったのだ。松本は晩年、「清水次郎長が好きだ」とよく言っていた。次郎長親分の「男気」をこよなく愛した。そんな気分だったのだろう。それからしばらくして今度は上海の日本海軍武官室から松本に電話が掛かってきた。「海軍軍令部の人間が松本さんに会いたがっている。すぐにいかせてもいいか」。松本が「どうぞ」と答えると、二十分もしないうちに海軍将校が三人支局にやってきた。情報関係の二人と無線技術専門家の一人だった。そのトップであるらしい少佐がいきなり、

「どうしてあなたは上海にいて西安事件をスクープなさったのか。モスクワでは西安事件の黒幕は日本軍部である、というデマを流しています。同盟が第一報を世界に流したからそういうデマになったのでしょう。どういう経緯でニュースを得られたか。あなたはどういう取材網をお持ちか」

松本はこんなぶしつけな質問に怒りもせず、さらり、と答えた。

「スクープにからくりありません。金は一銭も使っていません。私は平素から日中関係の改善を念願にしています。自然、中国側に親しい友人を少なからず持っています。そして、何でも話し合える友人も少なからず数人います。何でも話し合え、信頼し合っている友人関係が私の情報網です。そういう友人のひとりから情報を聞き出し、また、それを確かな情報だといってくれたのも他の友人でした」

海軍少佐はその友人の名前を知りたがった。松本は頑なにそれを拒否した。

「松本さん、要するに重要な情報は金ではなく、信頼関係から得る、ということですね。それでは海軍としては、今後、どういう対策を考えたらいいのでしょうか」

松本に助言を求めてきた。松本はそれにも親切に答えている。

「金で買える情報はたかが知れている。重要な情報を得るには相互の信頼とそれに共通の関心事を持つことです。例えば日中関係といった問題を共通に持つことです。共通の問題に対して相互に意見や対策などを闘わすうちに自然に情報交換が行われる場合が少なくない。それにはある程度、年季が必要でしょう。情報将校も一、二年で転勤されては仕事にならない。三年ぐらいは動かないようにすることが必要ではないですか」

スクープの偶然と必然

新聞記者なら誰でも大スクープというのを狙っているものだ。ましてや、「西安事件」クラスの世界史的な事件はそれこそ一生に一度出会えるかどうかのニュースで、それをスクープしたら記者冥利に尽きる。多くの新聞記者がそう思うだろう。そんな大仕事を、ひとり、松本重治という記者がやってのけた。当時、中国大陸には最低でも何千人という記者がいたはずだ。そんななかで一外国人の記者にすぎない松本が内外の並みいるベテラン記者連を押しのけて〝一等賞〟をとったのだ。これは明らかに偉業だ。おそらく、日本人のジャーナリストで日本以外で起きた世界史的な出来事の発生をスクープしたというのは松本重治以外にいないのではないだろうか。やはり、それだけすごいことなのだ。

スクープというのは多くの場合そうなのだが、〝たまたま〟であり、偶然の産物である。ニュース価値の高い事件が起きた現場周辺にたまたま居合せてスクープをモノにしたというのが大半のケースで運に左右されるものだ。それじゃあ、運さえあれば誰でも松本のようなスクープをモノに出来るか、というと、必ずしもそうとは限らない。例えばある記者の鼻がよく利いて世界史的な事件の発生を予知していたとする。こういう超人的な記者も実際にいるのだが、それを偶然にすぎない、と、片付けてしまっていいのだろうか。

それは違う。確かに世界史的な事件のスクープそのものは偶然性におおいに左右されるのだが、記者が事件そのものを予知して事件が起きそうな場所を嗅ぎ付け、じっとそれを待っていたとするなら、それは日ごろの努力の結果だからその記者にとっては偶然ではなく必然なのだ。さらに言えば実は記者が知り得たのは事件のほんの小さな断片にしか過ぎなかったのに記者がそこから何かを読み取って事件の全容を記事にしたとする。それもまたスクープであり偶然の産物とは決して言えないのだ。要するにスクープできるか、できないか、という問題は記者の属人的な問題でもある。ある種の才能を持っているかどうか。

その才能とはニュースに対する嗅覚というか、勘の鋭さみたいなものだ。

ジャーナリスト稼業というのは「全人格的な商売」だといわれる。持って生まれた資質、性格そしてそれまでの経験や勉強量、人脈──など、記者のすべてが試される商売だ。もちろん、松本の場合、西安事件の起きた「時点」に比較的に近い場所（上海）にいたという偶然性がスクープの大きな背景にあることは事実だが、そうした偶然性以上に松本重治の「全人格的な」能力がこの場合に幸いして彼をして偉業を成さしめたと考えるほうが妥当だ。松本の持つ「全人格的」才能の中でも、特にこの偉業達成に大きく寄与したのは彼が中国に滞在していたわずかの期間に多くの友人を持つことができたということだ。

松本は中国の山河を愛し、中国人と親しく交わった。「何でも話し合える友人も少なからず数人います」――海軍少佐にもこう答えた。これはなんでもないことのように思えるがあの時代状況を考えてみよう。日本人が中国人の中に「何でも話し合える友人」を持ち得たこと自体、奇跡的なことなのだ。しかも、他所様の領土で大威張りしていたら誰が親しく寄ってくるだろうか――。松本にはそんな不遜な態度は微塵もなかった。このため、松本の「人間性」のすべてが中国人に理解された。松本重治の全人格が中国人に尊敬されたゆえのことなのだ。

重要な情報は決してカネでは買えない。単なる情報交換も信用できない。相互の信頼を得て、同じ問題意識を持つ。そして真摯な姿勢で議論する――これは松本が取材に当たって、常に戒めていたことだ。何らの予備知識や情報も持たず、初対面の人間に話を聞くだけの〝玄関取材〟では中国人からいい情報は得られないし、事件の真相もつかめない。むしろそんな取材を繰返しているといつの日か〝ガセネタ〟をつかまされるか、騙されるのがおちである。松本は上海に着任すると、まず、中国人との信頼関係を構築することから始めた。中国語は話せなかったが、幼いころからの漢文の素養が役に立った。漢文と中国語。似て非なるものだが、漢文で何かを表現し、自分を訴えようとした松本の姿勢が中国人にはうれしかったはずだ。また、真摯に中国人から何かを学ぼうとする態度は次第に松本と中国人との距離を近づけていった。そういう努力を常に怠らず、相手の懐に飛び込んで初めて聞ける話もたくさんあった。

また、松本は得意の英語力を生かして、欧米人を経由して、足りない情報を補った。会員数は四百人ほどだったが、イギリス人が運営する上海クラブに入会したり、フランス人の親睦団体にも足しげく通ったりした。「月に一度の我慢」。こう言っては現地のロータリークラブにも顔を出し、人脈の輪を大きく広げていった。太平洋会議で知り合った浙江財閥など経済界の大物とも定期的にホテルで会食し、議論しあった。浙江財閥は国民党政権の資金源である。こうした人々と親しくつきあえば中国の公安当局にマークされる。周辺にうるさくつきまとわれるようになると、イギリス人のアパートを借りて、重要人物らとの会合を繰り返した。それだけ外国人の信頼も厚かった。

評論家の佐高信が面白いエピソードを書いている（城山三郎『気張る男』所収の解説）。陸軍の中でも〝支那通〟として知られ、陸軍省兵務局長として陸軍大臣の東条英機を補佐したことのある田中隆吉（少将）が昭和十一（一九三六）年五月末、松本に向かって傲然と次のように述べたという。

「率直に言えば君と僕とは中国人をみる観方が根本的に違う。君は中国人を人間として扱っているようだが、僕は中国人を豚だと思っている」――。

これは暴言以外何ものでもない。が、こうした中国人に対する優越的な認識はひとり田中という軍人に限ったことではなかった。当時の多くの日本人がそのように考えていた。ある意味では共通認識といってもいいくらいの中国観なのである。

田中隆吉の名前が登場したので、余談だが、田中という人物がどのような人物だったかを紹介しよう。田中は明治二十六年七月、島根県安来市の商家に生まれた。松本重治よりも六歳年長である。島根県立松瀬中学校を卒業後、陸軍広島地方幼年学校、陸軍中央幼年学校、陸軍士官学校、陸軍大学と、陸軍のエリートコースを歩んだ。陸大卒業後、大尉に任官し参謀本部支那課員となった。参謀本部時代に支那課に配属され、上海にも駐在したことがある。そのころから中国を本格的に研究し、陸軍を代表する〝支那通〟となった。

田中隆吉はまた、陰謀好きの日本陸軍の中でも、とりわけ〝謀略〟の匂いを放った人物だった。昭和七年一月のある日、関東軍高級参謀だった板垣征四郎が、当時、上海の特務機関員だった田中を満州に呼んだ。先述したが、板垣征四郎は部下の石原莞爾と組んで満州事変を引き起こした張本人である。板垣はこのとき、田中に二万円の機密資金を与えたという。二万円という金は当時、東京のど真ん中に広大な敷地を擁する豪邸を建てられるほどの大金である。それを田中にポーンと手渡して上海で騒動を起こすよう依頼したのだ。そこで、田中はスパイを使って一月十八日、上海で托鉢中の日本人僧侶、天崎啓昇ら信者四人を馬玉山路で襲わせた。これがきっかけで、日本の居留民と中国人との反目が一段と強まり、ついに軍隊が本格介入する紛争にまで発展、第一次上海事変につながった。

このとき、田中の手先となったのが、男装の麗人、川島芳子（一九〇七―四八）――実は彼女は中国人である。中国名は愛新覚羅顕玗。清朝王族の粛親王善耆の第十四王女として、北京で生まれた。そんな彼女が日本陸軍の〝女スパイ〟となった。川島芳子は絶世の美人でもあり、歴史に翻弄された女性だった。田中隆吉は戦後すぐに『敗因を衝く――軍閥専横の実相』（山水社、一九四六年）を発表している。この本は昭和軍閥の内部過程を知る上で、今日でも史料的価値が高いといわれ、初版発行当時から世間の耳目を集めた。

田中はその中で、太平洋戦争に敗れた原因について、

「重臣の無能、政治家の堕落、軍首脳の軍閥化、軍隊の腐敗、三国同盟、日中戦争解決の遅延、官僚の軍属化、悪質実業家の横行、観念右翼の跋扈、科学の欠乏」

などを挙げている。そして、

「これらはことごとく日本及び日本人自らの身体に発生したもので、身から出た錆だ」とも、言っている。

太平洋戦争期まで陸軍中枢部にいた少将の敗因分析である。確かに軍内部の暗闘が結局、国民を悲惨な目に合わせた大きな一因であったことが十分理解できて興味深いのだが、すんなりとそれを受け入れることができないもどかしさもある。田中隆吉は確かに分析すれども自分の責任に関しては口を閉ざしたままだからだ。実に後味の悪い本である。

田中は戦後、戦勝国が日本を裁いた極東軍事裁判で、検察側の証人として出廷、ここでも世間をアッと驚かせた。検事側の言うままに陸軍の内情を暴露したからだ。このため東條英機らをなんとか極刑に導きたい極東裁判所のキーナン検事に重宝がられたという。東條らA級戦犯は田中を「裏切り者」と呼び、心底、憎んだまま処刑されていった。田中は戦争責任を昭和天皇に及ばないようにするため検察の証人に立った、としているが、検事側証人として証言を行う一方で、キーナン検事の〝夜の生活〟の面倒も、コマ目にみた。作家の児島襄は『東京裁判』（中公新書、一九七一年）の中で、このふたりの蜜月ぶりを、批判的にそして赤裸々に、描いている。

田中隆吉と松本重治。同じ日本人の〝支那通〟であっても、その品格において、ふたりは根本的に違っていた。松本は米イェール大学への留学時代から多くの中国人留学生との交友を深めていた。当時、キャンパスには「七、八十人の中国人留学生がいて、そのうち十数人とは非常に仲良くなった」。彼らは日本が一九一五年に対華二十一ヶ条要求を突きつけたときには高校生で、「日本憎し」に染まっていた。「対華二十一ヶ条要求」というのは第一次世界大戦中の一九一五（大正四）年一月十八日、日本政府（大隈重信首相、加藤高明外相）が中国に強要した権益で、（1）山東省権益要求四ヶ条、（2）南満州・東蒙の排他的特権七ヶ条――など二十一ヶ条からなっている。

突如、日本側からこんな排他的な権益を要求された中国政府は内政干渉だとして抵抗する姿勢を示したがそれもつかの間だった。日本が五月九日を期限にした最後通牒を提示して軍事力で威圧したためついに中国側も日本の要求に屈した。二十五日に山東・満蒙関係二条約に調印。その後、六月九日までに十二個の交換公文が交わされた。しかし、「対華二十一ヶ条要求」は中国国民の民族意識に火を点けたという意味で歴史的に重要な事件となった。中国は日本側が最終期限とした五月九日を「国辱記念日」として、その後、反日運動を一段と激化させていった。

だが、松本はそんな「日本憎し」の中国人留学生と次第に理解し合える間柄になり、

「私だけは日本の他の留学生とは違うようだから付き合ってやろう」

ということになったという。

松本の誕生日には小さな中国料理店で誕生祝いもしてくれた。イェール時代に築かれた中国人との人脈も、松本の「上海時代」に様ざまな形となって活きたのである。田中隆吉が松本と同じような境

遇に生まれていれば彼の中国人認識も変わっていたかもしれない。田中ばかりを責めているようだがそうではない。多くの旧軍人や庶民もまた、当時、田中と同じような認識を持っていたのだ。中国人に対する侮蔑の意識。これは簡単には拭いきれないほど日本人の精神構造に深く浸透していたのだ。侮蔑の態度で接すれば相手もカチンと来るのは当たり前だ。日中関係が未だにうまく運ばないのはそうした根深い背景があるのだ。松本重治のような人物は例外中の例外だった。

「西安事件」その後

「西安事件」のその後について簡単に触れてこの章を終えたい。蒋介石を釈放した後、蒋とともに南京に帰還した張学良はその後、国民党軍の軍法会議にかけられた。そして、翌年の一月二日、懲役十年の刑を言い渡された。反逆罪との認定だった。だが、すぐに特赦で禁固刑を免れた。それは蒋介石の〝温情〟によるものだった。その後、張学良は、軍の監視下におかれ、半世紀以上に及ぶ軟禁生活を強いられたことは先に述べた。

一九三七年二月十五日、国民党は「三中全会」を南京で開催している。西安事件から一ヶ月半経過していた。「三中全会」とは国民党党大会のことだ。南京政府が打ち出す政策や法律は党大会での承認を経て、初めて施行されることになる。この「三中全会」は世界の注目を集めた。「西安事件」後初の大会だったからだ。

張学良はなぜ、謀叛を起こしたのか。蒋介石はなぜ、生きて帰ることが出来たのか——世界中の人々の関心はこの二点に集約されていたのだ。

国民党の党大会は通常、三日で終了するが、このときの大会は異例の七日間に及んだ。右派から左派に至るまでさまざまな提案が出され、それらの審議と決定に多くの時間が費やされたからだ。大会の議事運営は一見、順調に進行していた。蒋介石が絶対的な権力基盤を築いている国民党は張学良の叛乱にも微動だにしない。さすが、と思われたが、実はこの時期、中国国民党の一枚岩の結束にも徐々にだが、綻びを見せ始めていた。

その最大の要因は共産党の存在だった。国民党軍の猛攻で共産党の紅軍の軍事力は一時に比べて衰えてはいたものの共産党の〝細胞〟が国民党の奥深くにまで浸透し、内部から揺さぶりをかけていた。彼らは古くからの党員に働き掛け、「共匪討伐」をやめさせようと必死になって説得工作を行っていた。その甲斐があってわずかだが党内に〝シンパ〟を獲得するのに成功していたのである。蒋介石のまったく知らないところで党内バランスが微妙に崩れ出していた。共産党の内部工作が効果を生みつつある兆候だった。

張学良の「要求」をいかに取り扱うか——三中全会の最大の関心事だ。張学良は西安事件の直後、国民党幹部と全国民に向かって「通電」を発している。松本重治がスクープしたあの「通電」である。

（1）南京政府を改組し、各党派を参加させるともに救国の責任をとる

（2）すべての内戦を停止する
（3）上海で逮捕された愛国領袖を釈放する
（4）全国のすべての政治犯を釈放する
（5）民衆の愛国運動を開放する
（6）人民の集会、結社、すべての政治的自由を保障する
（7）孫文総理遺嘱の確実な遵守
（8）救国会議の即時招集

西安事件の顛末を理解したうえで、これを改めて読み直すと、共産党の考え方が随所に出ていることに気づく。張学良の「要求」は多岐に渡っていたが、その根幹は共産党との内戦を停止し、「挙国一致」の体制を敷くことにあった。「通電」の中身が「三中全会」で議論になりかけたとき、蒋介石は言い放った。

「漢卿（張学良）がすでに、国民党中央に提出していても、西安で、自分は不賛成であることを伝えた」

国民党の最高実力者で事件の当事者である蒋介石の否定発言である。この一言で、張学良の「通電」の効力はすっかり色褪せ、決定的なダメージを受けた。これをきっかけに三中全会の雰囲気は一変、張学良への批判が集中、張は針のむしろの上に座っているようなものだった。ある党員が立ち上がっ

て、「叛逆、脅迫という方法で行われた以上、国法と軍規を紊《みだ》すものであり、審議の必要はない」と、力を込めて、張学良を非難した。これで、張学良は「謀反人」のレッテルを張られることになり、訴求される立場となった（『上海時代』）。

「三中全会」ではもうひとつ注目すべき提案が出されている。それは最左翼である「人民戦線派」の「提案」だ。彼らが「抗日即戦」の必要性を訴えているのだ。「人民戦線派」は国民党でもちろん少数派にすぎない。蔣介石体制が磐石だった国民党で少数意見などは歯牙にもかけられなかったはずだ。ところが、松本はこれに強い関心を示した。

人民戦線派は共産党の息がかかっている勢力であり、少数派とはいえ、国民党内部で、ひとつの派閥を形成し、議案を提案する勢力にまで成長しつつあった。〝細胞〟の浸透がゆっくりとだが、着実に進行しているという証左でもあった。松本はそれを見逃さなかったのだ。中国内外のジャーナリストは「張学良問題」の行方に目を奪われていた。そんなときに人民戦線派の「提案」に関心を示す者などそんなにいなかったはずだ。西安事件の背後に共産党の存在があったことをこの時点で、知っている人は皆無だったからだ。

が、松本は違った。この提案の裏には「何かある」。釈然としないものを感じたという。松本はこの時点で事件の「本質」を見抜いていたのだ。

人民戦線派が提案した「抗日即戦主義」。日本とすぐに本格的な戦争を始めよ、ということだが、党大会の「要求」としては激烈なものだった。蒋介石と周恩来の会談の経緯など誰も知らないのだから多くの国民党員は驚きを隠せず、時期尚早として一蹴している。蒋介石はこの動きをどう見ていたのだろうか。おそらく苦々しく思っていただろう。さて、蒋介石は「三中全会」で「西安事件」の責任をとって辞任を申し出ている。が、結局、慰留され、その職に留まった。蒋介石の辞任の申し出を出来レースと言ってしまえばそれまでの話だが、形式的には党大会で蒋介石側にもあった「油断」は不問に付されたことになる。これで蒋介石の権力基盤は引き続き、表向きは安泰となった。

七日間に及んだ異例の「三中全会」は終幕を迎えた。「三中全会」は昭和十二（一九三七）年二月二十一日、次のような宣言を採択している。

（1）軍隊の統一
（2）政権の統一
（3）赤化宣伝の停止
（4）階級闘争の停止

この宣言は「赤化根絶決議」と呼ばれている。この決議を読む限り、表面上は蒋介石に「妥協」の余地はなさどうだった。事実、蒋介石はその後、外国の要人に面会してもそうした発言を繰り返している。例えば三月七日に行われた日本の川越茂大使（一八八一―一九六九）との会談で、蒋介石は「共産党の存在は認めない」とまで言明している。また、それから十日後の十七日に行われた日本の喜多誠一武官（一八八六―一九四七）との面談でも、蒋介石は「共産党が完全に国民党中央の意志に屈服すればともかく、『赤化根絶決議』に従わず、コミンテルンとの連絡を絶たない以上、共産党との妥協はあり得ない」とも答えている。

蒋介石の姿勢に微塵の狂いもない――少なくとも当時、日本側にはそう見えたはずだ。だが、これは蒋介石の〝偽装工作〟に過ぎなかった。というのも、蒋介石は、水面下で、共産党幹部との秘密交渉を重ねていたからだ。喜多武官との面談からわずか一週間後の三月二十三日、蒋介石は夫人を伴って杭州に出向いた。その地で、二十五日と二十六日の二日間、共産党代表の周恩来と会談している。このときの主要議題は「紅軍」の保有兵力についてだった、といわれている。周は蒋介石に対して「紅軍」の現有兵力は「四万人」と答えた。これを国民軍に組み入れた場合、どれだけの戦力となるのか。蒋介石は「紅軍」の実力を値踏みする必要があった。周の解答が事実であったかどうかは別としても、当時の「紅軍」の兵力がかなり減少していたのは確かだ。四万人――これは国民党中央軍の敵ではない。これでは未だ割拠していた地方軍閥の兵力にも満たない。

「紅軍、恐るるにたらず」。蒋介石はこう思ったはずだ。このとき、国民党中央軍と共産党紅軍の実力にはそれほど彼我の差があった。両首脳はその後、再び、会談している。三ヶ月後の六月八日から十五日までのことだ。会談場所は江西省蘆山。蘆山は中国要人の保養地として有名であり、現代では共産党幹部の別荘が立ち並んでいるという。この「蘆山会談」で蒋介石は毛沢東と朱徳を「外遊」させるよう、周恩来に提案している。ふたりは「紅軍」のトップだ。さすがにこれは周恩来に拒絶されたが、このこと自体、蒋介石が共産党対策に自信を深めたという証拠である。蒋介石のそのときの心理状態――紅軍を打ち負かしつつあるという優越感――を見事に表していた。「外遊」というと聞こえはいいが、要するに紅軍首脳のパージ、追い出そうというのだ。毛沢東と朱徳を外国に追いやって「紅軍」での彼らの権力基盤を剥奪すると同時に紅軍を骨抜きにしてしまう――これが蒋介石の真の狙いだった(以上は臼井勝美『新版 日中戦争――和平か戦線拡大か』中公新書、二〇〇四年)。

蒋介石は数次にわたって共産党の「紅軍」討伐を行った。が、長年の念願が成就する直前、「西安事件」が起きた。蒋介石の野望はここで一時的に頓挫した。蒋介石は「紅軍」の根絶は出来なかったが、それまでの攻撃で紅軍はかなり消耗し、兵力規模からいっても、蒋介石の「敵」ではなくなった。蒋介石の基本政策は「安内攘外」である。蒋介石はこのとき「安内」の段階はすでに終わったと確信した。そして、次のステップ「攘外」に進みつつあると読んでいた。その次のステップである「攘外」とは読んで字の如し。幕末、志士たちが叫んだ「尊王攘夷」にもある「攘」――つまり、それは中国を侵略している外国勢力を中国国内から打ち払うことを意味したが、外国勢力の中でも、中国がこのとき、もっとも憎んだ最大の敵は日本だった。蒋介石は打倒日本に動き出そうと、その機会を虎視眈々と狙っていたのである。中国情勢は確実に変わりつつあった。

「三中全会」で採択された「赤化根絶宣言」にも変化の兆しはあった。例えば、第一番目の「軍隊の統一」とは共産軍の解消を指した。共産軍の国民党軍への編入だ。第二番目の「政権の統一」もまた、同様に共産党におけるソビエト制の解消であり、国民党政権への吸収を示していた。つまり、共産党が国民党に対して「恭順」姿勢を示せば中に取り込むこともやぶさかではない、という決意表明であり、蒋介石の譲歩だったのである。これは将来の「国共合作」のために、狭いながらも「門」は開かれている、とのメッセージだったのだ。

もちろん、中国大陸への野心を抱いていた日本、特に関東軍にとって西安事件以降、中国で起きつつあった「新情勢」は看過できないものだった。もし、そのまま放置すれば日本軍の支配が未だ確立していない「北支地域」にも伝播する恐れがあったからだ。そのころ、関東軍は「対ソ戦争」の準備を急いでいた。新情勢＝抗日運動が広がりを見せれば足元が危うくなり、対ソ戦争の準備など進めることなど出来るはずがなかった。関東軍は危機感を募らせていた。これはある意味で正しかった。それは西安事件以後、中国全土に広がりつつあった「一致抗日」の認識——国共一致しての抗日戦線の構築——を、関東軍もまた、自らの「脅威」とみたからだ。しかし——関東軍の見方はそれでも甘かった。中国で起きつつあった「新情勢」は明らかに全国土を巻き込むものになりつつあったのに関東軍はそこまでは思い至らなかった。北支地域の「南京化」などというようにある特定の地域に限定されたものとの認識だったのだ。関東軍は見誤っていた。そうであって欲しい、という願望や期待が関東軍の目を曇らせていたのだ。

それと対照的な見方をしていたのが松本重治である。「盧溝橋事件」が起きるわずか一ヶ月前の昭和十二年六月、日本外交協会で松本は講演をしている。テーマは『支那の中心勢力を解剖す』（日本外

交協会、一九三七年)。松本はそのなかで、

「支那の中心勢力を考えるとき、常識的に連想されるのは『蒋介石政権』だが、その観念は支那人の頭の中に死滅しかかっている。むしろ違った観念によって、支那人は蒋介石政権を考えるようになってきた。蒋介石政権という言葉で表現される実体が近代国家に一般的なる『政府』という考えでよりよく理解されるような新しい実体に進化しつつある」

「新しい諸傾向を貫いているのは『民族復興主義』運動のイデオロギーである。因果関係をみれば満州事変と上海事変の一所産であるといえる。この民族運動は現時点での支那の中心勢力をなすものである(中略)澎湃たる統一に向けた大勢は将来も続いていく。もし、皆さんが南京城内のホテルに泊まれば明け方から聞こえる軍歌の声で目を覚ますことと思う。このような機運は学生その他まで毎日、毎日、徹底しつつある。こうした運動は続くものと私は信じている」

松本がここで指摘しているように中国の「民族主義運動」はすでに全国的な広がりをみせていた。決して地域的な問題ではなかった。

南京政府の本拠地、南京城内で毎朝、軍歌が響き渡り、彼らの合言葉は「一致抗日」。抗日運動は確実に横で連携されていたのである。

眠れる獅子、中国が今まさに、起き上がろうとしていた——。

第六章 日中和平運動

昭和十三（一九三八）年一月、同盟通信上海支局——。わら半紙の原稿用紙をじっとにらみながら一心不乱に鉛筆を走らせる記者。そのかたわらで大声を上げる年配のデスク、電話をかける記者の口から片言の中国語が漏れてくる。いつもの喧騒をよそに支局長の松本重治は壁際の自席にどっしりと腰をおろし、ひとり物思いにふけっていた。

盧溝橋事件からすでに半年。北京近郊での小競り合いがたちまち中国各地に飛び火し、北支事変との呼称が「支那事変」と変わった。日本と中国双方の正規軍が全面衝突する事態にまで発展したのである。

（日本と中国の戦争をなんとか止める手立てはないか……）

松本はそのとき、米留学時代の恩師、チャールズ・ビーアドの言葉を思い出していた。

「日米が将来、戦争をするならその原因は『中国問題』である」

中国問題が発火点となって日米が衝突する――この最悪のシナリオもこのころになると現実味を帯びてきたように感じた。ルーズベルト大統領が昭和十二年十月五日に注目すべき演説を行っている。日本の侵略行為を伝染病にたとえて「隔離」する実際的な態度をとる必要がある――と力説したのである。これは「伝染病演説」として知られているが、ただ、アメリカでは孤立主義の空気が依然として支配的だったのも確かで、ルーズベルトも「隔離」のための行動を実際に起すつもりはなかった。この段階ではまだ、中国で増長する日本への警告にとどまっていたのだ。とはいえ、米政府の対日感は盧溝橋事件を境に徐々にだが確実に変化しつつあった。アメリカの心理を見抜いていた松本は心の中で、

(アメリカの態度が硬化する前に何とか、戦争を止めなければ……)

と、呟いていた。

窓外を見ると粉雪が舞っていた。ねずみ色した分厚い雲で空が覆われていた。外気はさらに比重を増したようだ。上昇気流が天空のはるか上のほうで押し潰されて地面スレスレに降ってきて街行く人々に圧し掛かっていた。人々の背は猫背になり、首も分厚い外套の中にすっぽりと埋めたまま。足取りは重く、足元を見詰めたままだった……。

南京陥落

昭和十二（一九三七）年末、国民党政権の首都、南京が陥落している。それもあっさりと――。『朝日新聞』をはじめ日本の新聞各社は「南京陥落」の号外を出し、国民は欣喜雀躍した。恒例のちょうちん行列も行われた。

ちなみに、中国語の「陥落」は本来、「野蛮人が文明人の都を攻め落とした際に使われる」のだそうだ。これは皮肉だ。というのは、当時の一般的な感覚からすれば野蛮人の国は中国。それを攻めて文明国へ覚醒させてやることが文明人たる日本人の使命であると、ひとり勝手に思い込んでいた。ところが、中国人の言語感覚からすれば野蛮人は侵略し中国の古都、南京を「陥落」させた日本人ということになる。

蒋介石の国民党政権は南京から逃れると長江の上流、漢口に拠点を移した。「転戦」といえば格好はいいが、総大将の蒋介石が日本軍の総攻撃を目前にさっさと逃げ出してしまったのだ。大将が逃げ出せば将兵は戦意を喪失して総崩れする。だが、そこにしか住むことが出来ない市民は南京城内に取り残された。近代的な武器など持っているはずがなかった。南京城内で市民の財産が略奪されたり虐殺されたりしたのは国民党軍の兵士が逃げ惑うドサクサにまぎれて行った所業だったともいわれている。そして、日本軍の総攻撃が始まった。何千発もの砲弾が南京城内に降り注いだ。長江沿岸部の政治・経済都市として、古くから発展した南京の街並みはすっかり破壊されたのである。

またまた余談だが、南京の地は古代から難攻不落を誇り、数々の英雄たちがここを拠点に興った。三国志の時代、南京は金陵と呼ばれた。劉備（一六一―二二三）の使者として呉の孫権のもとに訪れた諸葛孔明（一八一―二三四）が、孫権（一八二―二五二）からどこを拠点にすれば良いか、と聞かれて、

この地でありますな――と、選んだのが金陵だった。金陵（南京）は長江に臨み、紫金山をひかえ、これほど守りやすい土地はなかったからだ。

日本軍が総攻撃を仕掛けた当時も南京城は高い城壁で囲まれていた。それがわずか数日で陥落したのだから蒋介石軍が逃亡した後とはいえ、日本軍の攻撃がいかにすさまじかったか。日本軍兵士はそのとき極度の興奮状態にあり、理性を失っていた。あのうとましい「南京事件」はこのとき起こった。〝狂気〟に支配された人間集団ほど怖いものはない――だからといって、日本軍が暴虐の限りを尽くした事実を打ち消すことはできないが、南京事件はその真偽をめぐって、未だに論争が繰り広げられている……。

日本軍の猛攻撃で多くの人間が死んだのは事実だ。虐殺された民間人も多数いた。ただ、その実数は未だに確定していない。四万人から三十万人。立場の違いでこれだけの違いがある。一九四六年から南京で行われた国民政府国防部戦犯軍事法廷では一九三七年から三八年にかけての日本軍の南京占領中に大量の殺人、放火、略奪、強姦が発生し、三十万人以上の中国人が殺害されたという判決を下している。これに続く、東京の極東国際軍事裁判でも、日本軍による殺人、放火、略奪、強姦の発生

を確認して、殺害者数は十万人以上であったと認定している。「南京事件」はあったのか、なかったのか――。

日本国内でもこれまで何度もこの論争が繰り返されている。各論者の主張の共通点などからいわゆる「虐殺派」、「まぼろし派」、「中間派」などに分けられる。「虐殺派」とは南京と東京の軍事裁判の判決に準拠している人たちである。「まぼろし派」は南京と東京の軍事裁判の「不当性」を主張することでこれらの裁判の判決文で描かれているような「大虐殺」はなかったという立場を取る人たちだ。「中間派」は必ずしも「虐殺派」か「まぼろし派」に区分できない人たちを指している。もちろん、それぞれの「派」にはそれぞれを主張する人たちの歴史観が強く反映されていている。数字を正確に求めることは大事なことだが、それ以上に重要なのは虐殺があったのか、なかったのか。その事実ではないだろうか。

松本重治の『上海時代』によると、南京攻撃を行った「中支那派遣軍」(司令官・松井石根大将〔一八七八―一九四八〕)は十二月十七日に「入城式」を行った。松本はその取材のため翌日の早朝、南京入りしている。その日の午後、南京では「合同慰霊祭」が行われた。松本もそれに立ち会っており、その模様を次のように書き残している。

「松井最高指揮官がつと立ち上がり、朝香宮をはじめ参列者一同に対し、説教のような演説を始めた。訝りながら聞いていると、『おまえたちは、せっかく皇威を輝かしたのに、一部の兵の暴行によって、一挙にして、皇威を墜してしまった』という叱責のことばだった。しかも、老将軍は泣きながらも、凛として将兵らを叱っている」

「『何たることを、おまえたちはしてくれたのか。皇軍として、あるまじきことではないか。おまえたちは今日より以降、あくまで軍規を厳正に、絶対に無辜の民を虐げてはならぬ。それが戦病没者への供養となるであろう』と、切々たる訓戒のことばであった」

というのだ。

松本の証言によると、松井最高指揮官はこの時点で「虐殺」があったことを認めている。確かに中国側が証拠として示している写真の中には「信憑性」に欠けるものがある。だが、当時の司令官がそう言っているのだ。これはいかんともしがない史実であろう。

松井の言動を現実に見聞きした松本も、

「事件の全貌がなかなかつかめないからといって私は反論しようとは思わない。だが、私としては被害者の数量よりも、日本軍人がやった非人間的な行為そのものに、胸を刺された思いであった」

（『上海時代』）

と、述べている。

南京事件について松本には忸怩たる思いがあった。当時の首相、近衛文麿のブレーンで、昭和研究会を主催していた後藤隆之助（一八八八―一九八四）が南京攻撃前に視察で上海を訪れたときのことだ。

松本は後藤に対して、

「日本軍は南京を陥落して中国人のメンツを決して失わせてはならない。南京を包囲しておいてこれを落とさず、蒋介石と和議を結ばなければ事変は中国全土に拡大されて、結局、収拾の道がなくなる。これは和平の千載一遇の好機だ」（酒井三郎『昭和研究会——ある知識人集団の軌跡』中公文庫、一九九二年）

と、強い調子で、進言している。

後藤はそれを聞くと、急いで帰国した。

十一月二十七日、京都にいた近衛文麿と、都ホテルで会って、

「この絶好の機会を失ってはならない」

と述べ、松本の言葉を伝えた。が、近衛文麿は首を深くうなだれて、

「今の自分には、もはやそうする力がない……」

と、答えたという。

「爾後国民政府を対手にせず」

ジリリ、ジリリ、ジリリ——。昭和十三年一月十七日の昼下がり。同盟上海支局の黒電話がけたたましく鳴り響いた。松本が受話器を耳に当てると、

「董道寧君と今、話をしている。董君は日本行きを考えている。君はどう思うか……」

それを聞いてドキリとした。「こんな時期に危ない」と心の中で叫んだ。

董道寧（一九〇二—？）とは国民党政権外交部亜洲司第一科長、つまり日本課長である。電話を掛け

てきた相手は西義顕（一九〇一―六七）だった。満鉄南京事務所長である。松本によると、西は、「日中関係をいかに改善すべきか、の一点に、思索と努力を集中してきた国士型の熱血漢」

（松本重治著、蠟山芳郎編『近衛時代　上』中公新書、一九八六年）

だったという。

西は松本の盟友のひとりだ。このときの電話がきっかけとなって、その後、松本と西のふたりは日中の同志数人とともに日中和平運動を興すことになる。西はその中核的なメンバーである。しかし、このときふたりは自分たちが始めた小さな和平運動が後に大きなうねりとなって、最終的には革命家で、中国国民党左派の重鎮、汪兆銘をも巻き込む〝政治ドラマ〟を生み出すことになろうとは知る由もない。西義顕は中国の文化や伝統をこよなく愛した。松本ともやや違った意味で中国の熱狂的な支持者であった西義顕は日本と中国が本格的な戦争に入ると、当時、満鉄総裁だった松岡洋右の密命を帯びて香港に満鉄の事務所を開設、和平のきっかけを探っていたという。松岡とは日本が満州事変後、国連を脱退したときの全権であり、昭和四年秋に開催された太平洋会議・京都会議で「満蒙生命線論」をぶち、中国側と徹底的に対立した、あの松岡洋右である。

西の電話によると、中国外交部で対日戦略を練る責任者である日本課長、董道寧が戦乱の最中に単身、日本に乗り込もうというのだから確かに穏やかな話ではない。松本が危惧するのも当然だった。もし、両国政府の了解なしに董が日本に行けばスパイ容疑で逮捕され、殺されるかもしれない。万一、命が助かったとしても、拷問――安全な仕事では決してない。松本は電話を切ると、すぐに支局を飛び出した。西と董のいるパレスホテルに向かった。ホテルの部屋に駆け込むと、その眼前に、大柄な董道寧が立っていた。

血色の良さそうな丸顔、満面の笑み。董は松本の手をしっかりと握り締めて、

「松本さん、お久しぶりです」

笑顔がまぶしかった。万感の思いが松本の胸奥を交錯した。

「どうやって漢口からきたのか……。高宗武は元気にしているのか」

こう言って、松本は董の大きな手を強く握り締めた。

漢口―上海間の旅は危険と隣りあわせだった。直線距離で約七百キロ。が、途中の要衝はことごとく日本軍の手に落ちていたからだ。漢口から上海に出てくるには長江を船で下るのがもっとも早い方法だったが、日本海軍の艦艇や航空機の攻撃を受ける危険があった。日本海軍の攻撃を受けずに安全にやって来るにはまず、漢口から香港まで民間(外国籍)の飛行機で飛んで、さらに香港から外国船に乗る方法しかなかった――自分の国の移動なのにかなりの迂回である。首尾よく上海にたどり着いたとしても日本の官憲に見つからないように上海市内に〝潜入〟しなければならなかった。上海は中国でありながら中国にあらず――植民地時代のシンボルであるはずの租界が逆に絶好の〝隠れ家〟となったのは皮肉だ。それでも命がけである。董はそんな苦労を重ねて松本と西に会いに来た。

松本にはそれが嬉しかった。質問を次々に浴びせたのも涙が零れ落ちそうになるのを見られたくなかったためだ。それぞれの母国は戦争し、相手を打ちのめそうと必死である。が、三人は古い友人同

士であり、お互いに恨みはない。忌憚なく本音を言える間柄だった。松本は米留学時代にも、中国人の留学生と親しく交わり、彼らも、松本を友人として愛してくれた。それだけに日本人と中国人が殺し合いすることをこのまま見過ごすことはできなかった。しかも、松本重治はもともと日中非戦論者であり、平和論者である。学生時代から内村鑑三、朝河貫一、新渡戸稲造らに接して非戦の姿勢を貫き、平和の尊さを唱え続けることがいかに困難を伴うものであるかを熟知していた。

松本は中国で戦争の悲劇と残虐さを連日、目撃している。はやく戦争を終わらせないといけない――松本はいま、恩師たちの教えを自らもなんとか実現したい、と深く考えるようになっていた。そうしたほとばしるような思いがいま、董の笑顔を前に弾けようとしていた。董にも、そんな松本の熱い思いが伝わった。

董はひとつひとつ言葉を押し出すように、松本の質問に答えていった。

「実は高さんの指令で、こうやって上海に来ました」

高宗武（一九〇六―一九九四）――董の上司であり、外交部の亜洲司長、アジア局長である。松本重治が親しく接した中国人の中でも、親友と呼べるほどの男だった。董は高の指令で上海にやってきたいきさつを話し始めた。

「川越（茂）大使に会って、トラウトマン・ドイツ大使の和平斡旋に対し、日本側の要求条件を、少しでも、緩和してもらえるよう協力を要請してきたのです。われわれは停戦ができればいいと思っています。和平条件にも拘っていません。でも、日本は違うようです。南京陥落で有頂天になり、当初の条件よりも過重な条件を押し付けてきました。これで和平斡旋も、お流れになってしまった」

「それに……」。董は一瞬、言いよどんだ。何かを必死になって抑えている様子だった。

腹の底から湧き出してくる怒り。それを押し静めるのに、ちょっとした間が必要だったのだ。董は再び、重い口を開いた。そしてやや、伏し目がちに、

「昨日の日本政府の発表にあった『爾後国民政府を対手にせず』は何ですか。あまりに高飛車すぎる」

と、険しい顔つきで、一気にまくし立てた。温厚だった董の豹変に松本は驚き、眼を見張った。(董君がここまで言うのだから……)そう思いながら松本の顔色も曇った……。

董の話の中に出てくる「爾後国民政府を対手にせず」とは当時の首相の近衛文麿が最初に出した中国政策に関する声明をさしている。日中戦争の真っ只中にあって戦争を戦っている相手国の政府と一切交渉しないというのだから首を傾げざるを得ない。

近衛首相はなぜ、こんな声明を出したのだろうか。当時の様子を振り返っておこう。日支事変が始まってまもなくある和平工作が浮上した。これは日本が中国との戦争を早期に収拾するため、十月、ナチス・ドイツに中国との和平斡旋を依頼したもので、ドイツの駐華大使、オスカー・トラウトマン(一八七七―一九五〇)が積極的に動いたことから「トラウトマン工作」と呼ばれている。董が松本らに語ったトラウトマンの和平斡旋というのがそれだ。

当時、ドイツは日本との間で「日独防共協定」(昭和十一年十一月二十五日に締結、同十二年十一月六日にイタリアが加わり日独伊防共協定となる)を締結する一方で、武器輸出や軍事顧問団を蒋介

石政府に派遣するなど日中両国との関係が深かった。というよりも、ドイツは二股をかけていたわけだ。このときの日本の外相は広田弘毅（一八七八―一九四八）。広田外相はその効果に疑問を抱きながらも十一月二日、日本が考えている「和平条件」を、トラウトマン・ドイツ大使を介して、蔣介石に伝えた。その和平条件とは、（1）内蒙古に自治政府を立てる、（2）満州国国境から天津・北京にわたる地域に「非武装地帯」を設定する。行政権は南京政府が持つが親日的な人物を長官とする、（3）上海の停戦地帯を拡大し、国際警察隊で管理する、（4）抗日政策の廃止、（5）共同防共、（6）日本商品に対する関税率引き下げ——というもので比較的に穏健な内容だった。

トラウトマン独大使もこれなら中国側も受諾可能だ、と踏んで積極的に和平仲介に乗り出した。ただ、中国政府はこのとき、日本の攻撃は中国主権への侵略であり、国際法に抵触するとして、国連のブラッセル会議（九ヶ国条約会議）に提訴し、列強諸国と討議中だった。トラウトマンの斡旋を受けた蔣介石も「今、和平提議を受けるわけには行かない」と回答を留保。日本政府も、中国側の動きをしばらく待つことにした。それから一ヶ月後の十二月二日、蔣介石は「条件付きで受諾する」との回答を寄せ、日中戦争は泥沼化の危機を免れたか、にみえた。ところがである——。

それまで和平に前向きだった日本政府の風向きが蔣介石からの回答を待っているわずか一ヶ月の間に急速に変わり始めた。そのきっかけとなったのが「南京攻撃」（落城は昭和十二年十二月二十三日）だった。南京がまさに日本軍の手に落ちようとしていた直前の二十二日、広田外相はドイツ側に新たな和平条件を提示している。それは先に提示した条件を大幅に変更したもので、（1）満州国の正式承認、

（2）日本軍の占領地域を「非武装地帯」とする、（3）賠償金の支払い、（4）容共抗日の中止――この四つのが新たに加えられていた。しかも、広田は年内にこれに回答するよう求めたのである。それはあまりに一方的だった。さらに日本政府は追い討ちをかけるかのように南京が陥落したのを受けて、その翌日（十二月二十四日）に閣議を開き、「支那事変対処要綱」を決定。そして、それを翌年一月十一日の「御前会議」にかけて、最高国策とすることを確認している。御前会議というのは天皇臨席のもと政府と軍の首脳が一堂に会して行われ会議で、事実上、日本の最高国策を決定する機関だ。日本政府は南京陥落に気を良くし、一転して、強気になったのだ。

近衛の盟友で、第一次内閣の文相を務めた木戸幸一（一八八九―一九七七）の日記（一月十四日付）には政府が強気に変身した様子がまざまざと描かれている。

「午前十時、首相官邸に於ける閣議に出席。帝国の支那事変に対する画期的の重大声明案につき協議す。午後も協議を続く。独乙（ドイツ）大使より外務大臣へ面会の申込みあり。外務大臣は四時半同大使と面会したるが、同大使は在支独大使（トラウトマン）が蒋政権の回答を申越たる旨、而して、其回答は今日に及びて尚条件の内容を知りたし等と云ふ程度にて、誠意の認むべきものなきを以って、規定方針により国民政府の対手をせず。新しき支那政権の成立を期待し、之を相手として新興支那に協力し、東洋平和の確立に任ずることを声明することに決定、五時半閣議を終わる」

（『木戸幸一日記　下』東大出版会、一九六六年）

近衛声明の出る（十六日）二日前にはすでに「国民政府を対手とせず」という文言が閣議の場で、

取り沙汰されていたのだ。日本側にはすでに和平への期待など微塵もなかった。追加条件に賠償金を要求した時点でトラウトマン工作の帰趨は決定していたのだ。賠償金とは戦勝国が要求するものだからだ。しかも、日本側はそれを戦争途中で要求したのだ。日本側の行為は火に油を注いでいるようなもので中国側がこれを見て憤慨したのも当然だった。

それでも、木戸日記にあるように蔣介石は一月十四日、日本側の要求は「広範囲すぎるので、詳細な内容を知りたい」との回答を日本側に寄せている。日本側が最終回答期限とした一月十五日の一日前、ぎりぎりの状況での回答だった。勇み立っている日本側には期限を延ばすための遅延行為としか見えなかった。日本政府はもはや聞く耳を持たなかった。

原田熊雄（一八八八―一九四六）著『西園寺公と政局』第六巻（岩波書店、一九五一年）によると、十五日に開催された「政府・大本営連絡会議」の席上、広田外相が、

「向ふがとぼけて『まだあれぢゃあ判らない』といふやうなことを言ってゐるんでは、とても望がない。どうしても御前会議で決まったやうに、とにかくこっちは第二段の策に出るよりしやうがない。結局第二段の策、即ち長期抗戦に移して、どこまでも支那に対抗して行くといふ決心を固めなければよくない」

と、発言したという。

それに合わせて近衛首相や他の閣僚も「いつまでも引きずられてはよくない」との意見を述べ、連絡会議は和平交渉中止論が大勢を占めた。そして、近衛内閣はその場で「和平交渉」の打ち切りを決

定し、その後、近衛が「声明」を出して中国側にそれを伝えることにした。

ところが――。連絡会議の途中、思いも寄らぬ方向から横槍が入った。横槍を入れてきたのは陸軍参謀本部だった。陸軍が土壇場で態度を急変させたのだ。「賠償金の要求」を付加し和平条件をより過酷なものとしたのは陸軍である。近衛はそれを最終条件とするため十一日に「御前会議」を開催し昭和天皇の前で採決した。ところが、それを覆して蒋介石を相手に和平をやりたい、と、陸軍が言い出したのだ。このため、この日の連絡会議は紛糾。朝九時半に始まった会議は結局、夜の八時半ごろまで延々と続けられた。こうなると会議の収拾はつかなくなる。近衛もこれ以上、陸軍のわがままに引きずられることに嫌気したのか、目をじっと閉じて、腕を組んだまま、無言の姿勢を続けた。

それは近衛なりのささやかな抵抗だった。すると、普段は無口で、昼行灯と揶揄された海相の米内光政（一八八〇―一九四八）が、

「それぢや参謀本部は政府を信用しないと言ふのか。政府と参謀本部との対立で、参謀本部が総辞職するか、政府が辞めるかといふことになるが……」

と、語気荒く、参謀本部に迫った。

これに気圧されたのか、参謀本部も渋々、同意せざるを得なかった。ただ、このとき、閑院宮参謀総長（載仁親王、一八六五―一九四五）がひとこと言った。

「もし、相手とせずと声明した後に蒋介石が和平をやると言ったらどうするか」

広田外相はもじもじしていて何も言わない。そこで、近衛が、

「絶対に相手にしません」

と、毅然とした態度で答えた、という。

参謀本部第一部長から関東軍に転任となった停戦論者の石原莞爾はこのとき、実父が亡くなり、一時的に帰国していた。石原は同郷の蔵相、池田成彬に対して、

「近衛は思ったよりも駄目だ。一刻も早くソ連に対して満州の防備をしなければ、それはとても危険極まる話である。もう北支なんかどうでもいいから、満州を固めてソ連に対する準備をするより仕方がない」(『西園寺公と政局　第六巻』)

と述べて、中国との戦争を一刻も早くやめるよう求めていたという。

参謀本部が蒋介石との和平交渉に拘ったのも石原莞爾が指摘しているように「対ソ問題」が理由だった。しかし、陸軍内部ではこのとき、徹底抗戦を主張する一派と早期停戦・対ソ戦の準備に拘る一派とが対立しており、全陸軍が一致した統一戦略を打ち出せないでいた。そして、ずるずると、中国との戦争を拡大していたのが実態だった。大揺れに揺れた政府・大本営連絡会議の翌日、ついに近衛の「声明」が発表された。

「帝国政府は南京攻略後尚ほ支那国民政府の反省に最後の機会を與ふる為め今日に及べり、然るに国民政府は帝国の真意を解せず漫りに抗戦を策し内民人塗炭の苦しみを察せず外東亜全局の和平を顧みる所なし、よって帝国政府は爾後国民政府を対手とせず帝国と真に提携するに足る新興支那政権の成立発展を期し、是と両国国交を調整して更正新支那の建設に協力せんとす」

これが後々まで問題となる「第一次近衛声明」の骨格だ。「国民政府を対手とせず」という声明はこれをさしている。蒋介石の国民党政府はこの声明をきっかけに対日感情を悪化させて一段と奮い立ったのは言うまでもない。中国国民が一致団結して、日本に立ち向おう、との姿勢を強固なものにした。第一次近衛声明は「逆効果」を生んだわけだが、影響はそればかりではなかった。中国に展開していた日本軍もこの声明にはすっかり当惑したのである。支那駐屯軍の香月清司司令官（一八八一―一九五〇）は後に次のように語っている。

「この声明には本当にがっかりした。今迄、戦をしてきて居るのに今此処で斯んな声明を出して作戦目標を捨てて仕舞ったならば将来何を目標にして戦をするんだ」

（「香月清司中将回想録」、『現代史資料12　日中戦争4』みすず書房、一九六五年、所収）

中国で戦っている第一線部隊の士気にも影響を及ぼしていたのだ。戦争の「相手」を完全否定してしまったら以後、誰を相手にすればいいのか。現地の日本軍が当惑するのも当然である。蒋介石政権はほぼ中国を統一し終えていた。この時点で中国全土を掌握しているのは蒋介石政権だけだ。華北に設立された「中華民国臨時政府」は日本軍の傀儡政権にすぎない。日本軍による見せかけの「交渉相手」にはなってもそこで取り決められた政策に従う者などいない。近衛は戦後まもなく発表された手記の中で、この声明は、

「外務省の起案により広田外相から閣議に諮られたもので、これに後の北支臨時政府の王克敏の要望に基づき軍部が正面から乗って帝国政府声明としたものである」

（近衛文麿『失はれし政治――近衛文麿公の手記』朝日新聞社、一九四六年）

と、述べている。

近衛の証言の中に出てくる王克敏（一八七三―一九四五）とは盧溝橋事件以降、華北を占領していた陸軍が十月十四日、北京に設立した傀儡政権「中華民国臨時政府」の初代行政委員長に担ぎ出された人物である。王克敏は一八七三年、浙江省に生まれた。一九〇〇（明治三十三）年から八年間、日本に留学生、公使館員として、滞在している。帰国後、中国金融界の重鎮となって、中国の中央銀行である中国銀行総裁などを務めたことがある。陸軍は知日派の政治家をトップに持ってきたわけだ。ところが、近衛首相はまったくこれを知らされていなかった。というよりも、近衛内閣は陸軍から事前の相談すら受けておらず、傀儡政権の設立は陸軍の「独断専行」だった。

近衛が手記の中で、第一次近衛声明の責任の所在を、外務省や軍部に押し付けようとしたのも、それなりの理由があったわけだ。だが、近衛のブレーンであり、「大政翼賛運動」の原案を執筆したり、近衛支持者からなる国策研究団体の「昭和研究会」（後藤隆之助代表）などでも論陣を張った東京帝大教授で政治学者の矢部貞治（一九〇二―六七）は、

「蒋政権否認は既に陸軍主流の意向となっていたのだから、王克敏のことなど単に一つの遁辞（言い逃れ）であったというべきであろう」（『近衛文麿』読売新聞社、一九七六年）

と述べ、近衛を手厳しく批判している。

「第一次近衛声明」は日本外交史上、最悪の失敗だった。しかも、近衛は「声明」を発表した二日

後にわざわざ「爾後国民政府を対手とせずというのは同政府の否認よりも強いものである」とラジオ番組で補足的に声明している。このふたつの「声明」で、近衛は蒋介石政権を完全に〝抹殺〟してしまったのだ。これは近衛ひとりの責任というよりも、軍部に加えて、重臣、官僚ら政府要人の間に広がった「南京落城」による慢心に原因が求められる。日本政府と軍部は、それまでの勝ち戦に自惚れ、我を失ってしまったのだ。岡義武著『近衛文麿』（岩波書店、一九九四年）によると、

「『国民政府を対手とせず』の声明が出された直後に、平素、近衛と親しい、ある『文人』が木舎幾三郎（一八九六―一九七七、雑誌『政界往来』の創始者）に、近衛氏は何故あのような愚かな声明を出したのか。その冷静さという点で、国民は若干近衛氏に信頼と期待を寄せているのだが、あの声明はそれを打ち壊してしまっているのではないか、と興奮して語った。そこで、木舎がこの言葉をそのまま近衛に伝えると、近衛は黙って聞いたあと、『ぼくの力が弱いんですよ』と一言いっただけで、それ以上いおうとしなかった」

僕の力が弱い――日本政府の最高責任者がこんな弱音を漏らしていたというのだから、このときの政府がいかに混乱していたことか。

当時、上海で「近衛声明」に触れた松本重治はそれを何度も、読み返して、

「声明の行間には日本政府の北京に出来た臨時政府に対する異常な期待を感じた。私は『反省』しなければならないのはむしろ『帝国政府』であり、近衛首相であると思った」（『近衛時代』）

という。

確かに近衛に責任のすべてを負わせるのは「酷」かもしれない。とはいえ、政治家は結果で評価されるものだ。プロセスがどうであれ「結果」がすべてである。近衛の「過ち」は日本にとって取り返しのつかない「過ち」となった。政治学者の猪木正道に『評伝吉田茂』（全三巻、読売新聞社、一九七八―八一年）という名著がある。猪木は近衛についてもかなりの紙幅を割いて言及している。昭和天皇が生前、この本を熟読し、当時、首相だった中曽根康弘に、富田朝彦宮内庁長官を介して、「猪木が近衛についても書かれている本を出したが非常に正確であると中曽根に伝えよ」と語ったとされている（『産経新聞』二〇〇七年四月二十四日付朝刊に掲載された中曽根康弘元首相のインタビュー）。

猪木によると、

「〝戦勝〟に有頂天となった文民政治家のなかからは軍事知識が不足しているだけに全く手に負えない硬論が飛び出しやすい。近衛首相や広田外相がその好例である。大日本帝国を亡ぼしたのは一部の暴走軍人だけではない。そういう軍人の尻馬に乗り、興奮する世論に迎合した文民政治家の責任も重大なのである」

「南京虐殺事件が日本陸軍史上最大の汚点であったように（近衛の）ふたつの声明は、日本外交史上空前の失敗といっても過言ではあるまい。近衛総理、広田外相以下政府首脳がどれほど気違いじみていたかは論ずるまでもない。一層重要なことは当時の日本国民の少なからぬ部分が〝発狂〟に近い異常な精神状態を呈していた点である」

猪木の筆致は実に厳しい。

知日派外交官の挫折

董道寧も、高宗武も、当時、中国を代表する知日家だった。董は一九〇二年、浙江省に生まれたが、横浜で育った。小学校から日本で教育を受け、日本語の能力は卓越しており、日本人と間違えられるほどだったという。一方の高は一九〇五年に生まれた。董と同じ浙江省の出である。日本に留学し、九州帝国大学法学部を卒業している。ふたりは蒋介石を中心とした浙江閥の一員である。高はもともと学者だったが、一九三四年、日本と中国・東北三省を視察し、その際まとめた報告書が蒋介石の目にとまり、認められた。その翌年、高は亜洲司長に抜擢され、外交官の道に転じた。汪兆銘とも親しく、汪・蒋合作政権下で、中国のアジア外交を切り盛りした。汪兆銘は孫文の弟子であり、革命家。蒋介石と対抗する国民党左派の重鎮である。

松本と高は松本のイェール大学留学時代、フィッシャー教授の経済学ゼミで一緒だった友人、何廉（一八九七—一九七五）の紹介で知り合った。高はそれ以後、松本の莫逆の友となった。まだ、平和な頃、高は南京からの夜行列車で朝、上海に着くと、いつも、まっすぐ松本の自宅に向かった。門前に立って、

「奥さん、味噌汁の朝飯を食べさせてください」

と、大声を上げた。

松本と高は家族ぐるみの付き合いだった。何廉は後に天津にある南開大学教授となった。昭和四年、京都で開催された太平洋会議にも出席している。アメリカで教育を受けた中国知識人の代表的な存在で、南京政府でも重職を兼任した。戦後は米コロンビア大学東亜研究所教授などを務めた。

高は対日政策で大きな「挫折」を経験している。高がいかに中国と日本との戦争を早く止めなければならないと考えていたか。これを示す重要な史実があるのでここで紹介しよう——その話はほぼ半年前に遡ることになる。盧溝橋事件が勃発してからまもなくのことだ。昭和十二（一九三七）年七月二十九日、近衛首相は国務奏上のため、宮中に参内し、昭和天皇に拝謁した。戦争の先行きを懸念していた昭和天皇がその席上、

「この辺で、外交交渉により事態の解決を図ってはどうか」

（石射猪太郎『外交官の一生』中公文庫、一九八六年）

と述べたという。

軍部の独走を食い止められず、内心、忸怩たる思いだった近衛にとって、これは天の声だった。外交による解決を、陛下は望んでいる——近衛はこのとき、

（陛下の御意思を〝武器〟に、軍部を抑えることが出来るかもしれない）

そう思った。近衛はそこで、天皇の意思を、陸軍にも、それとなく漏らした。するとまもなくどこからか聞きつけた陸軍の戦線不拡大派が静かに動き出した。近衛はそれを知ってにんまりとし（このまままうまく事を運んでくれ）と祈るような気持ちでその推移を静かに見守ることにした。

当時、外務省東亜局長だった石射猪太郎（一八八七―一九五四）の元に陸軍省軍務局の柴山兼四郎軍務課長（一八八九―一九五六）がひょっこり訪ねてきた。七月末のことである。石射は明治三十年、福島県の生まれ。上海の東亜同文書院を卒業後、満鉄に勤務。その後、満鉄を退社し、父の仕事を手伝った。が、父が事業に失敗、石射も失業した。岳父の援助で、外交官試験に挑み、二度目に合格するという異色の経歴をもった外交官だった。上海総領事、シャム（現在のタイ）大使を歴任後、昭和十二年三月、外務省東亜局長に抜擢された。そのころの外務省内では数少ない日中戦争不拡大派のひとりだった。

陸軍省軍務局の柴山軍務課長が、石射局長に対して、

「停戦を中国側から言い出させる工夫はないだろうか……」

と、切り出した。石射はそれを聞いて、

「陸軍はけちな考えにとらわれている」

と思ったが、すぐに「それを咎めている暇はない」と思い直して、

「私の持つ全面的な国交調整案を停戦交渉と平行して試みるなら停戦の可能性がある」

と、言った。それを聞いた柴山は身を乗り出すようにして石射の話に耳を傾けた。

好機到来――陸軍の中枢、事務方の実質的な最高責任者である軍務課長からいい感触を得たのだ。石射はすぐに動いた。八月一日午後、陸軍省の柴山、海軍省の保科善四郎軍務第一課長（一八九一―一九九二）のふたりを外務省の自室に招いて中国との停戦交渉と全面的な国交調整案について自分の腹

案を詳しく説明した。石射私案のポイントは中国経験の深い元外交官で、当時、在華紡績同業界理事長だった船津辰一郎（一八七三―一九四七）を上海に派遣し、国民党政権のアジア局長、高宗武に停戦案と全面的な国交調整案を打診させる、というものだった。中国政府の信頼が厚い船津を仲介役にして外務省主導で一気に和平に持っていこう、石射はそう考えたのである。石射が素案を書き、陸軍省の柴山、海軍省の保科に図り、三人で策定した停戦案と国交調整案はその後、関係省庁の事務折衝で合意に達した。それを受けて、近衛首相も八月四日、首相、外相、陸相、海相による四相会議を開催、積極的な支持をとりつけた。

これにより「船津工作」は政府のお墨付きを得て動き出そうとしていた。昭和天皇の御心をうまく利用して仕掛けた近衛の作戦が見事なまでの波及効果を生み出したのである。後は中国側の出方を待つだけ。ところが、事態は思わぬ方向に進んだ。

それを説明する前に四相会議で合意した日本側の和平条件を見てみよう。まずは停戦案だが、日本側が和平条件として中国側に提示しようとしたのは、（1）「塘沽停戦協定」（満州事変の軍事行動を実質的に終結させた日中間の協定、昭和八年五月三十一日締結――この協定で日本は熱河省を満州国に編入したうえ中国本部から完全に分離させることに成功）、「梅津・何応欽協定」（河北省から中国国民党勢力を排除した日中間の協定、昭和十年六月十日に締結――塘沽停戦協定区域での抗日運動や天津・日本租界での親日派新聞社社長暗殺事件を理由に国民党勢力の弱体化を図るために日本軍部が求めた。この協定で日本軍は華北分離工作の足場を築いた）、「土肥原・奏徳純協定」（中国満州地区の察哈爾省から中国国民党勢力を駆逐した日中間の協定、昭和十年六月二十七日締結――梅津・何応欽協定とともに華北分離工作の足場となった）の解消だった。そして、（2）盧溝橋付近に非武装地帯を設定、（3）冀察・冀東両政府の解消と国府の任意行政、（4）増派日本軍の引き揚げ――などが柱。

一方、「国交調整案」では、（1）満州国の事実上の承認、（2）日中防共協定調印、（3）排日の停止、（4）特殊貿易・自由飛行の停止――などが骨格だ。さらにこれとは別に中国に対する経済援助と治外法権の撤廃なども考慮されていた（日本国際政治学会太平洋戦争原因研究部編『太平洋戦争への道　日中戦争　下』第四巻、朝日新聞社、一九六三年）。

船津工作での和平条件は満州国を除いて満州事変以降、支那事変に至るまで、日本が華北で取得し、中国側に認めさせてきた数々の既得権益の大部分を、放棄しようというもので画期的な内容だった。それまで随所にみられた日本の傲慢はここには微塵もなかった。

船津は四相合意直後の八月四日夜九時半、東京駅を発ち、上海に向かった。そして、八月九日、上海で、船津と高の会談が行われる段取りまでこぎつけた。ここまではスムーズに事が運んだ。実はこれとほぼ同じ時期に中国側も独自に和平への道を模索していた。その中心人物がアジア局長の高宗武。中国側が日本との和平を考えるきっかけとなったのが、蒋介石、汪兆銘そして高宗武を交えた三者会談での議論だったという。それは七月三十一日午前のことだった。蒋介石と汪兆銘はともに孫文の弟子であり、革命と国家統一の意志を受け継いだふたりだったが、蒋は軍人、汪は文人と、その政治手法や哲学が大きく異なり、これまでたびたび離反と合作を繰り返してきた。そんなふたりが高を交えた三者会談で和平の道を話し合ったのだという。その席上、高は、

「日本と中国の関係はついにここに至ってしまいました。一歩、誤れば、全東洋の破滅は必然です。私が、熱誠をもって、必ず、近衛公爵を動かします。近衛公爵の政治力をもって永定河（盧溝橋が架かっている河の名前）の線を転回点として、華北からの日本軍の全面的な撤退を要望し、それを実現したい、と思います」（西義顕『悲劇の証人』文献社、一九六二年）

と、切々と訴えた、という。

この熱弁に当初は和平に懐疑的だった蒋介石と汪兆銘も揺り動かされた。そしてついに「日中両国の国交をなんとか調整しよう」との結論に達した。すると、両首脳は高に新たな重要任務を与えた。それは近衛首相を動かし日中和平を促すための大役だった。高への全権委任だった。もちろん、高はこのとき日本側に石猪局長らが策定した案があるなどということはまったく知らなかった。高はそれからすぐ浙江財閥の巨頭、呉震修（一八八三―一九六六）を訪ねた。浙江財閥は蒋介石政権の「大金庫」であり、強力な支持母体である。高は「蒋介石を裏切ることができても、呉震修を裏切ることはない」と述べるほど個人的にも、呉震修を信頼していた。いかにして近衛首相に和平を促すか――。愛弟子である高の相談を受けて呉はこのとき自分が信頼するひとりの日本人を自宅に招いた。それが満鉄南京事務所長、西義顕だったのである。呉震修は当時、中国銀行の経理（重役）であり、南京支店長。南京銀行集会所の理事長を兼務し、中国金融界の〝大ボス〟的な存在だった。江蘇省無錫に生まれ、

明治末期、日本に留学。東京帝大付属の東京陸地測量部修技所を卒業後、中国金融界に入った逸材だった。呉の愛弟子のひとりである西は銀行家としての呉震修よりも、歴史家としての呉震修にほれ込んだ。西によると、

「清朝時代の士大夫であった儒者の家に生まれ、中国の国粋に徹した正統的な古典儒者の父を持っていた呉震修は歴史の真の意味における科学的観測者であり、把握者であった」

西は呉震修の歴史観や、哲学、思想にすっかり傾倒していた。

高宗武、呉震修、西義顕の会談で出た結論は近衛首相を説得するには満鉄総裁の松岡洋右を引っ張り出して仲介役を引き受けてもらうことが最善の策であるというものだった。

そこでさっそく高宗武は松岡を引っ張り出すため、まず、日本側の外交窓口である川越茂大使に一役買ってもらおうと大使に会いに行った。ところが大使はこのとき視察旅行で天津におり、高も天津へ向かい、そこで二人は会談した。大使も天津までわざわざやって来た高の話を聞いて、その熱意に打たれた。大使と高のふたりが今度は天津から満鉄本社がある大連に向かった。一方、西も南京から大連へ向かった。ところが、松岡は大連におらず、奉天（瀋陽）にいた。大連で合流した高と西のふたりがさらに奉天に向かった。松岡をなんとかつかまえ、これまでの経緯を説明、ようやく松岡の了解を得た。

しかし、予想以上に時間がかかってしまった。高宗武が松岡と会って上海に戻ったのは八月六日。船津工作で、高と船津が会談することになっていたのは九日。そして川越大使が上海に戻ったのは前

日の八日だった。この段階で大使は「船津工作」の経緯をまったく知らなかった。船津の使命を初めて聞くと川越は「高宗武には自分が会って話をするから……」と言って、船津が高と会うのを遮ってしまった。

「外務省の出先は船津と高の会見には一切、関わるな」——こんな外相訓令も出ていたが、川越大使は最初、これに耳を貸さなかった。とはいえ本省から指令である。大使も渋々ながらそれを認めて、とりあえず高と船津の会見は予定通り行われることになった。これには船津が困ってしまった。自分も元は外交官。大使の立場がよく理解できた。国家にとっての重大案件とはいえ、出先の大使と本省との調整がうまくいっていない段階で、大使の頭ごなしに民間人の自分がしゃしゃり出て、話を進めてしまえば大使の面子を潰してしまう恐れがある。そんな配慮が災いした。船津は高には会ったが、東京で授けられた使命にはまったく触れることができなかった。その後で高と大使との会見が改めて行われた。大使は日本側に寛容な態度の持ち合わせがあるとして和平解決の可能性と必要性を説いた。だが、大使自身、東京で策定した停戦案と国交調整案の具体的な内容を十分に把握しておらず高にそれを的確に伝えることができなかった。これで完全な失敗に終わった。

「東京の狙った効果がぼやけてしまった、という印象だけが、いまだにはっきりと残っている」

(『外交官の一生』)

と、石射はそう書き残している。

盧溝橋事件の先行きがまったく見えないこの時期に日中双方で和平工作が行われていたのだ。石射

—船津—高宗武のラインと、高宗武—川越大使—松岡満鉄総裁のライン——いずれも高宗武が絡んでいた。中国側もこのとき、和平に真剣に取り組もうとしていただけに失敗に終わったのは残念ではある。が、そこに秘密工作の難しさがある。ちょっとしたボタンの掛け違いで成否は左右されてしまうからだ。スキームが複雑になればなるほど工作がまとまるまでの間に形も中身もどんどん変わってしまう。船津工作にしろ、中国側の工作にしろ、多くの人が介在すればするほど複雑化する。失敗の原因はそこにあった。

外務省の石射東亜局長は直接的ではないが、川越大使の〝介入〟を暗に批判している。が、果たしてそうだろうか。大使には大使なりの言い分があった。自らも国を思って同じ時期に和平工作に動いており、別の和平案が邪魔に見えたのは当たり前である。このふたつの和平工作がうまく調和し、思惑通りに運んでいたとしても、いずれも最終的に実を結んだとは思えない。なぜなら、その直後に起きた大山事件と、それに端を発した「第二次上海事変」で、両国政府にあった和平を求める空気が吹き飛んでしまったからだ。

大山事件——それは八月九日に起きた。高宗武と船津辰一郎、高宗武と川越茂のそれぞれの会談が行われたその当日の出来事だった。海軍の大山勇夫大尉がこの日、上海・虹橋飛行場付近で中国の保安隊に射殺されたのだ。事件発生を知った日本海軍は十日、第八戦隊、第一水雷戦隊の軍艦十隻の派遣と陸戦隊の増員を断行。陸軍も、これに呼応する形で、上海派遣軍（松井石根司令官）を送る決定を下している。大山事件に対する日本軍の過剰反応がまもなく、中国側を刺激し、第二次上海事変を惹起することとなった。華北で始まった戦火はついに長江流域にまで拡大したことになる。

こうなっては外交当局がどんなに和平に向けた努力をしてもどうしようもない。そのとき、高宗武は失意のどん底にいた。自らの和平工作も奏功せず、戦火がどんどん拡大したからだ。八月十一日夕、高宗武が松本あてに同盟通信上海支局に電話を突然、掛けてきた。

「今晩、南京に帰る。今度はいつ会えるか分からないが、会えるようになったら、まず、君に会いに来る。さようなら……」（『近衛時代』）。

それは悲しい電話だった。そして高宗武は上海を後にした。

影佐大佐の手紙

それから半年──。

高宗武のその後の消息に気を留めながらも、新聞記者として、支那事変や上海事変など次々と起こる事件取材で、多忙な日々を過ごしていた松本重治。日中和平への滾る思いは片時も松本の脳裏から消えることはなかった。その矢先に董道寧が上海に突如、やってきた。しかも、董は高宗武の命令で上海に来たというのだ。そして、日中和平の手がかりを見出すために日本へ行く──。

董が日本に行くとなれば受け入れ側にも準備をさせる必要があった。そこで、西がまず、東京に帰ってお膳立てをすることになった。昭和十三年一月十九日、西はたった一人で、長崎行きの連絡船に乗って日本に向かった。誰にこの話を打ち明けるべきか。西と松本はそれをじっくり話し合った。董の命がけの訪日も、応対する日本側の人選を間違ってしまえば無意味になるからだ。西と松本が熟慮を重ねた末に選んだ相手というのは当時、陸軍参謀本部第八課長だった影佐禎昭大佐(一八九三―一九四八)。もうひとりの同志が登場したことになる。

影佐は明治二十六(一八九三)年三月七日、広島県に生まれた。大阪府下の普通中学を出て陸軍士官学校に進学。大正三(一九一四)年に砲兵少尉に任官した。その後、陸軍大学校を優等で卒業、参謀本部作戦課に配属された。大正十四(一九二五)年から三年間、東京帝大法学部に聴講生として派遣された〝インテリ軍人〟である。ふつう陸軍幼年学校―陸軍士官学校―陸軍大学校というのが陸軍のエリートコース。大佐や将軍にまで出世する陸軍軍人のほとんどはこのコースを歩んだが、影佐は普通中学を卒業している。昭和陸軍では普通中学組を差別することさえあったと言われるが、影佐らはむしろ幼年学校以降の〝純粋培養〟型にみられるような視野狭窄に染まらなかった。影佐は青年将校時代から中国問題に関心を持った。二年間の中国留学を経て参謀本部支那班長、上海駐在武官を歴任している。

影佐が上海武官だったころ松本重治が上海にいた。実は松本と影佐は上海で知り会う以前から因縁浅からぬ関係があった。松本の妻、花子と、影佐夫人が旧知の間柄だったのだ。というのは花子の母、好子(旧三田藩主、九鬼隆輝の姉、元老、松方正義三男の松方幸次郎の妻)が松方家に嫁入りするとき、九鬼家では「おさとさん」というひとりの女性を世話人としてつけた。そのおさとさんが子供時代の花子とよく遊んでくれた。そして、おさとさんの娘が成人して影佐(幸子)夫人となった。そのふたりの間に出来た娘の一人（長女、安紀）が、戦後、大平内閣当時の文部大臣となった谷垣専一（一九一三―八三）と結婚。その間に生まれたのが元財務大臣の谷垣禎一である。谷垣は影佐の孫にあたる。影佐と松本は上海時代、日本と中国の和平についてよく議論したという。松本によると「石原莞爾の感化を受けたためなのか、それとも、中国の民族主義運動を再評価したためなのか分からないが、影佐さんは『日中戦争をできるだけ早くやめねばならない』と言っていた」（『上海時代』）という。

この中に出てくる石原莞爾とは、板垣征四郎とともに満州事変を引き起こした張本人である。影佐と因縁深いばかりでなく、昭和陸軍を考える上で避けて通れない人物だ。石原は明治二十二年一月十八日、山形県西田川郡鶴岡町（現在の鶴岡市日吉町）に生まれた。陸軍の仙台地方幼年学校を主席で卒業後、中央幼年学校、陸軍士官学校に進学。四十二年五月の士官学校卒業時の成績は七番だったが、大正七年の陸軍大学校卒業時の成績は二番で、いわゆる「恩賜の軍刀」組だった。その後、陸軍の幹部候補生として、参謀本部詰めとなる。大正十一年から十四年にかけて石原はドイツに留学している。その間、戦争史の研究に没頭、これが石原の人生に決定的な意味を持った。帰国後、陸軍大学で戦史を講義するかたわら、後に発表する「世界最終戦争論」の基本構想を描いたといわれる。

世界最終戦争論とは何か――これは「人類前史」を総括する「世界大戦」を経て、人類は最終的に「黄金世界」に入っていくという石原独特の歴史観に基づいた戦略思想。人類が黄金期に入る前に戦われる「世界戦争」は最終的に「日米間の決戦」となり、日本がそれに勝ち残るためにはひたすら軍備を充実させる必要がある、と説いた。

石原は昭和三（一九二八）年十月、関東軍参謀（作戦担当）として旅順に赴任。そこで、日米間で戦われる「世界最終戦争」の先駆けとなる「東亜持久戦」の口火を切る戦争として「満州事変」を計画、見事に成功させた。これで昭和陸軍の主役のひとりに躍り出た。満州事変の功で、同期の中でもっとも早く大佐に昇進している。

石原莞爾は〝成長型〟の軍人と言われる。満州事変を計画した張本人でありながら、中国政策に関連してその後、姿勢に変化がみられたからだ。硬派から軟派への転換とでもいえばいいのか、とにかく、中国戦線での宣戦拡大には徹頭徹尾、反対を表明している。だから「盧溝橋事件」に端を発した「支那事変」でも終始、「不拡大論」を展開した。その当時、石原は参謀本部作戦部長という要職にあったが、石原の「不拡大論」は血気盛んな陸軍の青年将校らに受け入れられなかった。結局、軍の上層部もそうした陸軍内の世論に引きずられて、ずるずると戦線を拡大していった。そんななか、石原は昭和十二年九月、関東軍参謀副長に転出した。これは事実上の左遷だったが、その職も十三年に罷免され、舞鶴要塞司令官という閑職に飛ばされた。十四年には留守第十六師団（京都）師団長に補任、十六年に予備役に編入された。昭和陸軍の前期に華々しく輝いた逸材でありながら太平洋戦争にはまったく関与していない。これもまた、陸軍の七不思議のひとつだ。

石原の頭の中には常に「対ロシア」という恐怖観念があった。石原が参謀本部第二課長時代に満鉄調査部を動員して策定した諸政策の中にも「対ソ戦争」の意識が見事なまでに表れている——それは、（1）昭和十六年までに「対ソ戦備」を整える、（2）そのためには「日・満州・華北」を一体とする軍需産業を完成する、（3）空軍の飛躍的な拡大を図る、（4）政治・経済の根本的な「革新」を断行する——などが柱となっていた。そんな石原の発想からすると、陸軍が中国戦線に深入りして行くのは戦略上、愚の骨頂だった。無駄は即刻やめて対ソ戦に兵力を温存すべきである、と石原が力説したところで、血気にはやる拡大派は耳を貸さなかった。このことに関して次のようなエピソードがある。関東軍の一派が昭和十一年十一月、「綏延《すいえん》事件」を引き起したとき、石原が東京から急きょ出張して、それを止めさせようとしたことがあった。

そのとき、ある若手将校は石原に対して、

「あなたが起した満州事変をやるだけですよ」

それを聞いて、石原は無言で東京に帰ったという。

「綏延事件」というのは関東軍の指揮した内蒙古軍が中国綏延省に進攻、中国軍と交戦したが大敗を喫した局地戦をいう。このとき、関東軍を指揮したのが、当時、参謀だった田中隆吉中佐だった。田中についてはすでに述べた。関東軍は昭和十年六月に締結された「土肥原・奏徳純協定」（察哈爾省から中国国民党勢力を駆逐した日中間の協定、昭和十年六月二十七日締結）を元に、内蒙工作を進めていた。その結果、内蒙古三省で、中国政府から独立色を強めようとする自治運動が盛んとなり、察哈爾省では蒙古人の徳王（一九〇二—六六）を擁した中国からの分離運工作にまで発展した。それが「綏延事件」へとつながった。しかし、この局地戦で日本の正規軍が初めて中国軍に打ちのめされた。以後、中国軍兵士の士気を一段と高めたといわれている。

さて、影佐大佐のことだが、松本重治が「石原莞爾の影響を受けたためなのか」と言っているように影佐は参謀本部時代、そんな石原の薫陶を受けたひとりだった。松本にとって自らの信念を素直に打ち明けることのできる唯一の軍人が影佐だった。ふたりは、軍人と民間人という立場こそ違ったが、なんとか日本と中国の戦争を終わらせたい、という思いでは同じだった。当時、何らかの和平運動を興すにしても、軍を無視して、事がうまく運ぶはずはなかった。軍の中枢にいて、しかも、平和的で、理知的な思考を持っている人物を自分たちの運動に抱き込む必要があった。

だから、西がまず話をする相手に松本が影佐を推薦したのである。そして、西の〝先発隊〟としての「工作」は見事に成功した。影佐大佐が、西の提案に乗り、参謀本部の不拡大派の領袖、多田駿参謀本部次長（一八八二—一九四八）を説得したからだ。多田は参謀本部次長だが、当時の参謀総長は皇族だったので、軍令部門の事実上のトップだった。多田は陸軍の中でも良質な中国通として知られた逸材だった。多田の部下で元陸軍中佐、安倍邦夫の証言によると、戦線不拡大派の石原莞爾らを終始、庇護したという。結局、戦争拡大派との闘争に敗れて、ふたりとも、日米戦争を前に予備役に編入されたが、その後も、ふたりの交友は続いた。

多田には次のようなエピソードがある。天津軍司令官だったころ（昭和十年九月）、「中国に対する基本的態度はいかにあるべきか」というパンフレットを作り、当時、傍若無人に振舞っていた在留日本人に自戒を強く求めたことがあった。この多田パンフレットには「日本人は誤った優越感を即時捨てよ、中国人の独立を尊重し、中国民族の面目を保持するよう心がけよ……」とあり、中国人からも尊敬を集めた（いずれも安倍証言。『統率の実際　（2）』陸上自衛隊幹部学校修親会編、原書房、一九七四年、所収）。

西からの返事を上海で首を長くして待っていた董道寧が上海を発ったのはそれからまもなくの二月十四日。案内役として西の同僚、伊藤芳男（一九〇六―五〇）が付き添った。

東京で、董はまず、多田参謀次長と会談した。その席上、多田参謀次長は一月十六日の「国民政府を対手とせず」との声明に関わらず、日本軍中枢部には、

「なるべく早く和平をもたらしたい」

との真意があることを丁寧に説明したという。

董はそれを聞いて安堵した。参謀本部の重鎮がそう言い切ってくれたことで、幾ばくか、日中関係の前途に光明を見出す思いだった。ただ、それを心底から信じていいのか。董の気持ちは揺れ動いていた。そんな心理を垣間見せる董を慮って、影佐は、

「日中事変の責任の所在を、いまさら問い質したところで仕方がない。日本は反省しなくてはならないし、中国も反省してほしい」

と、静かに、語った。

影佐の声が董のハラワタを震わせた。董は自らの危険を省みず、死を覚悟の上で、東京にひとりでやって来た。その熱誠が影佐大佐にも木霊したことに言い知れぬ喜びを感じた。

董がその役目を終えて帰国する直前、影佐が二通の手紙を董に手渡した。

宛名にはそれぞれに「何応欽（一八八九―一九八七）殿」と「張群（一八八九―一九九〇）殿」と書かれ

であった。ふたりとも中国国民党軍の将軍であり、蒋介石の側近である。日本陸軍参謀本部の大佐が敵国の将軍に宛てた親書だった。ふたりに宛てた影佐の手紙には、

「日中事変の解決は、条件の取引といふ様な方法で根本的解決がつくべきものではない。日本も支那も互ひに裸になって抱合はねばならん。今迄のことは水に流し誠意を披瀝して、裸になって日本と抱き合ふと云ふ気持ちになって貰へれば、武士道国日本は本当に裸になって手を握る位の意気は持合はして居ると確信する」

と、書かれてあったという。

「影佐書簡」の現物は残されていない。ただ、影佐が太平洋戦争中の昭和十八（一九四三）年十二月、出征先のラバウルで書いた回想録「曽走路我記」（『人間影佐禎昭』人間・影佐禎昭出版世話人会、代表者・松本重治、一九八〇年、所収）の中で、その内容に触れている。

何応欽と張群はともに日本の陸軍士官学校を卒業し、影佐大佐とは同窓生である。そうした親しみが、影佐を突き動かしたのだろうが、それにしても、この時期に敵の将軍に手紙を出すなど影佐の行為は大胆である。松本も「日中戦争の最中に、一人の日本陸軍将校が、敵将に親書を出すということが、万一、他人に漏れたならばどうなるか。影佐禎昭の将来はゼロになってしまう。董君も影佐さんの大胆さと大局的な見地に感激し、漢口へ行って、じきじき何応欽と張群に手渡したい、と思った」（『近衛時代』）と述べている。

影佐はあえて危険を冒した。戦争の最中、たったひとりで、東京に乗り込んできた「董の熱情と勇

気とに対し感に打たれた」からだ。もちろん影佐の行為は越権行為である。が、そうしてまで、同じ軍人である中国のふたりに戦争拡大の愚かさを訴えたかったのだ。

「もし、和平条件となれば支那側は日本に七・七事件（盧溝橋事件）以前の状態に復することを主張するに相違なく、日本側は当時、軍官民共に強硬で、右条件を応諾するが如き事は夢想だも出来なかった状況であるので、条件の交渉では結局、労多くして功無き結果を見る事明瞭である。互いに無条件に和平をやらう、裸で抱き合はうと云ふ気持ちを持つ事が先決で、この気持ちさへ出来れば条件の如きはどうにでもなると考へた」

日本と中国との間で和平条件を検討するようになれば双方の主張は決して交わることはない。初めに条件ありきではなく、双方が裸になって、互いに「和平をやろう」という気持ちになれば自ずと和平条件も定まってくる。まず、双方が和平を願うこと。そして、お互いが信頼し合うことが必要だ——と、影佐は考えた。

香港の誓い

董道寧が東京で日本側との折衝にひとり汗を流していたころ、同盟上海支局の松本になつかしい声の電話が入った。高宗武からだった。昭和十三（一九三八）年三月五日のことである。

「今、フランス租界にある友人の家にいるから、すぐに来てくれないか」

松本はクルマを飛ばし、その家に向かった。家には高のほか誰もおらず、暖房のない部屋で、挨拶もそこそこにふたりは話しを始めた。高が上海にやってきたのは「国民政府を対手にせず」という声明の真意を、松本に直接会って問い質すことだった。松本はそれまでの経緯をつぶさに説明して「声明は本気だよ」と答えた。高はそれを聞いて、

「日本政府は一体、いつまで声明通りの姿勢でいるのか」

と、クビを傾げたという。

松本にはこれがこたえた。松本もこの声明の愚劣さを理解していた。近衛首相も、いつかはそれに気づいて修正するだろう、と内心、期待をしていたが、(政府がいったん出した声明を簡単に取り消すわけがない……)とも思った。高は中国政府の外交官である。古くからの友人とはいえそんなことを口に出すことはできなかった。ふたりの同じような議論は三日ばかり続いた。すると、高が、

「これから中国側がとるべき態度を考えるために参考意見を聞きたい」

と、言い出した。

敵国のアジア外交のトップとしては大胆である。松本がびっくりして、

「中国側は徹底抗戦をやっている。南京陥落でぐらつくような蒋介石ではない」

と答えると、それを遮るようにして、高が、

「戦争が商売の軍人なら長期抗戦もやむなし、としよう。しかし、外交官の僕は呑気にはしていられない。戦禍をこうむっているのは中国の民衆なんだ。何とかして、和平の方向に向けねばならない

と思うから、君の意見を聞こうとしている」

松本は高宗武の顔をじっと見詰めた。そこには、戦争の渦中にあっても、日中間に平和を求めようと願っている真剣な男の姿があった。それにつられて、松本が一月中旬、董と会ったことを、何気なく、切り出した。すると、高も、

「君に会うように言っておいたのだが、その後、董の動静がつかめない。実は今回、上海に来たのも、彼と連絡を取るためだ」

松本はこれを聞いて一瞬迷ったが、董の東京行きを伝えた。それを聞いて高も納得した様子で、董が帰国するのを上海で待つことにした。董が帰国したのはそれからしばらく経ってからで三月十五日だった。その翌日、松本、高、董そして案内役だった伊藤の四人がカセイ・ホテルの一室に集まった。三人は董の話を一言も聞き漏らすまいと真剣な表情で聞き入った。董の話が終わり、帰り際、董が影佐から託された二通の手紙を漢口に届けたい、と言い出した。さすがの高もこれには目をむいた。

「仮にもこれは敵将の書簡だ。絶対に慎重に取り扱うべきだ。軽々に行動すれば君も僕もやられてしまう」

高の物言いに董も一瞬、気色ばみ、ふたりの間に不穏な空気が流れた。そのとき松本が、

「僕ら同志が喧嘩をやっては仕方がない。ふたりとも落ち着くんだ。月末になったら西君のいる香港に集合して、この問題を解決しよう」

こう言ってなんとかその場をおさめた。四人は香港で再会することを約束し、別れた。

それから十日後の三月二十六日。松本らは香港のリパルスベイ・ホテルの一室に集まった。同志五人が一堂に会したのはこれが初めてであり、事実上、日中和平運動の初会合となった。この日の会合は七時間に及んだ。高宗武がまず、トラウトマン工作について、中国側の姿勢を説明し始めた。

「昨年十一月末、トラウトマン・ドイツ大使が広田外相の和平条件を蒋介石に伝えたとき、蒋委員長は受諾することを決めていた。その後の将領会議でも、空気は受諾的だった。厳密に言えばひとつだけ条件を付けるが、そのほかは日本側の条件を飲むつもりだった。その条件というのは『華北における中国の行政主権は完全に維持されなければならない』というものだった」

「これは中国民族主義の絶対的な条件であって、これさえ認められれば今すぐにでも中日和平は実現する。広田外相の当初の提案はこの絶対的条件を必ずしも拒否していない。南京陥落で中断した交渉を再開するために国民党政府は全面的に受け入れる準備をした。蒋委員長に代わって、孔祥熙が行政院長となり、張群が副院長となってこれを助け、新内閣が日本との折衝にあたることになっていた……」（西義顕『悲劇の証人』）

高の説明に日本側の同志も真剣に耳を傾けた。そのとき、松本も、西も、伊藤も、

（あの時、日本政府が変節していなければ……）

と、心の中で、そう思った。

トラウトマン工作――先述したようにナチス・ドイツの駐華大使、トラウトマンを仲介役に日本政府が中国政府と和平交渉を行おうとしたものだが、中国側の態度が判然とせず、交渉期限が来ると日

本側から交渉打ち切りを宣言した。昭和十三（一九三八）年一月中旬、近衛文麿が「爾後国民政府を対手にせず」と高飛車な声明を出した背後には中国側の交渉姿勢に日本政府が業を煮やした側面もあった。蒋介石政権は当初、「条件付で受諾する」と回答してきた。その条件というのが、高が言っている「華北における中国の行政主権は完全に維持されなければならない」だった。中国は華北での主権が認められれば和平条件をのむと考えていたのだ。日本側も当初は「満州国国境から天津・北京にわたる地域（華北地域）に非武装地帯を設定し、行政権は南京政府が持つが、親日的な人物を長官とする」などとして中国側に一定の配慮を示していた。ところが、日本軍が南京城の目前に迫ると、日本がその抑制的な態度を一変させてしまったのはすでに述べた。賠償金の支払いなど中国側が呑めるはずはなかった。追加提案は日本に対する不信をさらに深めただけだった……。

高宗武の説明が続いた。

「たとえトラウトマン工作が失敗し、決裂しても和平運動は継続させなければいけないから僕は周仏海（一八九七—一九四八、蒋介石政権の侍従室次長）らと図って、和平の必要性を主張していた汪兆銘を中心として同志の結束を固めた。その一方で、董を上海へ派遣して、川越大使に条件の緩和運動を行ってもらうなど、万全の手配をした」

「とにかく、国民政府は和平受け入れの腹を固めていたことは認めてもらいたい。もちろん、いろいろと反対がおこって、交渉に隙が生じ、時間が空費されたこともある。でも、日本側がもう少し粘ってくれたならトラウトマン工作は成立したはずだ。それにしても近衛声明は遺憾だった。が、われわれは絶望していない。これからは日本側の態度如何にかかっている」

松本はこれを聞いて、中国側にも次第に和平派の力が浸透しつつあることを、確信した。続いて、松本が日本側の対応を説明した。

「日本側は戦勝に酔いしれて現実を見失った。過重な条件を積んでも中国側が受諾するものと過信したんだ。中国側回答を一方的に遅延策と思い込んで『国民政府を対手にせず』という愚かな政府声明を出してしまった。陸軍の不拡大派いわば和平派と目されている多田参謀本部次長、影佐大佐ら良識のある人々は帷幄上奏権（軍のトップが陸、海両軍の最高司令官である天皇に意見を具申すること）の行使さえ辞さぬ意気込みで最後まで『声明』には反対した」

「残念ながら多数を占める拡大派に押し切られてしまった。董君が今回、東京に行ったことで条件次第では中国側にまだ、和平の意思があることを知った多田・影佐ラインは和平への期待を固めたはずだ。その証拠が統帥部の現役将校である影佐大佐の書簡だ。彼の立場からすればこの書簡はいわば身命を賭した決意の表れであることを理解して欲しい」

伊藤芳男がさらに続けた。

「影佐大佐の書簡を強力に漢口政府にぶっつけて噴水口を開き、その反動として勢いの強い水が影佐大佐のところへ注ぎ返されるようにしなければならない。影佐大佐の書簡が強く、漢口政府にぶつかればぶつかるほど反動としての注水の勢いが強くなる。それには次郎（董）が東京へ飛び込んだと同じ気合で、漢口に帰り、生き証人となって、影佐書簡を突き出すのがいい。次郎には東京に体当たりした勢いで、漢口に体当たりしてもらわねばならない」

こう言って、高と董を激励した。ここに出ている「次郎」というのは一種の符号である。董が日本から上海に帰国し、松本らがその話を聞こうと集まった会合で、伊藤が和平運動の「盟友の誓い」を表現すると同時に暗号電報にも利用できるようにそれぞれの名前を別名で呼び合おうと呼び掛けて作られた――西は「太郎」、董が「次郎」、伊藤は「三郎」、高が「四郎」、松本が「五郎」、影佐は「六郎」――である。

香港のホテルで話し合った七時間は無駄ではなかった。お互いが腹を割って本音を話したことでわだかまりが少しずつ消えていった。もともとは親しい友人同士である。今は双方の母国が戦争をしているが、和平を願う気持ちは一緒だった。和平への熱意がいずれも劣らぬほど力強いものであることが、よく分かった。

（この仲間たちとなら何とか和平機運を興すことができるかもしれない）

松本の心の中に日中和平へのたぎるような思いがはじけ飛んだ。他の同志も同じだった。それぞれがそれぞれの立場で何が出来るのか――それを思いながら、別れた。

翌日の三月二十七日、高と董のふたりは飛行機で香港から漢口に飛び、松本は船便で上海への帰路についた……。

松本・高会談と近衛内閣の改造

香港で「和平の誓い」を交わしてから三ヶ月――昭和十三年六月十四日、松本に電報が届いた。「四郎が希望している。すぐに香港に来て欲しい」。四郎とは高宗武のことである。

発信人は満鉄南京事務所長の西義顕。松本は翌日の夜、船便で香港に向かい、十七日の夜、香港島の船着場に足を降ろした。伊藤芳男が迎えに来ていた。西と伊藤のふたりは香港で高としばしば会談を重ねていたという。その結果、高の日本行きがほぼ決まりかけていた。董に続く蒋介石政権高官の日本行きである。しかも、今度はアジア局長だ。和平運動は着々と進みつつあった。松本が今回、急きょ、香港に呼び出されたのには訳があった。実は高が「五郎（松本）の意見を聞いたうえで、東京行きの最終決定としたい」

という意向を示したからだった。高が決意すれば伊藤が東京まで高を連れて行くことになっていた。西は今度も先遣隊として東京に向かう手はずだった。

松本と高はふたりだけで高の滞在先であるグロスターハウス・ホテルで話をした。松本がまず、影佐書簡のその後の取り扱いを質した。高の説明によると、三月下旬に漢口に戻った高は董道寧から影佐書簡の取り扱いについて一任を取り付けた後、まず、周仏海に渡した。周はそれを汪兆銘に見せた。手紙を読んだ汪は、

「これは重要な手紙である」

として、蒋介石の第一侍従室長、陳布雷（一八九〇―一九四八）を通じて、蒋介石に届けさせた。

だが、蒋はこのとき手紙を一瞥しただけだった。何応欽と張群には手紙をそれぞれ渡したもののふたりには返事を書くことを堅く禁じた。高は蒋介石の態度があまりに冷淡だったことに不安を覚えたが、周仏海の反応は違った。周は手紙を読んで、日本陸軍の中央にも早期和平を求める動きがあることを知った。周と高の間では「東京との連絡を絶つべきではない」との意見で一致したという。そこで影佐書簡の反応を日本側に伝えるため、高が四月中旬、再び、香港にやって来て、西にこれまでの経緯を説明した。

西も、蒋介石の反応が極めて冷静だったことが気にかかった。西がそれを問うと、高は推測に過ぎないが、としたうえで、

「蒋介石も、これまで自分が主張し、ずっと堅持してきた条件でなら、和平交渉の余地がある、と、思っているはずだ……」

その条件とは「華北における中国の行政主権は完全に維持されなければならない」である。西はそれを聞いて、すぐに、東京に飛んだ。ところが――。

東京の軍部の雰囲気は一段と険しさを増していた。大本営が四月七日、北支那方面軍と中支那派遣軍に徐州作戦を発動したからだ。参謀本部の影佐大佐もその準備に忙殺されており、西の話を聞く暇さえなかった。そこで、西は思案を巡らせ、影佐に中国側の反応を直接伝えることを一時、断念し、

五月中旬になって、香港に戻ってきた。

西の東京滞在中、政府もまた動いていた。日本軍が五月十五日に徐州を占領すると近衛はこれを機に内閣改造に踏み切ったのである。改造の目的は新たな中国政策の樹立だった。その目玉人事が陸相に板垣征四郎（陸軍大将）、外相に宇垣一成（一八六八―一九五六、予備役陸軍大将）をそれぞれ起用したことだ。板垣は当時、徐州作戦の最前線司令官（第五師団長）。石原莞爾とともに満州事変を引き起こした張本人だったが、このころは板垣―多田参謀本部次長―石原のラインが中国戦線不拡大派の要衝だったのである。当時の陸相は杉山元大将（一八八〇―一九四五）。近衛は杉山を更迭して板垣を後任に据えたのだ。近衛も自ら出した「対手にせず声明」がいかに愚劣で、中国政策を硬化させてしまったかにようやく気づき、このころから何とか修正を図ろうとしていた。陸軍の早期停戦・戦線不拡大派のラインに足並みをそろえることで自らの失政を挽回しようとしたのである。

板垣は軍政の経験もなく、中央では無名だった。近衛自身も板垣とそれまで一度しか会ったことがなく、どちらかというと疎遠な関係だった。その近衛がどうして板垣を陸相に起用しようとしたのか。その裏には石原莞爾のサジェスチョンがあったといわれる。あるいは近衛に近かった陸軍皇道派の領袖、小畑敏四郎（一八八五―一九四七）や荒木貞夫（一八七七―一九六六）が板垣を推薦したともいわれている。ただ、板垣を新しい陸相に起用するにしても現職の杉山大将を更迭する必要があった。明治憲法下の首相には閣僚の罷免権はなかったのだ。それを持つのは主権者である天皇ただひとりだった。首相は政府、閣僚の取りまとめ役に過ぎなかった。

また、陸相や陸軍次官の人事は現任の陸相、参謀総長、陸軍総監のいわゆる「陸軍三長官」の合意と、その推薦に基づくという不文律があって首相といえども、意中の人を任命したりすることなどできなかった。それにも関わらず、板垣を起用しようとするのだから、近衛にも政治的なリスクが伴うのは火を見るよりも明らかだった。だから、それを断行する前に、板垣自身の意向を確認しておく必要があった。が、万一、打診が事前に杉山陸相や憲兵にでも漏れれば陸軍三長官の反発を買って妨害される可能性もあった。そこで考え出されたのが同盟通信の社長、岩永裕吉に頼んで、当時、同盟の編集主幹だった古野伊之助（一八九一―一九六六）を板垣説得のための使者に立てることだった。岩永裕吉と近衛文麿との関係はこんな秘め事を頼める間柄だったのである。

近衛内閣の書記官長（現在の内閣官房長官）、風見章（一八八六―一九六一）の伝記『風見章とその時代』（須田禎一、みすず書房、一九六五年）によると、古野に直接、この任務を頼んだのは風見自身だったという。古野と板垣は古野が北京特派員だったころからの知り合いで、板垣が前年、蒙疆の宣伝活動を行っていたころ、古野は華北旅行のついでにわざわざ板垣を陣中見舞いに訪れたほどの仲だった。通信社の主幹で、しかも板垣と親しい古野なら、近衛や風見の使者として行っても誰にも怪しまれないだろう、と考えられた。

『古野伊之助』（新聞通信調査会内古野伊之助伝記編集委員会、一九七〇年）によると、四月二十七日、古野は専用の無線機を持ち、青島に上陸、途中、国民党軍の攻撃を受けながらも山東省臨欽県にいた板垣のもとにたどり着いた。古野の来訪を、陣中慰問だと思った板垣は古野から事情を聞くと目を丸くして驚いた。このとき古野は、近衛が板垣の陸相就任を切望している、と語ると同時にそれに伴う「三条件」を説明した。

その「三条件」とは、（1）日本軍の華北撤兵、（2）日中戦争の収拾、（3）東条英機次官の任命――だった。特に、（3）に関して、

「板垣は、包容力はあるが、行政面はあまり得意でない。これにカミソリと部内から異名をつけられるほど事務の切れる東条英機をつけることが近衛の配慮で、右の三条件のひとつに加えられたのである」（『古野伊之助』）

という。近衛の熱意を聞いた板垣は、古野に対して、

「わしもこの戦争は無名の師とまでいわんが、早くやめたほうがいいと思う。どこまで行ってもきりのない、一歩一歩深みにはまる戦争、ことに毎日のように兵隊の生命が失われていくのを見てはやり切れん気持ちがする。しかし、たとえわしが陸軍大臣になっても、華北撤兵、全面講和に持ってゆけるかどうかわからない」

などと述べて、陸相就任を渋っていた。そこで古野が、

「容易なことではないことは僕にもわかる。自信のある人などありっこない。といって日本がこのまま戦争の泥沼から足を抜くことができなければ日本は滅亡だ。和平が国のためと信ずるなら、命をかけて引き受けてくれたまえ」

と、夜を徹して熱心に口説いた。

板垣もその熱情に動かされて最後は就任を受諾した。

近衛文麿が板垣を陸相に担ぎ出すのにこんなエピソードがあったのである。だが、結局、このことが後々に松本らが推し進めようとしていた「日中和平運動」に決定的な禍をもたらすことになる。近衛の示した「三条件」のひとつが日中和平交渉に一身を捧げた松本重治ら関係者を絶望のどん底に突き落とすことになるのだが、いま、そこには触れない。

もうひとつの改造内閣の目玉、外相に宇垣を起用したことにも、近衛の思いが込められていた。宇垣もまた、和平派だったからである。東京滞在中、近衛内閣の改造前に、外相に宇垣が就任する、との確実な情報をつかんだ西義顕は心なしか気持ちが昂揚するのを覚えた。それを香港に持ち帰り、すぐに高宗武に伝えた。これは国民党政権にとっても耳寄りな情報だった。宇垣が蔣介石の支持者であることを、中国側も、熟知していたからだ。中国側は外相が宇垣なら「対手にせず」路線を変えてくれる、との期待を強く抱いた。

周仏海はこれを聞いて、

「この好機を失うな」

と述べ、高の東京行きを勧めたという。

しかし、肝心の蔣介石は高の東京行きを許可しなかった。そればかりか、香港から漢口に戻った高がまた、香港に出向くことさえ、反対した。それでも、周仏海は、

「蔣委員長を説得する責任は自分が引き受けるから、君はすぐに東京に行くべきだ」

と、言って、高を励ました。

それで、高は再び、香港に出てくることが出来た。六月十日だったという。松本はこのとき、蒋介石と汪兆銘との間に立って、苦悩する高を垣間見ている。高は、

「蒋介石と汪兆銘という自分にとって大切なふたりの先輩の意見が日ごと離れていく気がする。これからはふたりの間に立ってもっと苦しむことになるかもしれない……」

と、しきりに顔を曇らせた。松本にも、高の苦しい立場が手に取るように分かった。が、高は健気にも、

「僕の信念からすると、日中和平の大義について言えば最終的には汪さん側に立たざるを得ない。蒋さんは〝冷たい〟。だが、汪さんには温かみがある」

この一言を聞いて、松本はある種、予感めいたものを抱いた。

「高君が和平運動の中国側の領導者に、蒋介石ではなく、汪兆銘を考え出したのは、このころからだったのかもしれない」

と、後に述懐している。

松本重治が示した「撤兵」案

ふたりは何日も話し合った。和平への道筋をいかに形成して行くか。

中国各地で今、正規軍同士が衝突を繰り返しているのだ。それを止めさせて和平に持っていこうというのだから並大抵の努力では成就しない。「和平が必要」と叫ぶのはある意味、誰にでもできた。が、これまでと違って、そうした精神論だけではなく、具体的な方法論を議論し、詰めなければならなかった。どんなに高邁な精神であっても、それを達成するための方法論を間違えれば画餅に過ぎない。

効果的な一手は何か。松本はそれまで考えに考え抜いてきた方法論を、高に思い切って打ち明けた。それは――。日本軍の「撤兵」だった。

松本はこのとき初めて「撤兵」という言葉を口にしたのである。松本が高にそれを示したことで和平運動はその後、日本軍の撤兵を軸に進められていくことになる。そして和平運動を成就させるための絶対不可欠な条件となった。しかも、松本の示した撤兵案は単純なものではなく二段階に分かれていた。第一段階として日本軍が実際に撤兵を始める前にまず撤兵声明を出す。しばらくした後に第二段階として実際に撤兵する――というもので、これが現実的な方策だった。日本軍は徐州作戦に成功したものの盧溝橋事件以来の相次ぐ進撃で兵站線がすっかり延びきっており、相当、無理を強いられていた。中国戦線をつぶさに取材していた松本にもそれがよく分かった。

「日本軍がさらに漢口も攻撃するとなればもはや無理どころではない。いつ動き出すか知らないソ連という問題もある。いずれ撤兵は現実的な課題となる。とりあえず撤兵の声明を出すだけでも、中国側の和平派を元気づけるのではないだろうか」

松本が不安げにこう言い出すと高の眼がみるみるうちに輝きを取り戻していくのが分かった。

「日本が一定期間に撤兵すると声明するだけで、和平運動は必ず成功する」

と、高もはっきりと述べ、松本の提案に乗ってきた。松本はさらに話を続けた。それは決定的な意味を持つ重大な提言だった。

「昨夏、石原莞爾が華北からの撤兵を主張して軍の中央から弾き出された。僕は石原の考えは正しかったと思っている。ただ、勢いづいている軍隊の撤退ほど難しいものはない。声明を出すのも容易ではない。とりあえず、日本軍にとって正面の敵である蒋介石が一時的に下野し、汪兆銘がしばらく政権を預かる、ということは考えられないだろうか」

これにはさすがに高も驚いた。が、すぐに、

「蒋介石が一時的にでも下野したら後のことを収拾できる人がいない。それは汪兆銘でも無理だ」

と、悲観的だった。

仮にも日本政府の最高責任者である首相が声明で「国民政府を対手にせず」と言ってしまった以上、それがどんなに誤ったものであっても、蒋介石を排除して別の人間と交渉しなければならないと日本側は固執するだろう、という松本の理屈は高にも十二分にわかった。だが、中国の国内事情からするとそれは現実問題として不可能だった。蒋介石が最高権力者として君臨しているからこそ今のところ中国国内はまとまっている。蒋介石が少しの間でも政権の座から降りれば国内は乱れ、再び、群雄が割拠する状態に戻る可能性もあったのだ。磐石にみえた蒋介石の権力基盤も一皮向けば脆弱なものだったのだ。

松本と高の意見の応酬はその後も続いた。しばらくすると、高に何かが閃いたようで、それを聞いてみるとかなり大胆なものだった。高は松本の顔をまっすぐ見つめて滔々と自らの案を語り始めた。高の案をまとめると——（1）日本が「撤兵」を声明、（2）それに応じて汪兆銘が下野、中国全土に「和平通電」する、（3）戦争を嫌気している雲南、四川などの雑軍が呼応する——というものだった。もし、このシナリオ通りに運べば、

「蒋介石は下野せざるを得ない」

高はこう結論付けた。

そして、蒋介石の不在の間に汪兆銘が行政院院長に復帰し、和平路線をまず固める。その後、再び、蒋介石と汪兆銘が「和解」して汪・蒋合作政権を樹立するというのだ。

こうして松本の撤兵声明の提案から高の大胆な発想が導き出された。松本らの和平運動がようやく具体的な「形」を生み出したことになる。だが、撤兵声明が引き金となって汪兆銘を中心とする和平運動が全国的な運動に展開すれば徹底抗戦派の蒋介石の下野もあり得る。というところまでは松本にも読めたが（果たしてうまくいくか……）松本の脳裏を一抹の不安が過ぎった。というのは、

「筋書があまりに込み入っていてうまくいかなくなる可能性を払拭できなかった」

からだったという。

高宗武の示した「和平案」はかなり複雑なスキームである。松本が危惧したように果たしてこれがうまく機能するかどうか。和平交渉は最後まで秘密性が求められるが、だからといって、ふたりや三

人だけで物事を推し進めることができるほど規模が小さいわけではない。戦争をしている国家と国家との間の和平交渉である。人間同士の喧嘩の調停ではないのだ。秘密に行わなければならない物事はそれが複雑であればあるほど成功率は低くなる。思わぬ邪魔が入ってつぶれてしまうこともあるのだ。日本側の行ったそれまでの和平工作も、この構造的な欠点から逃れることができず、いつも頓挫した。

松本はこのとき、

「高君だけに任せておくわけにはいかない」

と、思った。

自らが東京に出向いて政府や軍部の要人と会って、率先して、高の和平シナリオを詳細に説明し、今後の交渉自体も、自らが中心となってまとめる必要性を強く感じた。そして、高と松本のふたりは東京に行くことを決断したのである――。

第七章

消えた「撤兵」の二文字

　昭和十三（一九三八）年七月。盧溝橋事件から一年——。日本軍の進撃はまさに怒涛のごとく……新聞各紙を連日、おおいに賑わせていた。だが、その一方で、このころからふつうの国民に、戦争継続の覚悟を求めるファナティックなまでの雰囲気が醸成されつつあった。猛暑によるうだるような熱気、戦争報道による興奮、そして「戦時統制」から来る圧迫感——東京市民は熟睡できない夜が続き、次第に憂色を深めていった。

　それをさらにかきたてたのが東京オリンピック（昭和十五）年の開催地返上だった。日本でオリンピックが初めて開催されたのは昭和三十九年のことだが、実はそれより大分前に開催が予定されていたのだ。それが昭和十五年のことだった。この年には資源統制の影響で六月に鉄鋼が配給制に移行した。

メイン競技場建設に必要な鉄の量は一千トンとされていたがやむなく東京市はスタジアムの一部を木造に変更するなどして必要量を六百トンに圧縮したが、それでも確保は難しく建設の見通しは立たなかった。競技場建設に必要な資金は八百万円。当時の国家予算の三％に相当するほど巨額だった。戦争を遂行しながらの巨大イベントの開催――当時の日本の力量からいってそれは不可能だった。その上、イギリスなどは戦争が続く限り、選手を派遣できないと発表、以後、ボイコット国が増えていったこともマイナスとなった。このため政府は開催地返上を決断したのである。

こうして政府は国民に耐久生活を強いる一方で、戦争の準備を進めていたのだが、日本は戦略物資を国内でほとんど生産できず、アメリカに依存していた。例えば石油。九〇％以上をアメリカから輸入していた。当時、貿易決済は金（ゴールド）で行われていた。ドルなどの国際通貨による決済でも良かったのだがもっとも信用が高かったのが金だった。

戦争になれば紙切れよりも現物――というわけだ。アメリカから購入した戦略物資の輸入代金を金で決済するため毎月、政府・日銀が保有する金塊を貨物船でアメリカに運んでいた。西洋史学者の鯖田豊之の研究によると、金塊の現送は昭和十二年から日米戦争の年である昭和十六年二月まで行われ、総重量は六百トンを超えたという（『金（ゴールド）が語る20世紀』中公新書、一九九九年）。貨幣価値が違うので単純に比べることはできないが、金の今の値段から換算すると実に一兆円をはるかに超えている。

日本は中国とアメリカなどを相手に戦争するためにわずか数年間でこれだけの国富を、敵国のアメリカに散じたのだ――。

高宗武の来日

中国国民党政権のアジア外交部門のトップ、高宗武が極秘裏に来日したのは、そんな暑い夏、七月四日のことだった。高には満鉄南京事務所の伊藤芳男が付き添っていた。とはいえ、たったひとりで敵地に乗り込んできたようなものだ。高宗武の表情は極度の緊張でこわばっていた。傍目からみてもピリピリとしているのがよく分かった。高の使命は日本と中国の和平交渉を確実に進展させることだった。蒋介石を最終的に交渉のテーブルにつかせるためにも「日本軍の撤兵」が絶対的な条件だった。これを約束させ、履行させなければならない――からだの深みから突き上げてくるような昂揚に、高は身震いを覚えた。

松本重治らが始めた和平運動も、ここまで来ると、彼らの力だけで、さらに発展させていくには限界があった。運動という次元をはるかに超え、より大きな、政治的な段階になりつつあった。しかも、高宗武の来日で、それは一気に佳境を迎えようとしていた。

運動から政治工作へ――局面が大きく転換しようとしていたのだ。

松本重治は高より一日遅れで東京に着いた。高に、東京行きを決断させたのは松本だった。その責任の一半は自分にもある。松本はそう思って、東京にやって来た。五日に着くと、その足で、同志らが待つ築地の料亭に向かった。高宗武、影佐禎昭、今井武夫（一八九八―一九八二）、西義顕、伊藤芳男

――松本がそこに加わって和平運動の中核的なメンバーが初めて勢ぞろいした。松本は香港で高と話し合った中身をつぶさに説明した。

――和平運動の指導者に汪兆銘を担ぎ出す。汪が下野し、蒋介石と袂を分かつ。そして国民に和平を訴え、和平熱を盛り上げる。その国民の熱情で蒋介石を揺り動かし、最終的には汪・蒋合作政権を設立、日本との本格的な和平を目指す。そして、松本はこのシナリオを完成させるための絶対的な条件は日本軍の「撤兵」である――と力説した。松本はそう言うと、真っ先に影佐の顔を見詰めた。影佐は表情をこわばらせながらも「うん……」と、静かに頷いた。撤兵がいかに難しいか。でも、撤兵まで持っていかないと、この和平運動は意味を持たない――そのとき誰もがそう思った。松本にはみんなの気持ちが手に取るように分かった。高は圧し黙ったまま。静かに同志たちの反応を探っていた。

松本はゆっくりと、言葉をつないだ。

「撤兵がすぐにできないのは分かっている。だが、汪兆銘の下野にタイミングを合わせて、少なくとも、日本軍が『撤兵』を宣言する必要がある。それだけでも、汪さんの下野は大義名分を得ることになる。中国国民の信頼を勝ち得ることが出来る……」

この「大義名分」という言葉に同志の誰もが揺り動かされた。影佐は運動の成否が日本側の態度如何にかかっていることを改めてかみ締めた。一抹の不安を抱きながらも、影佐はなんとか撤兵を政府・軍内部の強硬論者に呑ませなければならない――と、自分に言い聞かせるようにして、ひそかに闘志を燃やした。

松本のかたわらにひとりの男が立っていた。男は松本の話が終わるまで静かに聴き入っていた。その男は犬養健（一八九六―一九六〇）――五・一五事件で惨殺された犬養毅首相の長男である。

このとき犬養は近衛内閣の嘱託だった。白樺派と親しい作家でもあった。戦後は法相にも就いている。松本がなぜ、犬養健をこの場に連れてきたのか。そして、和平運動のメンバーに加えようとしたのか。実はその経緯はよくわからない。ただ、新聞記者として多忙だった松本はそのころから自分の名代として精力的に立ち回ってくれそうな信頼できる人物を探していた。松本はその大役を犬養に任せたらしい。

犬養健の『揚子江は今も流れている』（中公文庫、一九八四年）によると、そのころ、東京・永田町の総理官邸では「日本間」と呼ばれている離れ屋で、朝飯を食べながら時局問題を話しあう、私的な会合が毎週一回行われていた。主催者は内閣書記官長の風見章。犬養はその場で「松本のほうから話があった」としている。総理官邸での朝飯会に出席していたのは蠟山政道（東京帝大）、笠信太郎（朝日新聞）、佐々弘雄（九大、朝日を経て熊本日日新聞社長）、西園寺公一（近衛内閣嘱託、西園寺公望の孫）、首相秘書官の牛場友彦、尾崎秀実（朝日新聞、内閣嘱託、後にゾルゲ事件で逮捕）に松本と犬養という面々……。

首相の近衛文麿に近く、いわゆる、政策的なブレーンと称された人々だった。犬養は朝飯会で、松本と週に一度は会っていた、と書いている。が、そのころ、松本は同盟通信の上海支局長であり、毎週、帰国するなど不可能。おそらく犬養の勘違いであろう。松本重治が朝飯会に毎週、定期的に参加するようになるのは松本が帰国した昭和十三年十二月以降のことと思われる。ただ、松本がこの時期、一時帰国を利用して、朝飯会に顔を出し、その場で、犬養に「おい、高宗武に会わないか」と、持ちかけたのが、犬養と高が知り合うきっかけになったのは確かなようだ。

犬養の父・毅（号は木堂）ははやくから、日支、日朝問題にかかわり、孫文、金玉均（一八五一―九四）ら革命の士と交わって、その亡命を積極的に援助してきた政党政治家だった。その息子が和平運動に加わっても問題が生じない、と、松本は考えた。犬養健はその後、和平運動の中核メンバーとなり、香港、ハノイや中国各地を渡り歩いて、命を狙われる危険を冒してまで、高と行動を共にすることになる。犬養健が参加したことで、高の東京での滞在先も、陸軍の息のかかった料亭などから麻布市兵衛町（現在の東京・六本木一、三、四丁目の一部）にあった住友本家の東京別邸に移った。その家は、

「樹木の奥にかくれている古雅な洋館だった。住友財閥の先代が、西園寺公爵の実弟にあたった故か、貴族の隠宅を思わせる、趣味の行きとどいた建物だった。客間の高い天井、しっかりとして厚みのある扉、ルイ十何世式という風な家具……」

犬養がこう描写しているように、高の〝隠れ家〟としては絶好で、日本側がいかに高宗武を、丁重にもてなしたか、推測できる。犬養は、高に初めて会ったとき、

「高は思ったよりも小柄な青年である。縁なし眼鏡の奥に光っている小さな眼。目立つ頬骨。地味な物腰。欧米風な匂いのない控えめな握手。私は何となく安堵した」

こんな印象をもった、という。

高はこの住友本家・東京別邸を基地にして、日本の政府要人との会談や、影佐禎昭大佐や今井武夫中佐らの案内で、多田駿参謀本部次長、板垣征四郎陸相ら軍首脳とも懇談を重ねた。

松本重治はその間、同盟通信社長の岩永裕吉宅にも出向いた。岩永は恩師、新渡戸稲造の縁で一高時代から近衛文麿を知った古い友人である。このころには近衛のブレーンとして、世に広く知られていた。岩永は、

「近衛は、内々に、一月十六日の声明（国民党政権を対手にせず）を取り消す決意らしい。でも、松本君、撤兵云々はなかなか容易のことではない。それを注意しておけよ」

と、諭すように語った。そして、

「僕は、例のビスマルクのやり方を、近衛に言っているのだが、陸軍の石頭には困ったものだ……」と、顔を曇らせた。

岩永の言う「例のビスマルクのやり方」というのは何を意味しているのか。話は一八六六年の普墺戦争に遡る。プロシア軍がオーストリアの首都、ウィーンを取り囲んで、さあ、攻撃・占領しよう、といきり立っていた時、プロシアの鉄血宰相、ビスマルクが国王ウィルヘルム一世を説得して、進撃を中止させた、という故事をさしている。ビスマルクはウィーン攻撃を止めてナポレオン三世のフランスと対決する日に備えるべきだと主張。そのとき「もし、進撃するならば首相を辞職する」とまで言い張った。ビスマルクの誠意が、王に通じて、プロシア軍はウィーン攻撃を止め撤退。ウィーンの

街並みは戦禍から免れた。しかも、プロシアはその後の普仏戦争で大勝利をおさめている。プロシア軍の隠忍自重が功を奏した結果だと言われている。

岩永はビスマルクの故事を引き合いに出して、南京のことを暗に批判しているのだが、残念なことに、七十一年後の日本にはビスマルクがいなかった……。

松本は東京に滞在中、高を岩永邸にも連れていった。岩永邸で、高は、

「今度の和平運動は松本君と僕が始めました。今度の訪日で、陸軍の責任者たちも、撤兵声明、領土・賠償金の不要求、治外法権の撤廃というようなことを考えていることが分かりました。これならば中国側も、抗戦路線を止めて、和平運動にのれる。そんな確信を持てました――」

と、話し、確かな手ごたえを感じた様子だった。が、その一方で、

「それを蒋介石領導とするか、汪兆銘領導とするか。私自身迷っています。日本側には汪兆銘相手ならば、という気分があるようですが……」

と、複雑な胸のうちも、素直に吐露している。松本はこのとき、一抹の不安を感じ、

「これが後々になって響かなければいいのだが……」

と、心の中で思ったという。

岩永は高に「お話の要点はだいたい分かりました。近く、近衛首相に、あなたの話を伝えて、善処するようお話しましょう」と述べて、協力を約束した。高は影佐とも会談を重ねた。影佐によると「箱根で二回会談した」（『曽走路我記』）とあるが、住友別邸などを含めるとそれ以上になっただろう。高は、

影佐に、蒋介石政権を否認した日本が支那と和平を結ぶためには蒋介石以外の人を求めねばならず、

「それには汪兆銘氏を措いては他には之を求め難い」

と、さかんに強調したという。それを聞いた影佐も、

「現段階に於いて、此外に策はあるまい」と思い、「個人として之に同意を表したが、直に参謀次長にも之を報告し其同意を得た」（『曽走路我記』）

と、書いている。

汪兆銘を中核に据えた和平運動――汪兆銘がまず下野し、全国に和平を呼びかけるという、香港で、高と松本のふたりが合意した「私案」が、日本政府と軍部の了解の下にいよいよ動き出そうとしていた。高の訪日はこれで半ば目標を達成したことになる。それでも、高はまだ、迷っていた。（和平運動の担い手は本当に汪兆銘でいいのか……）。高は心の中で何度もそれを繰り返していた。和平運動のリーダーに汪兆銘を担ぎ出す――それが現実的ではあった。蒋介石が徹底抗戦を叫んでいるのに汪兆銘は早くから高の案に理解を示し、乗り気だったからだ。高が逡巡していたのは蒋介石の本音がどこにあるのか、依然として、読めなかったことが大きい。影佐に「汪兆銘しかいない」と断言する一方で、心の奥深くではいまだに悩んでいた――。

松本重治・梅思平会談

高宗武の訪日は極秘だった。といっても、高が日本国内で動き回れば次第に漏れ伝わっていく。原田熊雄の『西園寺公と政局』第七巻（岩波書店、一九五二年）に面白い記述がある。近衛が当時、影佐らの「高宗武工作」をどのように見ていたか、その傍証となりそうなので紹介しよう。近衛が原田に語ったところによると、

「一体陸軍の若い者がそんなことをやったところで、なかなかさううまく行くもんではない。それよりもまあ、結局蒋介石を始めその取り巻きなどいま要路にある連中は、ほとんどみな牛込あたり（陸軍士官学校を指す）で育った連中で、謂わば秋山（定輔）なんかの息のかかってゐない者はなく、その点なかなか永い歴史があるんだから、やっぱり寧ろ秋山なんかが出てやるようにしたら、うまく行くんぢゃないかと自分は思ふけれども、なかなか難しい」

原田熊雄がこの部分を近衛の義理の妹である近衛泰子に口述筆記させたのは昭和十三年七月十四日付。原田は何日分かをまとめて口述筆記させているので、近衛が原田にいつ、これを語ったのか、実際の日付は明確ではない。高が来日した七月四日以前なのかそれ以降なのか。口ぶりから言って、おそらく、それ「以前」と推察されるが、もし、そうであるなら、近衛の〝本音〟みたいものが、透けて見えてくる。近衛の談話の中に出てくる秋山定輔（一八六八―一九五〇）とは慶応四年七月、岡山県

に生まれた元衆議院議員。東京帝大卒業後、会計検査院に勤務。その後、明治期にゴシップ紙として『萬朝報』と人気を二分した『二六新報』を創刊している。日露戦争前の明治三十五（一九〇二）年、衆議院議員に初当選するが、ロシアのスパイという嫌疑を受け、議員を辞任している。

近衛文麿はそれまで陸軍の数々の「工作」に何度も煮え湯を飲まされていた。だから高宗武工作にもそう簡単には乗れないよ——ということなのだろう。だが、近衛は後に汪兆銘工作に冷や水を浴びせる。その原点が原田との会話ににじみ出ているのだ。

高は七月二十一日、伊藤芳男に伴われて、横浜港から上海への帰路に着いた。

高の東京滞在は二週間に及んだ。それは大成功だった。松本はその間、影佐、近衛、岩永らと短時間ながら相次いで会って撤兵問題を含めて「意見の完全一致を見た」としている。ただ、近衛との間で何が話し合われたのか、松本は具体的に書き残していない。

近衛の秘書官は牛場友彦。牛場は松本の一高の後輩だった。しかも、牛場は神戸二中（現在の県立兵庫高校）出身で、神戸一中卒業の松本とはお隣同士の誼があった。松本は上海に戻ってからも、牛場のチャンネルなどを使って、近衛と連絡をとることになった。

松本が上海に戻ったのは高が帰国してから数日後のことで七月下旬だった。ところが、上海に戻っても、高からの連絡は途絶えたまま。八月十五日になってようやく電話連絡があった。「胸を患って入院している」という。松本は驚いてすぐに高を見舞った。それから二、三日して、また病院に行くとかなり病気から回復した様子で「香港に行く」という。ふたりは八月下旬に香港で再会することを約束した。

松本は八月二十五日に上海を発ち二十七日に香港に着いた。すぐに高を訪ねたが、高の健康は完全には回復していなかった。このため、高は周仏海と相談して身代わりに梅思平（一八九六―一九四六）という松本とまったく面識のない人物をよこした。松本はやや当惑したが、周が「折り紙を付けた人物なのでやむを得ず承諾した」という。

それにしても松本は初対面の梅思平との間で和平条件の細部を取り決める詰めの議論をせざるを得なくなったのだ。松本と梅の会談が始まったのは二十九日でそれから五日連続で行われた。初めのうちはお互いが相手の人物像を探るのに時間が空費されてしまい、なかなか具体的な議論には入れなかった。が、ふたりも次第に慣れ、お互いに打ち解けた雰囲気になってきた。そこで、松本がまず、口火を切った。

「和平運動がうまくいくかどうかは日本軍の『撤兵』にかかっている。だが、日本軍が『撤兵』するにはどうしても、蒋介石の下野が必要なんだ。そうしないと陸軍を説得できない」

と、切り出すと、梅は首を傾げながら、

「撤兵は和平の要であることは間違いない、と思う。でも、蒋介石の下野を日本側が言い出す形にしてはまずい。そこをどうするか……」

梅は慎重だった。そしてその理由を訥々と話し始めた。

「日本軍が撤兵の条件として蒋介石の下野を求めるのは当然だと思う。が、それを日本側が要求すれば一切の交渉がだめになる。もし、宇垣外相が孔祥熙（外交部長）相手の交渉でそれを持ち出せばすぐに打ち切りとなる。仮に日本側が撤兵を声明し、現実に一部で撤兵しても蔣介石が下野することはできない。なぜだと思う？　日本との妥協に中共が反対するに決まっているからだ。それを押し切って妥協すると、中共はわれわれから離反して行くよ。国民党と共産党が別々になったら内戦がまた、始まる」

「それが分かっていて、国民党の多くの仲間が蔣介石の下野を認めるはずがないんだ。日本と戦争をしているのに内戦となれば迷惑するのは国民だよ。中国国民の生活は一段と、ひどいものになる。僕らが和平を訴えているのは民生を考えているからだ。汪兆銘にしろ、周仏海にしろ、みんな同じ考え方だ。根本は人道問題なのだ。中国の諸般の事情に通じている君なら分からないはずはないだろう……」

梅の論理には一本の筋が通っていた。日本軍の撤兵はすぐにでも行って欲しい。その条件も理解できる。だが、それは受け入れられない。なぜなら、蔣介石が下野してしまうと国内政治が混乱して抑えることができなくなる。内戦が再び始まれば中国国民の生活は一段と苦しいものとなる。松本にもそんな中国の国内事情が手に取るように分かった。松本は中国国民が苦しんでいるのを日々、目撃していた。蔣介石の下野を条件に日本軍を撤兵させ、少しでも中国人の苦しみを緩和してあげたいと思った。それと同時にこの戦争で生命や財産を失うばかりで何の得にもならない日本人を救いたい、と思ったからこそ、和平運動を始めた。ところが、梅が主張しているところによると蔣介石が政治の中央から一時的にしろいなくなると、かえって、中国の国内が混乱するというのだ。これは日本側がなかなか気づかない〝盲点〟だった。梅が慎重になるのも当たり前だ。そこで松本は、

「君の言うことは分かった。確かにその通りだろう。僕はもう、蔣介石の下野には固執しない。それは約束する。そして、その点は日本にいって説得する。僕が責任を持つ」

こう述べて、蔣介石下野の条件を引っ込めた。さらに松本は続けた。

「ただ、今から僕がいうふたつの代案を考えてほしい。第一点は将来的に蔣介石の下野は中国側でなんとか措置するということだ。撤兵声明を梃子にして和平運動を盛り上げていく。そして結果的に抗戦継続反対の世論が強まっていけば蔣介石の気持ちもひるむかもしれない。君たちはそのタイミングを見計らって、是非、蔣さんの下野を進めてほしい」

「第二点は満州国の承認問題だ。日本政府と国民はずっと、日本と満州と支那の『協力』を主張して来た。満州という国家はすでに存在している。もちろん、中国はそれを認めていない。だから、撤兵の第二条件に日本側は満州国の承認を持ち出すに決まっている。蔣介石にしたって抗戦の目的は長城以南の領土的、行政的な主権の回復にあったはずだ。満州国つまり東北四省は『場合によってはどうでもよい、と考えているのではないか』と思う。どうだろうか」

梅は松本のこの主張に思わず舌を巻いた。蔣介石は華北地域の行政権を譲ることを決して認めなかったが、満州にはそれほどのこだわりを持っていなかったからだ。場合によっては日本にくれてやってもいい、という程度にしか考えていなかった。だから、梅は松本の提案を呑まざるを得なかった。

松本と梅との間ではその後もやりとりが続いた。

すると、梅が、

「撤兵に要する期間とか例外的に駐兵する区域の問題はどう考えているのか」

と、聞いてきた。すかさず松本は、

「撤兵には少なくとも一年半から二年はかかる。あまりに早急に撤兵すれば日本軍がいなくなった区域で、中央軍と八路軍（共産党軍の紅軍が中央軍の傘下に入って名称を変更）が奪い合いをするに決まっている。治安が悪くなれば君たちのいう民生問題も懸念される。それに華北の一部と蒙疆にも一部の駐兵は必要だろう。これは防共の必要からだ。日本軍は盛んにそれを主張するだろうから、それを配慮してほしい」

と答えた。これに対して、梅も、

「君がいう防共のための特定地域の駐兵と、しかも、一定期間に限るというのなら呑んでもいい。噂で聞いたのだが、日本側、特に海軍は上海を中心とする長江下流の『三角地帯』の駐兵も狙っているそうだが、僕は絶対に反対だ」

と、切り返した。そこで、松本は、

「『盧溝橋』以前の原状回復という程度なら文句はないだろう」

これにはさすがの梅はびっくりした様子で、

「そこまで、君が譲歩するなら『三角地帯』の問題は解決した、とみていいね」

と、弾むような声で念を押してきた。

松本は東京滞在中、影佐大佐との話し合いで、影佐が、

「陸軍としては『盧溝橋』以前の原状回復というところまで譲ってもいい」

と、言っていたことを、内心思い出しながら、

「海軍はぶつぶつ言うかもしれないが、大局が決まれば海軍も折れるだろう。『三角地帯』の話はこれでおしまいにしよう」

と述べて、この話を打ち切った。

松本と梅の会談ではこんなことも話題になった。梅はそれまで合意したことを踏まえ、

「近衛首相が解ってくれても日本には『統帥権』というものがあって、軍部は政府とは別行動をとってきたように思う。本当に撤兵は大丈夫だろうね。『統帥権』の横槍は入らないだろうね……」

と、不安げな様子だった。松本も「よく知っているね……」と苦笑いをしながら、

「だから、僕たちは今度の和平交渉で、統帥部の幕僚幹部と真っ先に話を進めているんだ。外務省には話はしていないんだ」

と、安心しろ、とばかりに強い調子で答えた。松本はさらに、

「中国の『排日教育』の行き過ぎと、日本の『統帥権の濫用』が、日中関係を損ねている根本的な原因のひとつだと思う。とにかく、日本が中国観を百八十度転回して新たにしなければならない。そうすれば、中国の日本観だって、百八十度変わることになる」

と、語りかけると、梅も「その通りだ」と言って、力強く頷いたという。

九月二日の最後の会談でのことだった。松本が、

「撤兵を決定して、日本がその声明を行ったとしよう。中国側の和平運動はいったい、その後、どういう風に展開するのか」

と、真正面から問い質した。

近衛にしろ、影佐にしろ、中国側の反応に確信を持てなければおいそれと声明を出すことはできない。松本の質問は日本側がもっとも知りたかった点であり、事の成否を決定するうえでもっとも肝要な点だった。その質問に対して梅はよどみなく、

「和平運動は汪兆銘に領導してもらわねばならない。そうなれば周仏海はじめ私たち同志は汪さんの傘下に入る。汪さんと行動を共にするのは雲南の竜雲、四川の将領、広東の張発奎その他だが、すでに内々に連絡をとっている。停戦、撤兵を歓迎しないものはいないはずだ――」

と、はっきりと述べた。

和平運動は汪兆銘を担いで行い、自分たちが汪のもとで全力を尽くす――それは梅の決意表明だった。ふたりは和平運動の成功を期し、固く手を握って分かれた。長くて熱い五日間だった。梅思平が帰った後、松本はひとりホテルの部屋に残った。このとき、

「今、行っている運動の責任の重さを痛切に感じた」

と、いう。これが成功すれば戦争を終わらせることができるかもしれない――松本は確かな手応えを

感じていた。

松本は梅思平との会談を終えて九月八日、上海に戻った。ところが、今度は松本の体調が芳しくない。頭痛がし熱もあった。初めは風邪をこじらせたのだろう、と、高を括っていたが、なかなか症状が良くならなかった。そこで、北四川路にある福民病院に行くと、腸チブスと診断された。和平運動で、東京や香港、上海を、何度も往復した無理がたたっての発病だった。一歩間違えれば死に至る病である。松本は高熱を発し、次第に意識が混濁しながらも梅思平との会談内容をメモに書き残した。

「これを伝えなければ……」。

松本は最後の気力を振り絞るようにして、鉛筆を走らせた。

「ひとつ、汪兆銘が下野して、和平運動を盛り上げる」「ひとつ、汪兆銘の下野に合わせて日本軍が撤兵を宣言する」「ひとつ、実際に撤兵を行うのは一年半から二年」……。

時々、気を失った。目が覚めると、すぐに鉛筆を持った。文字に力はなかった。筆跡も千々に乱れた。それでも、松本はなんとかメモを書き続けた。書き終えると、メモを自分の枕の下にそっと隠して、誰にも見られないようにした。松本が入院してから数日。東京から西と伊藤が上海に戻ってきた。松本の病気を聞いてふたりはすぐに駆けつけた。ふたりに会談内容を書き留めたメモを渡し終えると、安心したためか、その後、深い眠りに落ちた。そのまま二週間、昏睡状態となった。その間、二度ほど危篤に陥ったという。松本が書き留めたメモはちょうどこの時期、上海に来ていた参謀本部支那班長の今井武夫中佐を仲介して、無事に影佐大佐に手渡された。

一方の中国側――梅思平が高宗武に相談して十月二十二日、重慶に飛んだ。汪兆銘、周仏海らと協議した。その結果、汪は、日本側と具体的な折衝を行うとの決断を下すと同時に高宗武と梅思平のふたりを、交渉の代表とすることも決めた。梅は香港に帰り、高とともに上海に入った。十一月十二日のことである。その日の夜から中国側と日本側との交渉が断続的に始まった。「松本メモ」を基礎に代表団による正式協議の始まりだった。会談場所は上海北部にある「新公園の裏口に近い空き家の洋館」で、「重光堂」と名付けられていた。ここは後に有名になる。が、当時は「電灯もなく、蝋燭の明かり」だけで、隠密裏に交渉が行われたという。

会談には日本側から今井中佐、西義顕の代理として伊藤芳男が出席。中国側は、高宗武と梅思平である。松本は病気から回復しておらず欠席している。協議ははじめから白熱した。中国側は自らが描いた筋書きの全容をここで初めて明らかにしている。高宗武の説明によると、それは――（1）日中協議が成功すれば日本政府はまず「和平条件」を確定し汪兆銘に通知する、（2）その後、一両日中に汪兆銘は同志と共に重慶を出、昆明に向かう。昆明到着の時期を見計らって日本政府は和平条件を公表する、（3）その翌日、汪兆銘は蒋介石との関係断絶を宣言、即日、飛行機でハノイに脱出、その後香港に向かう、（4）香港到着後、汪は「東亜新秩序」のために日本と呼応して時局を収拾することを正式に表明。同時に同志たる国民党員の連名で「反蒋声明」を発して中国各地で和平運動を開始する――という大胆不敵な内容であり、壮大な構想だった。

このうち（1）にある「和平条件」の中にはこれまで何度も出てきた日本軍の「撤兵あるいは撤兵

に向けた声明」が当然ながら含まれていた。日本側も中国側の大構想を大筋で了解し十四日の会談で両国代表は最終合意に達した。そして「日中国交調整の基礎条件」との覚書を交わしている。国民党の要人、汪兆銘が重慶を脱出し「反蔣」を標榜してまで和平を訴えるというこの奇想天外な構想がついに大きく動き出したのである——。

「日日調整」と東亜新秩序

参謀本部の今井武夫中佐は上海・重光堂での会談が終わると東京に向かった。今井が持ち帰った「日中国交調整の基礎条件」は陸軍省、参謀本部内でたちまち大きな波紋を呼んだ。和平条件の中に「撤兵」という二文字が明確に書かれてあったからだ。戦争に勝っているのになぜ、日本軍は撤兵しなければならないのだ。いや、この戦争を早期に停戦するにはまず、日本軍の「撤兵」が必要なのだ——。当時、陸軍内部は積極論と消極論で大きく揺れていた。日中戦争をめぐっての激しい路線対立が統一的な中国政策を策定するうえでの大きな妨げとなっていた。当事者である陸軍の腹が固まらなければそれも当たり前だった。だが、陸軍のそれは政策論争という高い次元のものばかりではなかった。

陸軍内部の意見分裂の背景を探っていくと、結局、「統制派」と「皇道派」の派閥対立という〝亡霊〟に行き着く。そしてそれは「二・二六事件」に遡る。この事件は昭和十一年二月二十六日早朝、近衛師団の複数の青年将校が千二百人の兵士を私的に動員して総理官邸などを襲撃、天皇の重臣を惨殺したり重軽傷を負わせたりした政治テロ。青年将校が属したのが皇道派といわれる精神主義的な一派だった。結局、叛乱軍は鎮圧され、その後、陸軍の中枢を統制派が握ることになる。統制派は上からの合法的な軍部独裁体制を目指した一派で、青年将校らの動きは統制を乱すとして徹底した綱紀粛正を行った。とはいえ、それは中央からの皇道派の追い落としだった。皇道派の〝ドン〟荒木貞夫大将や真崎甚三郎大将らをまず退役させて予備役に編入した。その他の皇道派将校も次々と駆逐されて、中央権力は完全に統制派が握った。ただ、地方の連隊などには依然として皇道派の将校も多く、統制派とことごとく対立していく。

さらに陸軍内にはもうひとつの対立軸があった。それは軍政を司る陸軍省と幕僚部である参謀本部との管制上の対立だった。中国政策をめぐる対立を図式化すれば陸軍省＝積極論、参謀本部＝消極論という構図だ。さらにここに人事権の対立も絡んでくる。というのは陸軍の場合、少佐以上の佐官級の人事権は参謀総長が持ち、大尉以下の尉官級の人事権は陸軍大臣の所管だった。海軍が海軍大臣に一元化されていたのとは違って陸軍の場合は、政策や路線の対立に、人事も絡んでくるため、陰湿を極めたのである。つまり、陸軍という巨大な組織は統制派と皇道派の対立を縦糸とするなら、陸軍省と参謀本部の対立が横糸、そして、人事権の対立が斜糸——それぞれが複雑に絡み合ってまるで伏魔殿の様相だったのである。そうした〝抗争〟が日常化している真っ只中、突如、今井中佐が「撤兵」話を持ち込んだのだから陸軍全体が上に下に大騒ぎとなった。しかも、「撤兵は二年以内」という期限付きだった。陸軍省部の強硬派は俄然、反発した。一方、消極派はこれを巧みに利用して陸軍の意思を、今井が持ち込んだ和平案に一気に収れんさせよう、と動き出した。両派は一触即発。これを乗り切るにはかなり高度な政治力が求められた。

そして、仮に陸軍部内をまとめることが出来たとしても次にまた、大きな障害があった。それは――「省庁間の調整」という極めて高いハードルである。

このころ霞ヶ関の中央省庁に革新官僚と称される一派が台頭していた。彼らは右翼や軍部と結託し、国家社会主義的な思想に凝り固まった一派で、経済官庁を中心に一大勢力を形成していた。戦後、首相となり、昭和三十五年の安保改定で退陣した岸信介が代表的な存在である。陸軍内部の論争に打ち勝ち、さらに省庁の反対派を説得する。このころの日本の政府内部の調整がいかに難しかったか。政府部内でさえ、こうした〝国策闘争〟を「日日調整」と、半ば自嘲気味に呼んでいたほどだ。

当時の陸相は板垣征四郎。近衛首相のたっての願いで、起用されたことは先述した。板垣は早期停戦派だった。こう言えば聞こえはいいが、板垣は満州事変を演出したひとり。元々は武断派だった。それが今は早期停戦派だという。ここに軍部の複雑さがあった。公平にみても板垣と石原は日中関係がここまで悪化する遠因をつくった張本人たちであることに間違いあるまい。そして、彼らが引き起こした満州事変を境にして中国の民族主義、ことに反日感情が一段と強まったのは確かなのだ。そんな彼らの間で「中国との戦争を出来るだけ早く止めて対ソ防衛網に回すべきだ」という論理が堂々とまかり通ったとしても、現実に今、中国との戦争に駆り出されて戦っている軍人らからすれば〝屁理屈〟にしか思えなかっただろう。そもそも自分たちが中国と事を構えておいて、いまさらなんだ、ということになる。板垣や石原莞爾の思想に代表される関東軍イデオロギーは日本の国防という視点に立てばそれなりに説得力を持ったのだが、現実を解決するには極めて脆弱な論理だった。板垣や石原らにとって日本の大事はソ連であり、中国との戦争は小事に過ぎなかった。が、現実派の戦争拡大派からすれば今、直面している危機が大事なのであり、中国を徹底的に叩きのめすことで問題を解決できると考えた。その代表者が関東軍参謀長から陸軍次官に転出した東条英機だった。東条は後に首相にまで登り詰め、日米戦争を決断することになる。ただ、このころの東条は内部的には強硬論を吐くひとりだったが、次官という立場上ゆえか、表向き、大臣の顔を立てて〝沈黙〟を通していた。

板垣陸相は今井の和平条件に、ここぞ、とばかりに飛びついた。すぐに、陸軍省、参謀本部の関係課長を招集、合同会議を開いて今井らに協力するよう、強い調子で要請した。それは電光石火の早業だった。突如、陸軍大臣から直接申し渡されたのでは強硬論者も黙認せざるを得なかった。板垣の〝奇襲戦法〟がとりあえず、奏功したのだ。

影佐禎昭はこのとき陸軍省軍務課長(階級は大佐)。影佐は五ヶ月前の昭和十三年六月の異動で、参謀本部第八課長(通称・支那課長)から軍務課長に就任。大抜擢だった。実はそのころから陸軍部内の空気に微妙な変化がみられた。影佐も、

「このころから陸軍省、参謀本部の間で、速やかに日支間の関係を律するための根本条件を決定しなければならん、という意見が台頭した。それは国民政府の態度に鑑み、相当の長期戦を覚悟せねばならぬ事態となったためである」(「曽走路我記」)

と、述べている。

盧溝橋事件が北支事変となり、支那事変に変化していくにつれて日本軍は各地で激戦を繰り広げながらも華北と長江流域の要衝を次々と抑えた。とはいえ中国軍を徹底的に殲滅したわけではない。日本軍は寸でのところで中国軍の主力に逃げられた。蒋介石の中国軍は逃避行を続けながらも主力を温存し、反撃の好機をうかがっていたのだ。このため、陸軍省内部で、戦争の長期化への警戒感が出てきたのである。その一方で、国内の世論は沸きあがっていた。新聞各紙が好戦気分を一段と煽り立てた。戦争は新聞の購読部数を確実に増やす。この時期、新聞各紙はあの手この手の記事を企画し、読者の購買意欲を誘った。その代表例が『東京朝日新聞』の従軍ルポ。女流作家の林芙美子（一九〇三―五一）が女性として初の戦争特派員となって南京陥落直前の様子をルポした連載記事は大ヒットした。これは今でも文庫本（『戦線』中公文庫、二〇〇六年。初版は朝日新聞社、一九三八年）で読むことができる。南京攻撃を目前にした日本軍の進撃の有様をリアルに描いており、戦記文学としては実に面白い作品に仕上がっている。

京都大学大学院准教授の佐藤卓己の研究（『戦線』の解説）によると、一九三八（昭和十三）年当時、東日・大毎（『毎日新聞』）の発行部数は二百八十五万部。東朝・大朝（『朝日新聞』）は二百四十八万部と、毎日勢に大きく水をあけられていた。ただ、支那事変を境に毎日は急落、部数を減らした分を、朝日と読売が拾い上げて、毎日に猛追した。朝日が毎日を抜いて、部数日本一になるのは日米開戦の年の一九四一（昭和十六）年。その年の朝日の発行部数は約三百五十万部、わずか三年で、実に六十五万部も伸びたことになる。朝日がこの時期、大きく伸ばしたのは戦争報道に力を入れたからに相違ない。朝日は三機の自社飛行機を中国戦線に投入するなど多くの人的資源を配分した。南京陥落直前、日本の報道各社は合計で千人規模の報道陣（支援部隊も含む）を中国に派遣したとされるが、その五分の一を朝日勢が占めたといわれる。全社挙げての取り組みで、朝日は部数日本一を獲得したわけだが、京大の佐藤は「林芙美子の『戦線』キャンペーンがその追撃に一役も二役も買ったことは間違いない」と述べている。朝日に限らず、日本のマスコミは日中戦争をメディア・イベントとして、大々的に報道したのである。

そのころ、参謀本部でも、戦争指導班の堀場一雄少佐が中心となって、独自に、日支和平の条件を検討していた。そしてまとまったのが堀場私案と呼ばれた。それを要約すると、日本と支那、満州の三ヶ国が政治、経済、文化、軍事などすべての面で互恵平等の原則に基づいて提携・協力しようというもので、日本は支那に、（1）領土や賠償を要求しない、（2）治外法権の撤廃、（3）租界の返還——を約束しようとした。影佐は堀馬私案をベースに陸軍省の反対派の切り崩しを始めた。と同時に、自らが主任となって、陸、海、外務、大蔵各省の事務当局に八月末、これを提示し、連日、会合を重ねた。陸軍省内と省庁の反対派に対する工作を同時に行うことで、彼らの横の連携を、あらかじめ断ってしまうというやり方だった。これは見事に的中した。すると、まもなく、四省の事務当局合意による事務当局案が出来上がった。堀場私案を若干、修正したものだが、ほぼ原案通りの出来栄えとなった。その事務当局案とは——。

（1）（日本は）侵略主義的象徴たる領土及び賠償を要求しない
（2）租界の返還と不平等条約の撤廃を約束する
（3）共産主義の浸潤に対抗する為に「蒙疆」を防共特殊地域とする
（4）北支（華北地域）は、日本と特別の地理的、経済的な関係があることを考慮して、軍事上、経済上の日支間の緊密な提携地帯とする
（5）特定地域に駐兵し、その他（の軍）は、治安が回復すれば「撤退する」

陸、海、外、蔵の事務当局によって、こうした案がまとめられること自体、画期的なことだった。その事務当局案にも、条件付ながら、日本軍が中国から「撤退する」ことが明記されたのである。「特定地域に駐兵」とは防共目的の北辺防備ための駐兵をさした。ただ、具体的な地域や地名は明示されていない。わざと曖昧模糊とすることで中国人が警戒感を抱かぬよう配慮したものであり、また、この表現は日本国内の強硬派向けでもあった。完全に中国から撤兵するのではなく、両国が協議し、その諒解の下に防共目的の北辺防備のため日本軍が引き続き特定地域に駐兵する可能性を示唆することで、やっかいな「日日調整」にも配慮した形だった。とはいえ、陸軍が公式文書の中に「撤兵」という二文字を入れることを容認したのはこれが初めてだ。軍政の事実上のトップ、陸軍省軍務課長の影佐が主任となって四省間を奔走したからこそ出来た力作だった。この事務当局案は後に大本営会議で

承認され「日華新関係調整方針」という形で実を結び、最高国策となった。

近衛首相は日華新関係調整方針の趣旨に沿った形で、十一月三日、新たに声明を発表している。近衛が中国政策に関して声明を発表するのは一月十六日の「国民政府を対手にせず」以来、十ヶ月ぶりだった。過ちに気付いた近衛が徐々に、舵の修正を行いつつある証拠だった。それは、

「帝国政府の冀求《ききゅう》するところは、東亜永遠の安定を確保すべき新秩序の建設に在り。この新秩序の建設は日満支三国相携え、政治、経済、文化等各般に亘り互助連環の関係を樹立するを以て根幹とし、東亜に於ける国際正義の確立、共同防共の達成、新文化の創造、経済結合の実現を期するにあり。（中略）（帝国は）固より国民政府と雖も、従来の指導政策を一擲し、その人的構成を改善して更生の実を挙げ、新秩序の建設に来り参するに於いては敢て、これを拒否するものにあらず」

これが第二次近衛声明であり、東亜新秩序声明とも呼ばれたものだ。この中にある「固より国民政府と雖も、……、新秩序の建設に来り参するに於いては敢て、これを拒否するものにあらず」という部分で、第一次声明の「国民政府を対手にせず」を事実上、変更しているのだ。内外で不評だった第一次声明の修正に一歩踏み出したことが理解できる。が、「従来の指導政策を一擲し、その人的構成を改善して更生の実を挙げ」とは何を意味するのか。これは暗に蒋介石の下野を求めているのだ。つまり、東亜新秩序建設に協力するなら国民党政権といえどもあえて拒否はしないがそれには条件がある。その条件とは「人的構成の改善＝蒋介石の下野」というのだ。これを読んで蒋介石はカチンときたに違いない。

この声明はまた、別の不評を買うことになる。それは「東亜新秩序」という言葉を使ったことだ。英語で新秩序は「ニュー・オーダー」だ。日本が、中国で、日本にとって都合の良いニュー・オーダーの建設を模索し始めたと西欧列強を刺激したからだ。ニュー・オーダーの建設は明らかにワシントンで結ばれた九ヶ国条約違反である。この声明で、日本は武力を背景に排他的な権益を主張し始めたと思われた。特に、アメリカ、イギリスの反発は大きかった。米英両国は中国市場での門戸開放、機会均等などの四原則を、中国政策の柱に据えて、その履行を日本に強く求めていた。第二次近衛声明はそれをまったく無視したばかりでなく、両国の中国政策と真っ向から対立する路線を打ち出したのだ。これにより米英は日本に対する警戒感を一段と高めた。

米英とて、中国で排他的な利益を得ているではないか、と反論したところで始まらない。米英のそれらは局地的なもので、中国の主権を脅かし、利益を完全に損なうものではなかった。だが、日本の「東亜新秩序」構想は「ニュー・オーダー」である。列強は既得権益を日本に奪われかねないという危機感を持つと同時に、日本が中国全土の植民地化に動き出したのではないか、との危惧を深めた。

松本重治は後年、

「アメリカは、東亜新秩序という言葉で、決定的に日本を嫌うようになった。近衛さんの打ち出した〝ニュー・オーダー〟という概念はそれまでの法秩序を一方的に破るもので、アメリカにとって、とても看過できない概念だった」

と、述べている。

重光堂会談

影佐は事務当局案をまとめ、それを最高国策までに引き上げた。短期間にこれだけのことをやってのけたのだから、軍人でありながらその政治力は卓越している。近衛文麿も、影佐の力量に驚いた一人だった。近衛は後に、犬養健に対し、

「影佐は内閣書記官長（現在の内閣官房長官）にもなれる人物」

と、述べたという。

ただ、影佐はさすがにここまでうまく事が運ぶとは思っていなかったようだ。当時、国民の多くは日支事変によって生じた犠牲の代償は領土または支配権の獲得にあると思い込んでおり、むしろ「強いことを言へば、拍手を以て迎えられるという状態」だったからだ。「政府内に於いても、軍部に於いても、かかる考え方を持ってゐる者が少なくなかった」。

そんな国民全体を包んだ好戦的な風潮の中にあって「一見軟弱に見えるこの大乗的な対支処理方針を決定するということは相当の苦労を要した」（『曽走路我記』）という。

影佐の次の動きも素早い。すかさず上海に飛んだのである。それは中国の同志たちと最終的な和平条件を詰めるための協議を行うことが目的だった。昭和十三年十一月十八日。今井が帰国してからわずか四日後のことだ。今井の持ち帰った「日中国交調整の基礎条件」と影佐が陸軍内部を説得し、省

庁間の調整に奔走してとりまとめた「日華新関係調整方針」は日中関係を和平に導くために不可欠の「一対の提案」で見事なコラボレーションを演じていたのである。影佐はその両者を自分の懐に深く収めて、気力を一段と振り絞るようにして、上海に飛んだ。影佐に率いられた日本側の代表団は今井中佐、西義顕、伊藤芳男、犬養健の五人だった。一方、中国側もこれに呼応する形で、代表団を組織し、高宗武、梅思平を代表として、ふたりの通訳として、周隆庠が新たに加わった。周は終戦時の汪政権行政院秘書長である。

日本と中国の代表団による和平交渉は十一月十九日から上海で始まった。このときの日中協議は極秘のうちに開催されたが、後に、これが重光堂会談として有名になる。会談場所は今井と高らが話し合ったのと同じ場所、上海の空き家の洋館である。協議は激論となったが二十日夕、日中国交調整の基礎となるべき条件で合意した。そこには「和平を理念とする日中両国の同志は、今後、この会談で合意した方針をもって、日中和平を招来するよう、日本政府および汪兆銘氏に進言する」とあった。これで、汪兆銘が下野し、重慶を脱出して、中国全土に和平を呼び掛けるという構想が正式に確定したことになる。双方の主任代表者が「日華協議記録」（または「日中国交調整の基礎条件」でいわゆる和平条件）と「日華諒解事項」に調印、協議は終了した。

日中国交調整の基礎条件の概要は次のようなものだった。

（1）日華両国は共同防共の立場を堅持し、東亜人の東亜を建設せんがため、軍事、経済上堅固に結合する必要あり、日華両国は次の諸項を実行する必要あり。

第一条　「日華防共協定」の締結——日独伊防共協定に準じて、相互協力を律し、且つ日本軍の防共駐屯を認め、内蒙地区を「防共特殊地域」とする

第二条　中国は「満州国」を承認

第三条　日本人の中国全土における居住、営業、旅行の自由。日本は治外法権撤廃、租界返還を考慮する。

第四条　経済合作、特に華北における日本の経済的地位を認める。特に華北資源の開発利用に関しては、日本に特別の便利を供与する

第五条　中国は事変によって日本人の蒙った損害を賠償する。但し日本は戦費の賠償を要求せず。

第六条　協約以外の日本軍は、日華両国の平和克服後即時撤退を開始する。

但し中国内地の治安回復と共に、「二年以内」に完全に撤兵を完了する

（2）日本政府に於て右時局解決条件を発表すれば、汪精衛（汪兆銘）等中国側同志は直ちに蒋介石との絶縁を闡明し、東亜新秩序建設の為め、日華提携並に反共政策を声明すると共に、機を見て新政府を樹立する（今井武夫『支那事変の回想』みすず書房、一九六四年から抜粋、要約）

重光堂会談で合意に達した「日中国交調整の基礎条件」でも日本軍の撤兵が明記された。しかも、「二年以内」という期限がついた。犬養健の『揚子江は今も流れている』によると、「影佐は協議が終了

すると、冷酒とグラスを階下から取り寄せ、みんなで乾杯した」という。その後、七人はそのまま車座になって内祝いの晩餐会を開いた。これからの日程の打ち合わせで持ちきりだった。高はしきりと近衛の諒解がいつ得られるかを知りたがった。影佐は「原案も修正案も一々その度に内諾をもらってあるから異存はないと思う」と答えた。影佐が「汪さんの承認はいつごろになるだろう」と逆に問い質すと、高は「十二月一日か二日までには返事をすることができる」との見通しを示した。その際に出す近衛の声明が話題となった。影佐は、

「それは十二月十日前後となるのではないか。近衛さんが大阪へ旅行に出て、旅行先での記者会見という形で、和平の構想を発表することになっている。その際はラジオの国際放送も使うそうだ。どっちみち、汪さんが重慶を出発した直後がいいと思うね」

重光堂会談ではそこまで話が固まっていたのである。松本はこの協議にも参加できなかった。腸チブスで依然として福民病院に入院したままだったからだ。二十日の夜、伊藤が病院にやって来た。会談内容を松本に報告するためだった。松本が「協議記録に私と梅との協議内容が含まれていたか」と、力のない声で聞いた。すると、伊藤は「大丈夫だ。撤兵問題も入っている」。そのとき、松本は、

「影佐さんが、私の意見を酌んでくれたのは嬉しい。もう、死んでもいい……」

と、思わず、口走ったという。

松本は同盟通信上海支局長という激務をこなしながら、東京、上海、香港を何度も往復した。その結果、重病に倒れた。昏睡状態に何度も陥り、危篤にもなった。松本が辛うじて一命を取りとめたの

も「和平」へのたぎる思いがあったからだ。それを見届けようとする気力を奮い立たせた。そのときの松本には「和平」がすべてだった。それが若いころから学んだことだった。そのための最大の条件、日本軍の「撤兵」という言葉がどんな形にしろ、盛り込まれればそれで満足だった――。

日本の裏切り

影佐大佐らは重光堂での協議を終えると、二十日夜、上海を発った。翌二十一日、影佐は犬養を伴って東京・荻窪にある近衛の私邸、荻外荘を訪ねている。影佐の説明を聞き終えると、近衛はにこりともせず、「個人的ながら」と断りながらも、それを承諾した。影佐と犬養は近衛の〝冷たい反応〟がやや気がかりだったが、首相の〝ゴーサイン〟が出たのだから、後は事務的な手続きを残すだけだった。

四日後の十一月二十五日、政府は、五相（首相、陸相、海相、外相、蔵相）会議を開催した。板垣陸相がその場で重光堂会談の内容を説明、会議はそれを承認した。さらに、政府は二十八日の閣議で、重光堂での合意事項を元に「日支新関係調整方針」を決定した。ここで日本政府の政策として正式に確定したことになる。この際、若干の修正が行われた。日中の同志が重光堂で取り交わした日華国交調整の基礎条件の中にある「駐屯地以外の日本軍の二ヵ年以内の撤兵」という表現を「駐屯地以外の日本軍の早期撤兵」に修正した。ただ、「早期撤兵」という表現には原案の通り「二ヵ年以内」ということである、との解釈が内々では合意されていた。その後、陸軍はこれを「不動の政策的基本方針」とする必要があると主張。そこで、政府は十一月三十日に御前会議を開催、正式に承認した。この一連の手続きによって「協定による駐屯地以外の早期撤兵」の条項を含んだ日支新関係調整方針は最高国策となった。

ちょうどそのころ、和平運動の同志のひとり、西義顕は香港にいた。「三十日に御前会議が開かれ、近く、近衛首相が対華政策に関する重大声明を発表する」という同盟のニュースに接し、一抹の不安を感じたという。確かに、このニュースは不自然だ。近衛首相の「重大声明」が何なのか、一切、言及していなかったからだ。西はそのとき、こう思った。

「もし、日本が、汪兆銘の脱出いかんに関わらず、重光堂会談の結果を国策として実施し、日支事変の解決に本腰を入れようという高邁な精神を持っているなら、欣喜雀躍して喜べる。だが、日本政府がそこまで一気に進むのは無理で、影佐らの努力でも、それは無理だ。このニュースは、日本政府が汪兆銘に『早く重慶を脱出しろ』と督促しているに違いない……」（『悲劇の証人』）。

西はさらに、

「重光堂会談の決定によって、汪兆銘さえ引っ張り出せば、というさもしい属僚の焦りを感じた」

とも述べている。

西の直感はその後、見事に的中することになる。

一方、中国側も動いていた。会談後、高宗武が上海から香港に、梅思平が重慶にそれぞれ向かった。

重慶では汪兆銘が重光堂会談の模様を聞いて全面的に満足し、十二月十二日に重慶を脱出することを決めた。これを受けて、十二月十四日に近衛首相が大阪で、声明を発表するという段取りも決まった。が、汪兆銘の重慶脱出は簡単には運ばなかった。汪兆銘は当初、蒋介石が国軍視察で重慶を離れている十二月十二日に脱出する予定だったが、その日、蒋介石が突然、重慶に戻ってきて身動きが取れなくなったためだ。汪兆銘は予定より六日遅れて十八日に重慶を脱出。雲南を経由して二十日にベトナムの首都、ハノイに入った。それを確認して、近衛首相は約束通りに二十二日、声明を発表した。

やや長いが、声明の重要部分を引用しよう。それは、

「政府は、終始一貫、抗日国民政府の徹底的武力掃蕩を期するとともに、支那における同憂具眼の士と携えて、東亜新秩序の建設に向かって邁進せんとするものである。

今や支那各地に於いては、更生の勢力澎湃として起こり、建設の機運益々昂まれるを感得せしむるものがある。ここに於いて政府は更生新支那との関係を調整すべく根本方針を中外に闡明し、以て帝国の真意徹底を期するものである。日満支三国は東亜新秩序の建設を協同の目的として結合し、相互に善隣友好、共同防共、経済の提携の実を挙げんとするものである。支那が現在直面する実状に鑑み防共協定の目的に対する充分なる保障を挙げるためには、同協定継続期間中、特定地点に日本軍の防共駐屯を認むる事及び内蒙地方を特殊防共地域とすべき事を要求するものである。

日本は何等支那に於て、経済的独占を行わんとするものに非ず。日支平等の原則に立って、支那は帝国国民に、支那内地に於ける居住営業の自由を容認して、日支両国の経済的利益を促進し、且つ日

支間の歴史的経済関係に鑑み、特に北支及び内蒙地域に於ては其の資源の開発利用上、日本に対し、積極的に便宜を与える事を要求するものである。日本の支那に求むる大綱は、以上の如きものである。日本の支那に求めるものが、区々たる領土にあらず、また戦費の賠償に非ざることは明らかである。日本は支那の主権を尊重するは固より、進んで支那の独立完成の為に必要とする治外法権を撤廃し、且つ租界の返還に対して、積極的なる考慮を払うに吝かならざるものである」

これが第三次近衛声明だ。一読すれば分るようにこの声明には重大な欠陥があった。

「撤兵」という文字がどこにもないのだ。

——汪兆銘ら和平派が、蒋介石政権に対抗して、日本との和平運動を国民的な規模で行っていくために、一歩も譲ることのできない「大義名分」——日本軍の「撤兵」——が、いつのまにか、忽然と、消えてしまっていた。

重光堂会談では駐屯地以外の日本軍は「二年以内に中国より撤兵する」と明記された。それが御前会議を開催してまで決められた日支新関係調整方針では「駐屯地以外の日本軍の早期撤兵」まで弱められたものの「撤兵」の二文字は残った。それなのに第三次近衛声明では「撤兵」という文字が完全に消失してしまった。

これは日本側の完全な背信行為であり、協定違反だった。

病床にあった松本はこれを見て、愕然とした。

「何のために和平運動をやってきたのか……」

松本は病気に倒れてしまったことを悔やんだ。「なぜ」の言葉が何度も松本の胸奥を強く叩いた。西も同じだった。ふたりはこのとき、汪兆銘の前途に深い危惧を抱いた。

影佐によると「撤兵」の文字が消えたのは「陸軍の要望」によるものだった、という。

——「この問題は日本側としては国内的に非常に微妙なる関係を有するところで当時の国内情勢上及作戦軍の士気に及ぼす影響上『撤兵』に関し触れたくなかった為である。しかし支那側から見れば日本側とは正反対である。即ち抗戦主義者の主持する抗戦理由の眼目は日本軍の駐屯による侵略である。故に彼等に和平理論を鼓吹する為めにはどうしても撤兵に就いて発表する所あらねばならないのは当然である。要するに当時の情勢に於いては撤兵を伝へば日本一般の神経を刺戟し駐兵を伝へば支那抗戦派を刺戟するという状態だった……」(「曽走路我記」)

影佐の文章には苦渋の跡がありありとうかがえる。影佐は日本軍人であり、最終的には組織の意向に従わなければならない。が、これまでの交渉の最高責任者だっただけに、近衛声明を受けて中国側がいかに失望するか、十分に理解できた。しかし、陸軍という妖怪はここまで増長していたのだ。政府と軍の首脳が天皇の臨席のもとに決定した御前会議の内容をいつのまにか骨抜きにしたのだ。陸軍の抗戦派は「統帥権」を盾に、こんな暴挙を行ったのだろうが、抗戦派には遵法精神など微塵もなかったということになる。

——これはいったい誰の仕業なのか。近衛首相は抵抗しなかったのか。

影佐も、今井も、堀場も、それについては口を噤んでしまって、一切、言及していない。公式文書の中にもこれに言及したものはない。ところがである。犬養健の『揚子江は今も流れている』の中に面白い記述がある。当時、近衛内閣の内閣嘱託という肩書きだった犬養健は第三次近衛声明の決定過程を、総理官邸の小部屋で、つぶさにみていた。

声明を最終決定する際、陸軍、海軍、外務省の係官がその作業に取り掛かっていたが、「撤兵」という字句を巡って、参謀本部内で意見が大きく割れてしまい、調整どころではなくなっていた、という。犬養の表現をそのまま援用しよう。

「総理官邸の窓に西日が差し、それが次第にうすれて暮色に変わりはじめた。私はさすがに気がかりになり、参謀本部に電話をかけて影佐を探した。すると、五分もたたぬうちに影佐の方から電話をかけて来た。影佐は用心深く、人のいない別室から電話をかけてきたのである。

その話によると、参謀本部の最も重要な地位に新しく転任して来たばかりの留永少将が、日本軍の撤兵の時期を明示することを強く反対しているために、まだ、内部の調整がまとまらぬ、のだということであった（中略）」

さらに犬養の筆によると、留永少将は「いやしくも戦勝国が撤兵の時期を戦敗国に約束するなどという不名誉な発表を断じて許さぬ。前任者が認可の印を押したとしても自分が在任する限り絶対に反対だ」といいきりまくったという。

近衛首相にも問題があった。犬養はこの後、総理大臣室を訪ねて、近衛に声明の決定が遅れている

経緯を説明している。そのときのやりとりは、
近衛「様子はどうなんだ」
犬養「何でも参謀本部の新任の留永が頑張っているんだそうです。戦勝国が軍隊の撤兵のことなどを公表するとは怪しからん。職を賭しても反対だと言っているそうです」
近衛「しかし、撤兵の問題が高宗武君（『揚子江は今も流れている』の中では康紹武と表記されている）などの最初からの第一条件だというじゃないか」
犬養「そうなんです。ひとつ総理大臣から参謀総長の宮殿下に督促してください」
近衛「駄目だよ。利き目はないよ」
と、首相は第三者が批判しているような語調であった。
犬養は「首相が他人事のように批判的な態度で傍観しているのに失望し」て、もうどうでもなれというような気持ちになって、毛布を借りてソファに寝込んでしまった、という。
犬養の文章中にある「留永少将」という人物は実在しない。どうやら仮名らしい。なぜなのかは分からない。犬養によると「留永少将」は「参謀本部の最も重要な地位に新しく転任して来たばかり」という。その最も重要な地位というのは参謀本部次長とみられる。当時の参謀本部のトップは閑院宮載仁殿下。事実上、〝お飾り的な存在〟で、細部に口を出すようなことはなかった。だから、参謀本部の事実上のトップは次長で、階級は中将か大将。犬養は「留永少将」としているので参謀本部次長

だと階級が合わなくなる。ところが、調べてみるとこの大切な時期に参謀本部次長の交代が行われているのだ。多田駿次長が第三軍司令官に転出し、新たに参謀本部次長となったのは中島鉄蔵参謀本部総務部長（一八八六―一九四九）だった。中島氏が次長に昇格したのは昭和十三年十二月十日付。中島氏の階級はというと、この半年前の三月一日付で中将に昇格している。中島氏が次長に昇格した同じ日付で、陸軍省の東条次官も異動している。定期異動の時期でもないのにポツンと参謀次長と陸軍次官という陸軍の首脳が交代しているのだ。実に不思議な感じのする人事なのだ。

犬養がなぜ、階級や名前を違えたのか。偶然か、故意か。それは分からない。が、人事異動の時期などの状況証拠からすると「留永少将」というのは中島中将ということになる。しかし、仮に留永少将が中島中将のことだとしても、中島ひとりで、これほど大胆な方針転換をなし得ただろうか。中島が反対しても上官である板垣陸相がはねつければよかったはずだ。板垣は早期停戦派で影佐らの和平運動を支援したひとりである。ところが板垣にはそれをやった形跡がまったくない。これはどういうことなのだろうか。

実は多田と東条の異動には秘話があった。陸軍省軍務局長を最後に予備役に回った田中隆吉の『敗因を衝く』によると、陸軍内部の戦争不拡大派と拡大派の路線対立はこのころになるともはや対立というよりも暗闘と化していたという。日中戦争の不拡大派は板垣―多田―石原のライン。拡大派の領袖は東条英機。これはすでに述べた。ところが、不拡大派の中核である石原が一年以上前の昭和十二年九月、参謀本部の作戦部長という要職から早々と追われて関東軍参謀次長に転出した。事実上の左遷だった。このときの石原の上官が東条英機だった。ふたりはことごとく対立したこともすでに述べた。その東条が板垣陸相の誕生とともに昭和十三年五月、陸軍次官に就任。東条の後を襲って関東軍参謀長に就任したのは磯谷廉介（一八八六—一九六七）。石原は磯谷とも対立し、十三年十二月、舞鶴要塞司令官という閑職に追いやられた。これで東条と石原の抗争は勝負があった。が、この石原の処遇をめぐって東条次官と多田次長が鋭く対立したのである。その背景には路線対立があったことは否めないが、個人的な憎悪にまで発展していった。

気位の高い東条はそれ以来、多田に対する憎悪を一段と募らせていった。自分の直系の子分である東京憲兵隊長まで動員して、石原や多田の周辺を探っていたという。こうなると確かに暗闘である。陸軍省と参謀本部のナンバー2同士の喧嘩、権力闘争である。対応を誤れば「二・二六事件」のような一大不祥事を招きかねなかった。そこで板垣陸相は苦渋の決断を迫られて喧嘩両成敗的な処置を断行した。東条を航空総監に、多田を第三軍司令官にそれぞれ転出させたのである。板垣は同志である多田の首を切らざるを得なかった。多田の後任には東条の息のかかった中島鉄蔵が昇格した。以下はあくまで推測に過ぎないが、多田の後に参謀次長となった中島が第三次近衛声明の中から「撤兵」という文字を消し去ることに拘ったのはごく自然な流れで、おそらくそれは東条英機の差し金だったのではあるまいか。それまでの経緯からいって、板垣も、中島の反対を押し切ってまで「撤兵」に固執することはできなかったはずだ。それなら合点が行く。どうだろうか。

さて、犬養健の文章には近衛文麿の態度も描かれている。陸軍の力の前には政府の最高責任者である首相といえども「無力」である、ということを近衛は示しているが、果たしてそうだったのか。近衛は板垣征四郎を陸相に指名するとき、三つの条件を付し、同盟通信の古野伊之助に伝言させた。その一つは東条次官の任命だった。結局、近衛の人物眼のなさがこういうところにも出てくる。自らが指名した陸軍次官によって、折角の日中和平の好機を失ったのだから……。それでも、近衛がこのとき、もし、東条ら拡大派に対して毅然とした態度をとっていれば陸軍の横暴を止めることが出来たかもしれない。昭和天皇の前で正式に決定した最高国策を、東条らは蹂躙したのだ。陸軍自らが統帥権を干犯したことになる。そんな理屈は近衛も理解していただろうが、近衛はそれをしなかった。だから近衛は最終局面で軍に加担し、汪兆銘らを裏切った、と指弾されても仕方がないのだ。

松本重治は後にブレーンとして、近衛を支えたひとりである。近衛に関する松本の追想は常に愛情に包まれているが、この点に関してだけは厳しい。

「あのとき、近衛首相は黙っていることはなかったと、私は思った。辞表を提出して、大いに怒るべきではなかったか……」（『近衛時代』）

と、強い叱責の表現となっている。

ただ、これでも弱いのではないだろうか。松本は近衛を殴りつけてもよいほどの仕打ちをされたのだ。それは個人的な問題にとどまらない。あのとき、近衛が〝変節〟していなければその後の局面は変わっていたのかもしれないのだ。そう考えると松本の言葉は寛大すぎる。そう思うのだが、松本はそれ以上、近衛を責めることはしなかった。松本の大人たる資質がそうはさせなかったのだ。あの時、首相が近衛でなくても状況は同じだった、という諦めがあったのかもしれない。それにしても、だ。

「松本さんはどうして近衛を庇ったのか」。そのことがずっと気がかりだった。

戦後、国際文化会館で何十年もの間、松本の秘書役的な仕事をし、松本のそばにいた加固寛子にその疑問を素直にぶつけてみた。

「松本さんは近衛さんが本当に好きだったのよ。近衛さんに自分と同じ何か、同質的なものを感じていたのではないでしょうか」――。

加固はそう答えた。それを聞いて胸がすうーっとなって何かが氷解する感じがした。

さて、陸軍の横暴と近衛の豹変――汪兆銘ら和平派の運命はこの時点で決まった。そして大日本帝国が東条英機一派に完全に牛耳られる、そのきっかけを近衛文麿が創り出したのだ。近衛は戦後まもなく、板垣陸相下で東条英機が次官となったのは、

「梅津美治郎次官(一八八二―一九四九)が東条を次官にすることを交換条件として要求してきたため」

(『失はれし政治――近衛文麿公の手記』朝日新聞社、一九四六年)

などと記している。

だが、これは『古野伊之助伝』と矛盾する。古野によると東条の次官就任は近衛の意思だったはずだ。それなのに近衛の話は違っている。近衛は板垣を陸相に据えるのにわざわざ古野を板垣の元に送って打診している。この時点で、すでに東条を次官に起用するというのは三条件のひとつだった。しか

も、古野の中国派遣は陸相、杉山元や陸軍次官、梅津にも極秘だった。だから、梅津が近衛に東条を次官にすることを交換条件として要求するはずがないのだ。彼らはその時点で、自分たちの首が切られることを露ほども知らないのだから。杉山陸相時代、陸軍省新聞班長だった秦彦三郎（一八九〇―一九五九、後に元参謀次長、陸軍中将）の証言によると、陸相を更迭された杉山はある日突然、梨本宮（守正、一八七四―一九五一、陸軍大将）から呼び出され、何らの理由を示されず、

「この際、陸軍のため、やめてもらいたい」（『杉山元帥伝』杉山元帥伝記刊行会編、原書房、一九六九年）

と、言われたという。

杉山は鶴の一声で辞任を強要されたのだ。杉山は皇族から見放された以上、大臣の職を続けるのは困難だとしてすぐに辞職を決意したという。秦はこれを梅津から直接聞き、梅津は杉山から聞いた話だとしている。近衛が戦後、書いているように梅津からの交換条件申し入れなら板垣に対しても、陸軍の正式ルートで、正々堂々、真正面から打診すれば良かったはずだ。それをしなかったということはやはり、杉山と梅津の現役組にはすべては秘密だったからに相違ない。近衛は「うそ」を書いたのである。こういうところに近衛の〝狡さ〟がある。実はこの東条の次官就任に関する梅津の交換条件説は昭和史研究家の間でもいまだに「事実」と認められている節がある。が、最近になって、昭和史の研究が細部にまで及んでくると近衛の主張が責任逃れのための「うそ」だったのではないか、という見方も出てきた。帝京大学文学部教授の筒井清忠もそのひとりで、

「（近衛が）板垣を起用した事実は否定できない。そこで板垣起用は間違っていなかったのだが同時

に着任した東条次官が悪かったのだということにする。本当はこの東条次官も自分の発案による人事なのだが、この真実は極秘工作の中にあったことなのでほとんど知る人はいない。杉山陸相のやったことだとしても良いのだが、杉山は梅津次官によって動かされていたと誰もが見ているのだから梅津の責任にすればいい」（『昭和十年代の陸軍と政治——軍部大臣現役武官制の虚像と実像』岩波書店、二〇〇七年）

と、近衛が「うそ」を思いつくに至った思考の流れをこう推測している。

第八章　平和の行方

昭和十四（一九三九）年晩夏、軽井沢――。松本重治と岩永裕吉のふたりは緑にすっぽりと覆われたゴルフ場で、ゆっくりとプレーを楽しんでいた。

「松本君、ここまで体力が回復したんだったら、職場復帰も近いね」

岩永はうれしそうだった。もっとも信頼した部下が苦労を重ねて日本と中国との平和のために動いた。その疲労で倒れたのだが、ようやく病魔から立ち直ることができたのだ。うれしさも格別だった。

松本も元気な声で、

「ええ、もう大丈夫です。医者もあと少しの辛抱だと言ってくれています」

雲ひとつない真っ青な空。北アルプスの山々がまぶしく輝いていた。軽井沢にはもう、秋の足音がすぐそこに聞こえていた。だが、ふたりの心は憂色に一段と包まれていた。

満州事変からすでに八年――。中国との戦争は泥沼化していた。欧州でも、戦争の気配が満ちていた。事実、ナチス・ドイツがポーランドを侵略し、第二次世界大戦の幕が切って落とされたのはこの数日後の昭和十四（一九三九）年九月一日のことである。

そのころの日本もまた、戦時体制が着々と進められ、あらゆる面に国の統制が行き渡っていた。すでに言論の自由は失われていた。このまま行ったら日本はいったいどうなるのだろうか。米英とぶつかることがないといいのだが……。

ふたりはゴルフを心底楽しむことは出来なかった。

岩永裕吉の死

松本が上海から帰国したのは前年（昭和十三年）の大晦日だった。長崎港に着くとすぐに列車に乗った。やっとの思いで熱海にたどり着くと、母の光子がホームで待っていた。病気でやつれ切った息子を見て母は涙を流した。大柄だった息子がげっそりやせ細り、ひとりで歩くことさえできない。光子はか細い腕で息子を支えながら療養先に向かった。

腸チブスは癒えた。が、長期間にわたる病魔との闘いで、松本の体力は消耗し切っていた。病後の養生のため帰国を決意したのだ。それから九ヶ月。熱海、箱根、軽井沢で療養に努めた。ようやく、岩永と一緒にゴルフができるまで回復したのである——。

松本重治が同盟通信上海支局長として中国に滞在したのは六年に及んだ。その間、西安事件をスクープ。盧溝橋事件や上海事変などの取材にも忙殺された。そのかたわらで、日中の同志とともに和平運動に必死になって取り組んだ。なんとか戦争を終わらせたい。その一心だった。松本らの熱い思いが中国国民党左派の重鎮、汪兆銘を巻き込んだ大掛かりな和平構想に結びついていった。その後も、障害を何度か乗り越え、日本軍の中国からの「撤兵」の道筋をつけた。実に画期的な和平運動だった。

それだけに松本は心労が重なり、途中で病に倒れた。松本が入院している間も同志らが代わって奮闘し和平運動は着々と進展していった。ところがその最終局面で事態は急転した。松本らが描いた理想とは遠い結末を迎えた。その原因は日本側にあった。日本側が土壇場で裏切ったのだ。近衛声明から消えた「撤兵」の文字。いったい誰がこんな卑劣なことを——。松本は上海の病院のベッドで、それを知って愕然とした。そして、自分が病に倒れたことを悔やんだ。その後、悔しさで眠れぬ日もあった。

「汪さんが重慶を脱出し、和平を求める民衆の熱意でもって蒋介石を下野に追い込もうとしても失敗するのではないか。私の頭からその思いが離れなかった……」(『近衛時代』)

松本は失意のどん底で帰国。岩永にも、松本の無念がよく分かった。

ふたりはゴルフに興じる合間に汪兆銘の将来について語り合った。が、ふたりは次第に寡黙になっていった。

それから数日後のことだった。松本の軽井沢の別荘に、

「岩永が倒れた」

――との知らせが入った。松本はすぐに病室に駆け込んだ。そのとき、ベッドの端に跪いていた岩永の妻、鈴子が、松本を見て、

「同盟のことは引き受けますと、怒鳴ってください」

と叫んだ。松本も、

「同盟は引き受けます。安心してください」

と、岩永の耳元で大声でどなった。

それを聞くと、岩永は卒然として逝ったという。

昭和十四（一九三九）年九月二日午前。五十七歳だった。それからちょうど一ヶ月後の十月一日、同盟通信の初代編集局長として、松本はついに復職を果した。

「革命家」汪兆銘

松本らが始めた日中和平工作で担ぎ出された汪兆銘について簡単に触れておきたい。汪兆銘の号は汪精衛で、このふたつの名前が使われている。兆銘の生年には諸説ある。『汪精衛自叙伝』（安藤徳器編訳、大日本雄弁会講談社、一九四一年）によると、一八八四年、広東省で生まれたことになっている。清国の元号で言えば光緒十年、日本では明治十七年に当たる。この年、清国はインドシナ（ベトナム）

をめぐってフランスと開戦し、翌年、敗北する。日清戦争はそれから十年後のことだ。

汪兆銘の父は浙江省から広東に移住してきた小商人で、汪兆銘の母はその後妻の呉氏。汪兆銘はふたりのもうけた十人の子供の末子で、男子としては四男。兆銘によると、「父は陽明学を好み、陸放翁（一一二五―一二一〇）の詩を愛し、陶淵明（三六五―四二七）の人となりを慕い、自分でも詩を作った巷の学者であった」（『汪精衛自叙伝』）という。兆銘は子供の頃、その父から主に学問を学んだ。兆銘は父が六十二歳の時に生まれた子で、父が七十一歳の時、視力が弱って、細字が見えず、耳が遠くなった。そこで、兆銘が夕方、学校――といっても、家塾のようなもの――から帰ると、父からふたつのことを命じられた。

ひとつは王陽明（一四七二―一五二八）の『伝習録』などを大きな声で、朗読することだった。王陽明は父の愛読書だった。目が見えず、耳が遠くなった父はそれを兆銘に毎日、少しずつ、暗誦させたという。この日課が汪兆銘の生涯の思想を決定した。

「父は自分自身の人生観を確かめるつもりで、兆銘に王陽明を読ませたのだが、同時にそれは陽明学の真髄を、幼い兆銘の脳へ叩き込むことになった」（杉森久英『人われを漢奸と呼ぶ　汪兆銘伝』文藝春秋、一九九八年）。王陽明の哲学は「知行合一」である。真理はこれを知識として蓄えても、実践しなければ無意味だという説で、ここから自然に独特の革命思想が導き出された。

父が課したもうひとつの日課は詩を読むことだった。

「父はまた、よくわたしに白い漆塗りの板に大きな字で、陶淵明の『帰去来』であるとか、陸放翁の詩などを書かせ、わたくしが暗誦してしまうまでじっと後ろの方で見ていた」。

汪兆銘は優れた詩人でもあり、文章家でもあった。幼いころから、叩き込まれた「王陽明」哲学と詩人としての素養。これが汪兆銘をして優れた詩人、文章家に育てるとともに革命家に仕立て上げたことになる。実は日本でも王陽明の学問を学んだ人物は押しなべて「革命家」であり詩人だった。熊沢蕃山（一六一九―九一）、大塩平八郎（一七九三―一八三七）、横井小楠、吉田松陰、西郷隆盛（一八二七―七七）……。彼らは火のように燃え上がる「革命思想」を王陽明から学び取った。

明治三十七（一九〇四）年九月、汪兆銘は「あこがれの東京へ留学することとなった」。兆銘が二十歳のときである。広東省政府の官費留学生だった。官費生は「月額三十元を支給され、法政大学速成科で一年半勉強する制度」だった。

汪兆銘が日本に滞在した期間は、日本がちょうど日露戦争の真っ只中にあった時期で、「若かったわたしの心に深くやきつけられずにはいなかった」

そして、汪兆銘は「生まれてはじめて接する新知識――憲法とか国家学を開眼され、固有の民族思想に目覚めて行った」。新しく学んだ民権思想が加わり、「次第に革命的な方向へ走ったことは否まれない」。若き汪兆銘を覚醒させ、革命へと駆り立てていったのは日露戦争で示した日本人のナショナリズムであり、日本が開国以来、西欧から必死に学んで思想だった。明治日本がアジアの専制国家体制下で、悶々と暮らしていた青年層をいかに惹きつけたか。草創期の明治国家のインパクトはそれだけ強烈なものだった。

明治三十九（一九〇六）年六月、汪兆銘は法政大学速成科を卒業した。卒業時の成績は「三百人中二番」だったという。その後、法政大学専門部へ進学している。

そのころ、祖国中国でも、革命の機運が盛り上がっていた。多くの革命家が〝革命もどき〟の蜂起を決行しては清朝政府に潰され、日本に逃げてきた。後に「革命の父」を崇められる孫文もそのひとりで、孫文の掲げる「三民主義」に多くの中国人留学生が傾倒していた。孫文は汪兆銘と同じ広東出身。生年は一八六六年だから汪兆銘よりも十八歳も年長である。孫文は香港の医学校を出てマカオで開業していたが、早くから満州民族による清朝政権を倒して、漢民族の支配を奪回することを考えていた。一八九四年、革命を企てるための結社「興中会」をハワイで結成した。翌年、広州で蜂起したものの失敗、その後、日本経由で米国へ逃れ、さらに英国に渡って再起を図った。

汪兆銘も故郷の大先輩であるこの「革命家」に憧れた。ただ、汪兆銘が留学のため東京に来た頃、孫文はヨーロッパに亡命しており、会うことは出来なかった。

「明治三十八年初夏、日本は今や日本海海戦に興国の一途を辿っていた。その頃幾度かの革命に失敗して、久しく欧米を遊歴していた孫先生が飄然と一介の労書生として横浜に上陸された。先生の目的は留日一萬の学生を獲得し三民主義を実行するにあった。直ちに多年苦難をともにした同志、宮崎滔天《とうてん》（一八七〇―一九二二、本名は宮崎寅蔵）先生を新宿の陋居に訪ね協力を求められた」

このとき、宮崎滔天は孫文に対して即座に「黄興と握手しろ」と言って、それが「孫黄同盟」の秘策につながったという。黄興も日本に逃げてきた「革命家」のひとり。当時、日本の中国人「革命家」

は大きく分けると、孫文派と黄興派に割れていた。その領袖のふたりが一致団結して革命勢力をひとつに結集しようというのだから大事件だった。

孫文が横浜に来た明治三十八（一九〇五）年八月十三日、飯田橋の「富士見楼」で、孫文の歓迎会が開催され、超満員となった。その後に開催された神田の「錦輝館」の演説会も、満員の大盛況でこの末席に汪兆銘がいて、孫文の演説に酔いしれて「この人だ！」と思った。以後、汪兆銘は孫文の〝門下生〟として、革命の道を突き進むことになる。このとき日本で誕生したのが「中国同盟会」で、孫文一派の「興中会」（広東系）、黄興、宋教仁らの華興会（湖南系）、章柄麟らの「光復会」（浙江系）が、孫文の来日を機に大同団結したものだった。これが後に中国国民党の母胎となった。汪兆銘は、

「同盟会は日本の国土で誕生したばかりではなく、最初から中日両国の国民的提携を主眼としていた。日本を外にして中国の革命も統一もなく、新生中国の出発は日本に於いてであり、孫先生のいわゆる大亜細亜主義はこの時すでに胚胎していたと思う。わたくしは同盟会評議部の議長に挙げられ、後に執行部の書記長を兼ねたが、白面の青年を抜擢された孫先生の知己恩愛を一生忘れることはできない」

（『汪精衛自叙伝』）

と、書き記している。

汪兆銘は一九一〇（明治四十三）年三月、清朝の摂政、醇親王載澧の暗殺を計画して失敗する。清朝民政部尚書粛親王の革命派懐柔策で死一等を減ぜられ、終身禁固となっている。しかし、翌年、「辛亥革命」が起きて、釈放された。以後、フランスに留学したり、個人の資格でパリ講和会議に出席す

るなど、革命派の中で次第に重きをなしていった。一九二五（大正十四）年に孫文が死去した後、二六年一月の国民党第二回全国代表者大会で、蒋介石を抑えて中央委員第一位に当選。やがて、国民党政府中央政治委員長に就任した。当初、汪兆銘は共産党にも理解を示し「容共政策」を保持したこともあるが、その後、変心している。一九三一年に「満州事変」が起こると、同志でありライバルだった蒋介石との妥協が進んで、三二年に「汪・蒋合作政権」の成立とともに行政院長に就任。「一面抵抗、一面交渉」をスローガンに日本との折衝にあたった。蒋介石が唱えた「安内攘外」の基本方針のもと対日妥協外交に終始したため三五年十一月、国民党六中全会の最中、不満分子に狙撃され重症を負ったこともある。その後、再び、病気療養と称して外遊するが、三六年十二月の「西安事件」で急きょ、帰国。汪兆銘は「反共第一」を主張、「一致抗日」「国共合作」の風潮に反対する姿勢を示したが、成功せず、国民党副総裁という〝閑職〟に追いやられた。それ以降、汪兆銘は度重なる外遊と時代逆行的な反共思想が批判されて、次第に、国民党内の権威も失墜、影響力が薄れていった。ちょうどそのころ、高宗武の発案で「和平運動」の領袖に担ぎ上げられる形となったのだ。

蒋介石にしろ、汪兆銘にしろ、ふたりの師である孫文にしろ、明治維新に刺激を受けて「革命家」を志した。同時に当時の日本がいかにそんな彼らを庇護し、物心両面で支援したか。だが、日本は日露戦争の勝利ですっかり変質してしまった——中国の「革命家」を追い出したばかりでなく、彼らが新たにつくった国家に対してたびたび干渉し、〝王様然〟として振舞った。日本への憧憬の念が強ければ強いほど、それが憎悪に変わったとき、憎悪は何倍にも膨らむ。中国人の間に蓄積した「反日」

「抗日」「侮日」の意識は憧憬が憎悪に変質したことを最大の背景としたものである。

近衛政府はここまで日本を愛し、日本との戦争を一刻も早く止めて、孫文の指摘していた「大亜細亜主義」に根ざした国交を願っていた汪兆銘を裏切ったのだった。

傀儡の末路

汪兆銘は昭和十二（一九三七）年末、重慶を脱出し、雲南経由で、ハノイに入った。そこで汪は第三次近衛声明に接し、初めて日本側の裏切りを知った。それでも汪は日本との信義を守って、ハノイから中国国民に対し、電報を打った。昭和十三年十二月二十九日だった。その電報には、

「支那の抗戦の目的は国家の生存と独立にある。正義に合致する平和で、戦争を収束できるなら国家の生存と独立は保持できるのだから抗戦目的は達成されたことになる」

汪兆銘は切々と、国民に和平を訴えた。しかし、汪兆銘の声に耳を貸すものなど誰もいなかった。汪が期待していた政府要人や軍幹部も、素知らぬ顔を決め込み、次々と、汪の元から離反していった。

黙殺――蒋介石の反応もまた、冷厳だった。蒋は近衛声明が出された直後に、

「われわれはかつて日本人が、日韓一体、日韓不可分などの言葉で朝鮮の人民を惑わし、麻痺させたこと（『朝鮮併合』をさす）を忘れていない。いま彼らはまた『日満支不可分』などを盛んに唱えているが、それは『中日合併』であり『日本大陸帝国』の完成にほかならない。現在、彼らの中国滅

亡計画と、その道具立てはすべて整い、侵略併呑の意図と手段があますところなくあらわとなった。あとは中国がそれに騙され、その脅威を受けて屈服し、ワナに引っかかるのを待っているだけなのである……」

と述べ、強く反駁している。

昭和十三年が明けても蒋介石の動きは素早かった。正月早々に汪兆銘の行為に対して「是非を転倒して、敵の方（肩）を持つもの」との非難声明を発表。さらに、汪らは「漢奸」（売国奴）だとして、汪の党籍を剥奪。すべての公職からも永久追放している。その後も、中国メディアを使って執拗に反汪キャンペーンを展開していった。汪の〝裏切り〟に同調者が出ないよう、あらゆる対策を講じたのである。汪兆銘にも見通しの甘さがあった。汪が「決起」した場合、陳済棠、何健、龍雲、張発奎、陳素農ら軍や政界の要人が汪兆銘の下にはせ参じると期待していたが、彼らはその場に臨んでも動かなかった。龍雲は汪兆銘のハノイ脱出に手を貸したものの汪兆銘のまったく知らないところで、蒋介石との「裏取引」に応じて蒋介石側に忠誠を誓うことを決めていた。従来から汪派の精鋭とみられていた彭学沛、張道藩、甘乃光、王世杰といった国民党政権の要人でさえ汪の主張には耳を塞いでしまって、素知らぬ顔を通した。

汪兆銘はまた、蒋介石が自分の「和平建言」に耳を貸さない場合を想定して、日本軍が占領していない地域に蒋介石の国民党政権と対抗して、和平運動の拠点を設ける構想を持っていた。だが、これも計画だけに終わった。「汪兆銘支持」を表明していた軍隊でさえ、一兵も呼応しなかったからだ。

結局、汪兆銘は中国国内で、和平運動を行うことが出来ず、国外、中国人にとって最大の敵である日本で続けざるを得ない状況に追い込まれたのである。

汪兆銘の構想が水泡に帰す原因となったのは「第三次近衛声明」だ。汪兆銘らの行動に「大義名分」を賦与するはずだった「撤兵」という文字が声明から掻き消されていては汪兆銘の運動を後押しするどころか、中国民衆の反感をまねき逆効果を生んでしまったのだ。このとき汪兆銘の運命が決まった。それは日本政府の傀儡、「漢奸」と呼ばれる運命である。「漢奸」とは漢民族にとっての裏切り者という意味だが、中国人（漢民族）にとってそれは最大の侮蔑の言葉である。汪兆銘の和平運動の先行きが、日本の背信行為で、先細りすることが懸念された矢先、その運命を決定的にする出来事が日本で起きた。

それは近衛内閣の「総辞職」だった。これは和平運動を死に至らしめるトドメの一撃となった。昭和十四年一月四日、松の飾りが家々の玄関を飾っている正月早々のことである。後継首班は平沼騏一郎。平沼はこのとき枢密院議長だったが、もともと検察出身であり、自らが設立に関与した右翼団体「国本社」社長だった。リベラルな思想を持つ、元老、西園寺公望は平沼の「右翼」的な体質を嫌ったといわれる。「二・二六事件」以降、内閣が倒れるたびに後継として平沼の名前が浮上したが、西園寺がことごとくそれを拒否した。しかし、近衛の退陣でその平沼に「大命」が降った。しかも、近衛内閣の総辞職にあたって平沼を西園寺に推挙したというのが近衛自身だった。西園寺は昭和十五年十一月十九日に息を引き取ることになるが、このころはまだ、気力十分で、西園寺が反対すれば平沼に「組閣の大命」は降りなかったはずだが、近衛自身の推薦である。これでは従わざるを得なかった。近衛は平沼内閣でも無任所大臣として閣内に残った。「和平運動」の日本側の最高責任者としての体裁だけは整えた。とはいえ、汪兆銘が重慶を脱出して、中国国内で、猛反発を受けながらも「さあ、和平運動をやろう」という矢先に相手側の最高責任者が何の前触れもなくリングを降りてしまっては話にならない。近衛は再び、汪兆銘の顔に泥を塗ったのだ。

松本重治は「昭和研究会」の後藤隆之助に何度も、近衛退陣の理由を尋ねた。が、松本を納得させる回答は結局、得られなかった、という。ちょうどこのころ、影佐禎昭と犬養健は台湾にいた。ハノイに脱出した汪兆銘一派と連絡をとるための長旅の途中だった。台北市郊外の草山温泉の宿屋で、昭和十四年一月五日の朝、朝寝坊している犬養に影佐が近衛の退陣を知らせた。影佐はラジオのニュースでそれを知ったという。

『揚子江は今も流れている』によると、犬養は「近衛が辞めたい」と漏らすのを何度も聞いており「もしかしたら」という予感はあったという。犬養が、内閣書記官長の風見章にその理由を問い質すと、風見は「すぐに辞める」とは言わなかったが、

「しきりに陸軍のやり口を憤慨していた。陸軍が今のように統帥権の特権の中に立て籠もって、戦争の進行状態を総理大臣にさえ知らさぬというのでは日本中に総理の務まる者などは誰もいない、と言っていた」

という。

近衛の気持ちにも一理ある。この時代、軍の横暴に類する話は山のようにある。例えば第一次近衛内閣時代の閣議ではこんなこともあった。「盧溝橋事件」以後、陸軍がどこまで進軍するのか、閣僚さえ、分からなかった。そこで、拓務大臣の大谷尊由（一八八六―一九三九）が、

「一体、陸軍は盧溝橋のあとどの辺まで南へ進撃する予定なのか」

と、質問した。だが、杉山元陸相は黙って、何も答えない。そこで、海相の米内光政が代わりに「保定の線で停まる予定のようだ」と答えると、杉山が顔色を変えて、

「君、そんなことをこんな場所で言ってもよいのか」

と、食って掛かった。

後で、閣僚たちは「『閣議のことをこんな場所などと言うようでは大臣としての責任が持てない』と言って怒った」という。「統帥権」という硬い鎧をまとって日本の〝為政者〟然とした陸軍。その陸軍の前では総理大臣も内閣の権威も何らの意味をなさなかった。それが昭和前期の日本政府の実態であった。日本政府には内閣と軍という「二つの政府」があったといわれる所以である。近衛の総辞職の理由もやはり、「統帥権問題に嫌気がさして」というところだった。近衛が具体的に総辞職を考えたのは「汪兆銘工作」が行われていた真っ只中だったらしい。風見章の『近衛内閣』（中公文庫、一九八二年）によると、

「当時、近衛としては汪氏脱出の知らせがあったら、すぐに、いわゆる近衛三原則の声明を発表して、そのあとでただちに退却できるよう、あらかじめ後任首相をきめておきたいという腹でいたのである」

近衛にすれば予定の行動だったが、和平工作関係者には〝青天の霹靂〟だった。昭和十四年の新年早々、汪兆銘はハノイにいた。蒋介石は反汪運動を活発化する一方で、汪兆銘のもとに使いを送り、カネを渡したり、帰国するよう要請することも忘れなかった。硬軟両面の手段を尽くして懐柔工作を試みていた。しかし、汪はそれを頑として聞き入れなかった。身の危険を感じてフランスへ逃げようと大使館にビザを申請している。その直後のことだ。三月二十一日、蒋介石がハノイに特務員を派遣、汪兆銘の暗殺を企てたのだ。藍衣社から派遣された特務員による暗殺計画。藍衣社とは蒋介石直属の秘密工作を行う組織で、命令されるままに殺しでもなんでもやる。この襲撃で、汪兆銘は無事だったが、秘書の曽仲鳴が弾丸を何発も食らって即死した。その日はたまたま曽仲鳴と汪兆銘はそれぞれの寝室を取り替えていて、汪兆銘のベッドに寝ていた曽仲鳴が狙われたのである。汪兆銘の身代わりだった。この事件の直前には香港で和平運動をしていた林伯生が暴漢に襲われ負傷し、ポルトガル領マカオでは沈次高が暗殺されていた。いずれも汪の腹心である。

ハノイでの汪兆銘一派狙撃事件の報に驚いた日本側は汪兆銘の身柄を安全な場所に移すために四月六日、影佐大佐と犬養健などをハノイに派遣した。汪兆銘らをなんとか救出すると一行は船で五月五日、上海に到着した。上海では周仏海、高宗武、梅思平、董道寧、周隆庠ら和平運動を始めた同志がそろって汪兆銘を迎えた。だが、上海も危ない。そこで、一行は東京に行くことを決めた。ただ、このとき、汪兆銘の妻、陳壁君（一八九一―一九五九）だけは「日本軍の傘下には絶対に入らない」として拒否、ひとりでフランス租界に行ったという。東京へ行く汪兆銘らは海軍機で密かに横須賀に飛んで、さらにそこから東京・滝野川の古河別邸に移った。昭和十四年五月三十一日だった。東京で汪兆銘は平沼首相、陸、海、外務、大蔵の主要閣僚と会見している。汪兆銘は近衛前首相とふたりだけで何回も会った。筆談をしながら、長時間話し合った。汪は自らの気持ちを素直に披瀝し、涙を流すこともあったという。

汪兆銘はこのとき、南京に「和平政府」樹立する決意を述べた。日本側もこれを支援することを約束し、「汪兆銘政権」の設立が事実上、決まった。というよりも、汪は、日本の〝傀儡政権〟となることを選択したのである……。

汪兆銘政権が正式に発足したのは翌年の昭和十五年三月三十日。中華民国国民政府が正式名称となった。首都は南京。南京は当時、日本軍の管理下にあった。華々しい船出だったが新政権は自らを守る軍隊すら持っていなかった。しかも、自らの手で一片の土地も奪っていない。汪の新政権は「樹立」というよりも「与えられた」のだ。新政権が発足するまでの間、汪は日本側の要求に譲歩を重ねた。それを怒った高宗武も離反して汪のもとを去って行った。汪は何度も和平運動の断念を考えた。

だが、松本によると、

「間に立って苦悩していた影佐さんの気持ちを察して、いつも思いとどまった」(『近衛時代』)

と、いう。

汪兆銘政権が正式に発足すると松本重治も南京に行った。同盟通信の編集局長として、祝賀式典に出席するためだった。そのとき、松本は影佐と久しぶりに再会している。影佐は顔色がすぐれず、つかれ切った様子だった。

「肝臓がいかんのや」とこぼしていたという。そうは言いながらも、影佐は、

「汪さんの身体のほうが大切だよ……」

と言って、汪を思いやり、弱音を決して吐かなかった。それから四年――。

汪兆銘は太平洋戦争の末期、昭和十九年十一月十日、名古屋帝大付属病院で死去した。六十歳だった。妻の陳壁君は戦後、戦犯として逮捕され、一九五九年、上海の監獄で獄死したといわれている。周仏海らも戦後逮捕され、処刑された。周は刑場に向かう途中、後ろから頭を撃ち抜かれて死んだという。最大限の侮辱である。

近衛文麿は日中和平運動が汪兆銘工作につながり、それが結果的に傀儡政権の樹立に終わったことに関して、戦後、次のように語っている。

「近衛声明に対応して汪兆銘氏は脱出したが、当時の軍部はこの声明を完全に履行する熱意なく単に重慶切り崩しの道具とし、その結果、汪政府の和平運動も売国運動となり効果乏しく……」(『失はれし政治』)

事の経緯はその通りだ。が、そこには釈然としないものがあるのも事実。自らの責任には一切言及していない。自らが裏切り行為に加担したことを最後まで隠し通しているのだ。

現在、戦争が終わって半世紀以上経過した。が、和平運動の中国の同志は処刑されてもいまだに「漢奸」のままである。影佐禎昭のその後も無残だ。影佐は汪兆銘政権で最高軍事顧問を務めていた。昭

和十七年、中将に昇進した。ただ、すでに独裁者と化した東条英機首相に疎んじられて昭和十八年、ラバウルの第三十八師団長として出征、そこで終戦を迎えた。復員後、中国で戦犯指名を受けた。が、肺疾患で二年余り療養した後、昭和二十三年九月十日、東京で死去。五十六歳だった。

松本重治、西義顕、伊藤芳男、影佐禎昭、高宗武、董道寧、梅思平、汪兆銘……。

犬養健は戦後、

「日本政府が和平工作のために汪を引き出しておきながら、終始、これを謀略の対象として扱ったことはひとり汪に対してばかりでなく、中国国民を一段と見下す伝統的な心理のあらわれとして、まさしく日本の恥辱であった」

と、書き残している。これがすべてを語っている。

「中国国民を一段と見下す伝統的な心理のあらわれ」。田中隆吉だけではなかった。日本陸軍、日本政府、そして国民の多くの心の中のどこかにそうした心理はあった。当時の日本政府の重臣と軍人は「撤兵」を明記することが、どれだけ中国人にアピールし、それが結果的に国益につながっていくか――この単純な論理を、最後まで理解できなかった。相手が何を求めているのか、それを見極めることが出来ない「悪弊」は日本の命取りとなった。昭和十六年十二月八日の日米開戦に至るまで日本はそのことに気づかなかった。

日本の軍人は相手を騙し、都合の良いように利用することしか考えなかった。政府もまた、そんな陸軍に追従しただけである。狡猾――。そんな言葉がぴったりと当てはまる。彼らはそれを愛国心と勘違いした。それも自国のことしか考えない手前勝手な論理だ。そんな中で松本重治らが奔走した和平運動は暗澹たる昭和前期の歴史の中で、一服の〝清涼剤〟だった。あの時代にもこんな男たちがいた——昭和史もこれで救われている……。

近衛文麿と松岡洋右

日本はこの後、太平洋戦争へ至る道をひた走りに走っていくことになる。近衛内閣が退陣した後、平沼騏一郎内閣、阿部信行内閣、米内光政内閣と続いたが、いずれも短命に終わった。政局の混迷は人心の不安心理を一層煽ぎたてる。内外とも問題は山積していた。国民ばかりではなく昭和天皇の周辺でも本格的な内閣の誕生を望む声が高まっていた。低迷する経済の活性化と日中戦争の早期終結。この二本柱はもちろんのことだったが、軍部の独断と暴走を何とか押さえることの出来る人物の登板が期待された。

そうなるとまた、近衛の再登板しかなかった。ところがそれは陸軍の望むところでもあった。陸軍は再び、近衛をロボット首相に仕立て上げることができると自信を持っていたのだ。近衛は昭和十五年七月二十二日、再び、首相に返り咲いた。このとき外相には松岡洋右が就任している。外交官であり、満鉄総裁などを歴任した大物政治家である。松岡が外相に就任するにあたっての面白い秘話がある。米内内閣の末期、昭和十五年六月のある日、松岡洋右から同盟通信編集局長だった松本重治に電

話がかかってきて、

「会いたいから、ちょっと来てくれ」

松本が松岡を訪ねると、松岡は、

「もうイギリスはじきに駄目になるのではないか。それに即応するにはいまだに『対英米とは戦わず』の米内内閣では無理だろう。その際には、近衛さんにどうしても再出馬を、一日も早く願いたい」

と、述べた。松本はそれを黙って聴いていたが、松岡は、

「伊藤博文総理に陸奥宗光、桂太郎総理に小村寿太郎がそれぞれ外相となって補佐したように、近衛総理になったら、自分が外相となって、近衛さんを補佐したい。その意志を君が近衛さんに伝えてくれないか」

松岡が陸奥宗光や小村寿太郎に自分を擬していたことに松本は内心、驚いたが、

「はい、わかりました」

と、その場で、答えた。口ではそうは言いながらも、松本は近衛にすぐに伝えることはしなかった。

それから一週間ほど経過して、松本は再び、松岡に呼ばれた。松岡はまた、同じような話をしたという。松岡は松本が実際、近衛に伝えてくれたかどうか確認せず、

「自分がどうしても外相になる。そのためには近衛内閣が必要なんだ……」

と述べた。

前回の話と主客が逆転していた。松本は二度も頼まれたのでやむなく近衛に松岡の意向をそれとな

く伝えた。その際、

「どうも、近衛さんのために、松岡さんが外相になるのではなく、松岡外相を実現するために、近衛内閣をつくる、という印象を受けました」

と、言うと、近衛は笑って、何も答えなかったという。近衛は岩永裕吉亡き後、松本に全幅の信頼を置いていた。近衛と松本の関係はこの時期、政界ではつとに知られており、「昭和研究会」のメンバーなどとともに松本も近衛のブレーンのひとりとしてかなり認識された存在になっていた。松岡洋右ほどの大物政治家が松本重治を通じて猟官運動を行ったのである。近衛は松本をいかに信頼していたことか。

近衛と松岡は古い友人である。ふたりの付き合いは第一次大戦後のパリ講和会議に遡る。西園寺公望の全権団にふたりとも随員として加わっていた。西園寺は講和会議に料理人から腰元まで連れて来て、優雅な〝公家旅行〟をしていた。にもかかわらず、講和会議では一切、黙して語らない。列強の一員として会議に参加していながら、その「サイレント・パートナー」ぶりに才気煥発な若き日の近衛と松岡は強く反発し、お互いを結び付けた。このとき同盟通信の岩永裕吉が後藤新平の欧米視察団に加わり、パリに滞在中、近衛、松岡、岩永は親しく交わった。松本が昭和四年、京都で開催された太平洋会議に参加し、松岡と岩永の知遇を得たこともすでに述べた。近衛はパリに出発する直前、「英米本位の平和主義を排す」（大正七年、雑誌『日本及日本人』）と題する論文を発表、英米を中心とした平和外交路線を糾弾している。その後も公家でありながら革新的な政治を施行しようとの意気に燃えた。

現状打破を目指す政治家のひとりだった。英米との協調外交、元老、重臣による内政、現状維持を志向する元老、西園寺とはその思想において根本的に対立した。

一方、松岡はアメリカで苦学した外交官。明治十三(一八八〇)年三月四日、山口県周防国熊毛郡室積浦(現在の光市)で生まれた。松岡の実家は元々、長州藩御用達の廻船問屋だったが、松岡の子供時代に家は没落。松岡は高等小学校を卒業すると、アメリカに渡った。十三歳のときである。当時、米国の西海岸には日本人の子供だけを半ば書生のようにして家に置いて学校に通わせる「スクールボーイ」という制度があった。キリスト教会やアメリカの一般家庭で、手伝いをしながら地元の学校に通わせてもらうのである。その後、十数年間、松岡はアメリカに住み、苦学してオレゴン州立大学を卒業している。『松岡洋右――その人と生涯』(松岡洋右伝記刊行会編、講談社、一九七四年)によると、教会の周旋で、某家に住み込むこととなった松岡は二、三日目にその家の主婦から薪割りを手伝わされた。松岡にとってそれは屈辱だった。鉈を放り出すと涙を流して教会に逃げ帰ったという。実家が没落したとはいえ元々は長州の名門商家の出である松岡には耐え難かったのであろう。アメリカではその後も、度々、屈辱感を味わった。それがいつのまにか、白人に対する劣等感や差別感となり、松岡の精神の奥にまでにしみついていった。それが拭いがたい反英米感情へとつながった。

すでに何度か述べたが、松岡は日本が満州事変で、国際連盟を脱退したときの全権だった。そのときに松岡の行った演説(昭和七年十二月八日)は近衛の「英米本位の平和外交を排す」と、その根本において、ほぼ同質である。松岡は連盟諸国が満蒙における日本の特殊な立場を理解しないのは、か

ってキリスト教に偏見を抱いて迫害した人々と同じ過ちを繰り返すものだとして、

「たとえ世界の世論が、ある人々の断言するように、日本に絶対反対であったとしてもその世界の世論たるや永久に固執されて変化しないものであると諸君は確信できようか。人類はかつて二千年前ナザレのイエスを十字架にかけた。今日はいかん？（中略）われわれ日本人はいまや試練を受けつつあると感じている。ヨーロッパやアメリカのある人々は二十世紀において日本を十字架にかけようとしているのではないか？　諸君、日本はまさに十字架にのぞまんとしている。しかしわれわれは信ずる。固く固く信ずる。わずか数年ならずして世界の世論は変わるであろう。しかしてナザレのイエスがついに世界に理解されたごとくわれわれもまた、世界によって理解されるであろうことを」

（鶴見俊輔他編集・執筆『日本の百年　4アジア解放の夢』筑摩書房、一九六二年）

と、まくし立てた。

「英米本位の国際政治体制」が「日本を十字架にかける」。この演説は欧米各国の間に、激しい反応を生み出した。松岡は原稿なしで、英語で話した。天地を指したり、胸を叩いたり、両手を広げ、机を叩いたりと、実に一時間二十分にわたり熱演した。演説を終えると「さよなら」と言って決然と席を立ち、帰国の途についた。見事なパフォーマンスだ。

近衛はこのころから松岡に注目していた。近衛にとって松岡は早くから意中の人だったのである。それなら松岡はみずから近衛に堂々と名乗りを上げればよかった。が、松岡はそれをあえてしなかった。近衛が宮廷政治家らしく本心を明かさなかったところもあっただろうが、松岡もまた近衛の天邪鬼を熟知しており、〝からめ手〟から攻めることを選んだのだ。

ただ、近衛の腹はすでに固まっていた。その時期は明確ではないが、松本が松岡の意向を近衛に取り次いだ後に、松岡を呼び寄せて、「自分が内閣を組織するときには外相になってほしい」と懇請している。

歴代の首相経験者などで構成される重臣会議の場で、広田弘毅に、

「松岡は危険である」

と、忠告されても、近衛は聞く耳を持たなかった。

近衛は松岡の豪腕に期待した。松岡とのコンビなら、陸軍に奪われて久しい外交の主導権を、政府に取り戻すことができると考えた。近衛は松岡について、

「松岡洋右に対して、悪口があるようだが、とにかく松岡は一方の雄であり、国民的な英雄である。人間は九〇%くらいまで偉かったら、一〇〇%偉いとしたほうがいい。将来、大成する人物はできるだけ守り立てて、大きくしたほうがいい。あれだけの人材が、またとあるかどうかは分からない」

（森清人『松岡洋右を語る』東方文化学会、一九三六年）

と、述べている。

近衛はここまで松岡という人物に入れあげていたのだ。近衛には自信があった。危険であり、個性的な松岡という暴れ馬を自在に御すことができる、と思った。

近衛は二度目の首相に就任すると矢継ぎ早に新たな政策を打ち出した。組閣直後の七月二十六日の

閣議で、「基本国策要綱」を、二十七日に「世界情勢の推移に伴う時局処理要綱」をそれぞれ決定している。近衛はそこで、（1）「大東亜新秩序」の建設、（2）「新体制」の確立、（3）日独伊の提携強化、（4）南方武力侵略——などを国策の重要な柱に据えたのだ。

これらの方針に基づいて政府は九月に「北部仏印」に進駐し、月末には「日独伊三国軍事同盟」を締結。十月には「大政翼賛会」が結成された。政党は自主解散し、政府が全ての権限を握った。さらに近衛政権は国民生活の画一的な組織化に向け動き出すのだが、その目的は当然ながら戦争の遂行と継続にあった。日本は「大政翼賛会」と国民生活の統制で文字通りの「戦時国家体制」となった。太平洋戦争に突入する一年前のことである。

戦時体制に移行したことで、米、味噌、醤油、塩、マッチ、木炭、砂糖……など、こうした日常的な物資も統制されて、砂糖はひとり一ヶ月一斤、マッチは一日五本の「切符制」が十一月一日から実施されている。また、贅沢品の製造や販売が禁止され、ダンスホールなども閉鎖、国民の娯楽はことごとく国家規制の網の中に追いやられた。相次ぐ重要国策の策定は明らかに陸軍主導だった。近衛文麿は日中戦争の早期打開を願っていた。が、やることはすべてその反対の政策ばかりで、むしろ、それを率先して遂行していった。近衛が陸軍のロボット、操り人形と言われたのはこのためだ。

松本重治を駐米大使に起用

近衛首相、松岡外相のコンビが誕生して間もないころ、松本重治に思いがけない話が持ち込まれたことがある。ある日、同盟通信編集局長だった松本のもとに、外相の松岡洋右から電話が入った。至急、外相官邸に来てくれ、とのことだった。

（一体、何用だろう）

松本は首を傾げた。すぐに外相官邸に出向き、松岡の待つ部屋に入ると、いきなり、

「君、駐米大使をやってくれないか」

これには松本も驚いた。あまりに唐突だったので、

「いったい何をしに行くのですか」

松本がこう問い質すと、松岡は淡々と、

「蘭印（オランダ領インドネシア）の日米共管案というものを眼目に、君がアメリカに行って交渉してくれないか」

というのだ。

その理由を聞いて、松本はまた、驚いた。オランダ領のインドネシアを日米で共同管理下に置くという話は松本には初耳だったし、政府内部のどこかで検討されているとは思えなかった。松岡洋右特

有の〝奇想天外な〟発想だ、と推測した。政府はこの時期、「北部仏印進駐」と「日独伊三国同盟」の締結に忙殺されており、その責任者のひとりである外務大臣が個人的にでもインドシナ半島の北部を通り越してさらに西南にあるインドネシアまで日本の勢力圏を伸ばそうというのだ。その発想の根元には戦略資源物資の「石油」の確保があったとはいえ、オランダ領インドネシアをいきなり日米の共同管理下に置くなどと言っても国際社会が許すはずがなかった。共同管理の相手国に名指しされたアメリカがそんな無謀な提案に乗るはずもなかったし、そんなことをアメリカに提案でもすればかえって、アメリカは日本の真意に疑いを持つだろうし、日本の領土的野心に警戒感を一段と強めるだけだ。

――松本はそう考えて、松岡の提案を即座に断った。ただ、表向きの理由は岩永裕吉との〝約束〟があることにした。が、この話はこれで〝打ち止め〟とはならなかった。松本はその後、近衛首相の秘書官であり、友人の牛場友彦からも総理官邸に呼ばれて、

「近衛さんもこの人事はいい話だから考え直してくれと言っている。岩永さんとの約束があるから断るというならば近衛さんは『自分が岩永の墓へ行ってお断りするから、それで勘弁してくれないか』と言っていた」

と、受諾するよう迫られた。

それでも松本は断った。近衛が松岡の奇想天外な発想を知っていたかどうか。それは定かではない。おそらく、近衛は松本を駐米大使にしてはどうかという話を松岡から聞かされていただけだったただろ

う。あるいは松本の駐米大使就任案は近衛の発想だったかもしれない。近衛と松岡はこの時期、ある意味で〝同志〟だった。ふたりの出自は対照的ではあったが、政治家として、どこか、似たような〝匂い〟を発散するところがあった。共に独善的であり、その反面、どこかひ弱な性格が共通していた。そして何よりもふたりは思想的に近かった。

近衛は松岡と岩永裕吉を信頼していた。岩永の部下である松本を、近衛・松岡のコンビが駐米大使に起用しようとしたのも別に不思議ではなかった。松本が就任を断ったことで、駐米大使に起用されたのが海軍大将の野村吉三郎（一八七七―一九六四）だ。野村は駐米武官時代、当時、海軍次官だったルーズベルト大統領と親しかったことから、駐米大使に起用された。野村はその後、日米交渉に死力を尽すが、結局、日米は破局を迎えた。

近衛と松岡の蜜月もここまでだった。松岡はこの後、独走し、近衛を追い込んでいく。特に最大の懸案だった日米関係が決定的に悪化していった。そして、その直接的な原因が日独伊三国同盟の締結である。

戦争に至る道――日独伊三国同盟

日本とドイツ、イタリアの三国はすでに「日独伊防共協定」（昭和十二年十一月）を結んでいた。協定を同盟に格上げしようという意向は二、三年前からドイツ側から打診されていた。陸軍の〝ドイツ狂い〃がそれに乗って画策していたのだ。第一次近衛内閣に続いて成立した平沼内閣、阿部内閣、米内内閣でも、この問題は政府・軍部が一体となって検討を加えた重要なテーマだった。米内光政海相、山本五十六海軍省次官（一八八四―一九四三）、井上成美軍務局長（一八八九―一九七五）の、いわゆる〃海軍左派〃と呼ばれた三人が徹頭徹尾、反対に回ったことで、実現には至らなかった。ところが、米内内閣が潰れ、第二次近衛内閣が誕生すると、再び、三国同盟締結問題が息を吹き返したのである。

その音頭をとったのが松岡外相だった。海軍左派の三人はすでにそれぞれ職を離れており、海軍でもこれに強く反対する幹部はいなかった。それでも、賛成論・反対論が拮抗し、なかなかまとまらなかった。時の海相は吉田善吾（一八八五―一九六六、再任）、陸相は東条英機である。

松本は東条の陸相就任にあたっても、近衛の意向を受けて、西園寺公望の孫、西園寺公一とともに、東条のもとをたずねている。松岡外相の場合がそうであったように、松本はこのとき、近衛の組閣を陰で支える黒子役となって、政官界を動き回っていた。

松本と西園寺の二人が東条の自宅を訪ねて、東条の意向を質すと、東条は端然として、

「近衛公が立たれれば私も立ちます。近衛公が倒れれば私も倒れます」

と述べ、近衛を支えることを再三、強調したという。これは意味深長である。その理由は後で述べる。

三国同盟に対する姿勢は海相の吉田も変わらなかった。吉田は連合艦隊司令長官の山本五十六と海軍兵学校の同期（明治三十七年）で、同盟締結反対派だった。東条は賛成派であり、陸軍の急先鋒のひとり。このため近衛内閣でも原則として海軍対陸軍の構図が引き継がれており、結論は出なかった。

ところが、海相の吉田も、徐々に、陸軍の論調に引きずられるようになる。そして、吉田が病気で倒れ、再任からわずか二ヶ月後の九月五日に辞任すると、後任の海相に就任した及川古志郎大将（一八八三―一九五八）が容認へと大きく舵を切った。

海軍出身（学徒出陣）で、戦後、自らの海軍体験をもとに、米内光政、山本五十六、井上成美の海軍三提督の評伝を書いている作家の阿川弘之によると、及川古志郎は、東条の〝副官〟と揶揄されるほど、終始、東条にべったりだった人物で、及川は東条とタッグを組んで、三国同盟締結に向けて一気に走り出した。外相、陸相、海相の主要閣僚の態度がこれでは、近衛は内堀に加えて外堀も埋められてしまったようなものだ。

ただ、政府がこれまで三国同盟の締結に慎重だった背景にはそれなりの理由があった。三国同盟が即日米開戦の危機をもたらすのではないかという危惧を払拭できなかったことと、日本はヒトラー・ドイツにかつて煮え湯を飲まされていたからだ。その話はちょうど一年前に遡る。平沼内閣時代、日本が同盟問題で「小田原評定」を繰り返していたその矢先、ヒトラーは日本に一言の相談もせず、しかも、何の前触れもなく、突然、ソ連と「独ソ不可侵条約」を結んだのだ。昭和十四年八月二十三日のことだ。対ソを目的とした「防共協定」を結んでいる相手国に対して、しかも、それを軍事同盟に格上げしよう、とまで言い出した張本人が勝手に「独ソ不可侵条約」を結んだのである。これは裏切り以外の何ものでもあるまい。平沼騏一郎首相はこれに驚いて「欧州情勢は複雑怪奇」と、歴史的な名文句を吐いて、「独ソ不可侵条約」の締結からわずか五日後の八月二十八日に総辞職している。ドイツの口車にすっかり騙され、踊らされた〝ツケ〟が回ったのである。その後、さすがの陸軍内の〝ドイツ狂い〟も意気消沈した。が、それもつかの間だった。わずか数日後の昭和十四（一九三九）年九月一日、ドイツが突如、ポーランドに侵攻、「第二次世界大戦」の幕が切って落とされた。ドイツが破竹の進撃を開始すると、今度は「バスに乗り遅れるな」とばかりに〝ドイツ狂い〟がまたまた、にょっきりと顔を出し、政府に圧力を加えたのである。そして、ついに、一年後の昭和十五（一九四〇）年九月二十七日、松岡外相の手で「日独伊三国同盟」が締結された。

松岡の〝独走〟はこれだけにとどまらなかった。松岡はソ連との関係改善にも動き出した。就任直後の八月早々、モスクワの東郷重徳大使に「日ソ中立条約」について、ソ連の意向を問いただすよう訓電している。そして、三国同盟締結から半年後の昭和十六（一九四一）年の四月十三日、自らがモスクワを訪れ、モロトフ外相との間で「日ソ中立条約」に調印した。松岡はこのとき、ソ連と中立条約を締結することで北方の脅威を取り除いたうえ、三国同盟という力を背景に日本外交の最大の懸案だった「日米交渉」に全力で取り組む方針だった。さらに言えば松岡は日本、ドイツ、イタリアに、ソ連を加えた「四ヶ国提携」という壮大な構想を描いていた。松岡はこの構想を、日米関係を一気に改善する切り札にする腹だった。しかし、三国同盟の締結で日米関係は決定的になった。日米交渉は一段と難航した。特に「中国問題」では両国はともに一歩も譲らず、妥協点を見出せなかった。

ちょうどこのころ、米国人のドラウト牧師による日米国交正常化交渉が軌道に乗り始めた。うまくいけば日米交渉がまとまるかもしれない。近衛の期待は膨れ上がった。ところが、その矢先に松岡外相の〝横槍〟が入って水面下での交渉が頓挫してしまう。モスクワから帰還した松岡は何も知らされていなかったことに激怒し、反対論をまくし立てたといわれている。第二次近衛内閣もまた、外交面で、ちぐはぐさを見せ始めていた。

首相と外相の息が合わないばかりか〝同床異夢〟。内部がこれでは相手のある外交交渉などまとまるはずがない。松岡洋右は日独伊ソの「四ヶ国提携」を英米陣営に「対抗」させようと主張、米英に対して攻撃的だった。ドイツと反目し、ソ連に不信感を抱いていた米英側がこの話に乗ってくるはずがない。松岡の目には冷厳な国際政治が映っていなかった。モスクワでヨシフ・スターリン（一八七八―一九五三）と握手し、写真におさまってすっかり英雄気分にのぼせ上がり、相手の思惑などはまったく理解できなかったのである。このとき、ヒトラー・ドイツは水面下で着々と、ソ連侵攻の計画を練っていた。ソ連もその気配をすでに感知しており、日本と中立条約を結んでおけばドイツといざ、開戦となった場合でも、しばらくの間は背後から襲われる、という懸念を払拭できる――そう考えた。

松岡は、ドイツやソ連にすっかり騙されて、「英米強硬論者」になってしまい、日米交渉のチャンスを摘み取ってしまったのだ。「日独伊三国同盟」は日本にどれだけのメリットがあったのか。「三国同盟」を結んだことで、アメリカは太平洋方面にも目配りせざるを得ず、その結果として、日本がドイツの「盾」代わりを演じることになった。しかし、ドイツとイタリアが日本の「盾」代わりになるはずもなく、両国にもはなからそんな意思はなかった。「三国同盟」の締結は日米関係を決定的に悪化させただけだ。「三国同盟」にソ連を加えて、米国との対抗勢力にしようなどという松岡の発想は机上では成り立ったとしても現実の国際政治の場ではあり得なかった。それは妄想に過ぎなかったのである。

近衛文麿はようやく松岡外相が危険人物であることを認知した。そして、松岡を更迭するために総辞職を決断した。近衛の秘書官だった牛場友彦は後年、松本重治との対談（『近衛時代』）で、三国同盟に関する近衛の態度について次のように述べている。

「松岡にとって三国同盟はアメリカとの戦争を防ぐことが大目的だった。近衛さんもそれを信じていたのだから悲しいね」

近衛もすっかり松岡に踊らされていたというわけだが、気が付いたときには手遅れだったのである。近衛は総辞職後、すぐに第三次内閣を発足させた。昭和十六（一九四一）年七月十八日である。松岡の後任には海軍大将の豊田貞次郎を据え、主要閣僚は留任させ、日米交渉を始めた。が、その直後、七月二十八日、軍部が独断で「南部仏印進駐」を強行。北部仏印はすでに日本軍の管理下にあり（昭和十五年九月）、これでインドシナは完全に日本軍の占領下に置かれたことになる。これに対してアメリカは怒り、ついに最後通牒である「ハル・ノート」を突きつけた。昭和十六年十一月のことである。

近衛文麿は、最後まで対米戦争の回避を望んだ。開戦論者の東条英機陸相と対立し、組閣から三ヶ月後の十月十八日、総辞職している。後継首班は東条英機だった。近衛内閣時代、九月の御前会議で、政府は事実上、対米戦争を決定していた。

そして、昭和十六（一九四一）年十二月八日未明、連合艦隊機動部隊が米太平洋艦隊の基地、ハワイ真珠湾の奇襲に成功、太平洋戦争が始まった……。

終章

オールド・リベラリスト

昭和二十（一九四五）年四月。戦争が始まって三年以上の歳月が流れた。このころになると勝敗の行方は決定的で、敗戦の時期が目前に迫っていた。沖縄本島に米軍が上陸したのは四月一日だった。守備隊は必死に応戦したが六月二十三日、ついに力尽きて、組織的な戦闘は終結、全滅している。沖縄戦は民間人を巻き込んだ日本国内で最大の地上戦であり、日米間の最後の大規模戦闘となった。二ヶ月半に及ぶ戦闘での日本側の戦死者・行方不明者数は九万人余、一般国民の死者・行方不明者数も十万人を超えた。米軍の損害も大きく、戦死者・行方不明者数は一万二千人余、負傷者数は七万人を超えたといわれる。

戦艦大和が最後を遂げたのも沖縄に向かう途中だった。大和は六日夕、片道分の燃料だけで徳島湾沖を出航。九州近海までは味方戦闘機が護衛についたがそれらも七日昼に帰還。その後、米偵察機がぴったりとくっついたという。七日午後、四百機近い米軍機が二時間半にわたって猛攻撃をし、ついに鹿児島県沖で轟沈した。日本の連合艦隊はこれで事実上、壊滅した。海に囲まれた日本の海軍が葬り去られたわけだから日本滅亡の危機は刻々と迫りつつあった。

それでも軍の一部には本土決戦を主張、降伏を認めようとしない過激派がいて、クーデターの構えをみせていた。宮中近辺では緊迫した不穏な空気が漂っていた。

政局も混乱を極めていた。小磯國昭（一八八〇―一九五〇）内閣が五日、総辞職。重臣会議が開かれたが、後継首相を誰にするかで議論が大揺れに揺れて決まらなかった。重臣会議メンバーは内大臣の木戸幸一、枢密院議長の鈴木貫太郎（一八六八―一九四八）と若槻礼次郎（一八六六―一九四九）、岡田啓介（一八六八―一九五二）、広田弘毅、近衛文麿、平沼騏一郎、東条英機の元首相六人で合計八人。木戸や若槻、近衛、岡田の間では後継首相は鈴木貫太郎で一致していた。鈴木は海軍大将、国際感覚のある帝国海軍の良識派だった。若槻らは鈴木の起用で一気に終戦へと導く意向だった。ところが、肝心の鈴木が土壇場で「とんでもない」と辞退を申し出た。肩透かしを食らった若槻らに一瞬、隙が生じた。それを見逃さなかったのが東条英機だった。東条は「陸軍以外の者がつくと陸軍がそっぽを向く」と猛反発。それを聞いた岡田啓介が「陛下の命令で組閣する者にそっぽを向くとはなんたることか」とやり返した。これには東条もぐうの音も出なかったという。そんな経緯があったが、最終的には鈴木貫太郎も大命を拝受、七日に組閣が終わった――。

ルーズベルトの死

新しい首相に就任した鈴木貫太郎は慶応三年十二月二十四日（太陽暦一八六八年一月十八日）に和泉国（現在の大阪府）に生まれた。「明治」と改元されたのは一八六八年十月二十三日（旧暦では九月八日）だから維新の十ヶ月前に誕生したことになる。首相に就任したときは七十七歳二ヶ月。江戸時代に生まれた最後の首相であり、首相就任時の最高齢記録は未だに破られていない。

鈴木は、日清、日露戦争での従軍などを経て、大正十二年に海軍大将。翌十三年に連合艦隊司令長官、十四年、軍令部長。昭和四年一月、予備役となって侍従長兼枢密顧問官に就任し、昭和天皇の側近となった。昭和十一年の「二・二六事件」で叛乱軍の銃弾を浴びたが、奇跡的に助かった。鈴木は幼いころから死にそうな目に何度もあったがいつも助かった。「不死身の鬼貫」が綽名となった……。

鈴木が首相に就任してからも、戦局が改善する兆しはなかった。米軍機による空襲は一段と峻烈を極めた。日本が軍事同盟を結んでいたドイツとイタリアはすでに連合国側に降伏、そのころ日本はたったひとりで世界を相手に戦っていた。この老提督が結果的に世界でひとりぼっちの日本を終戦に導くことになるのだが、それは四ヶ月後のことだ。日本軍は各地で最後の戦いを試みては散っていった。「この大事な時期にこの老人に何ができるのか」。多くの国民がそう思っていた。いったい、鈴木首相の登場は何を意味するのか——実は昭和天皇や岡田啓介ら一部の重臣を中心とした早期終戦派の最後の賭けだった。徹底抗戦を主張する陸軍の過激派を抑えて終戦に持っていくには海軍出身の鈴木貫太郎しかいない。彼らはそう考えていたのだが、鈴木はすぐには動かなかった。むしろ、鈴木首相は就任時の会見で「自らの屍を乗り越えて、戦争に邁進せよ」と徹底抗戦の構えを強調、陸軍内部にあった疑念を払拭するのに躍起だった。鈴木はじっと情勢の推移を見守っていた。

鈴木貫太郎が首相に就任してからわずか五日後の四月十二日、ビッグ・ニュースが飛び込んできた。日米戦争で殺し合いをしているアメリカ軍の最高司令官、ルーズベルト大統領が病死したというのだ。日本人を苦しめている鬼畜米英のトップが亡くなったのだ。このとき、日本中は大騒ぎで当時の新聞記事も「ざまあみろ」といわんばかりの調子だった。そうなってしまうのもやむを得ないことなのだが、鈴木首相の反応は違った。

ルーズベルトの死が伝わると、同盟通信の記者が単独で鈴木貫太郎に会って、コメントを引き出している。鈴木首相はこのとき、

「米国国民に対して深甚なる弔意を表す」

と語っているのだ。

連日の空襲で東京は焼け野原。国民には公表されていなかったが戦艦大和もすでになく、連合艦隊は壊滅していた。それなのに……。同盟の記者もおそらく、鈴木が勇ましいコメントを出すものと期待していたのだろうが、それとは正反対だった。鈴木のコメントは同盟で英訳され、海外に向けて電波で配信されている。戦時中、無線電波の傍受を行っていた米連邦通信局がこれを受信、さっそく米

メディア向けにこのコメント記事が流され、それが『ニューヨーク・タイムズ』紙の四月十五日付に掲載された。実は不思議なことにこの記事は最初から英語でしか配信されなかったようなのだ。同盟の記事が配信されている日本の新聞各紙を筆者は調べたのだが、それらしい記事を掲載している新聞は発見できなかった。さらに当時の『ニューヨーク・タイムズ』紙の記事を読んでいて面白いことに気付いた。その記事は同盟記事の主要な部分をピックアップし、『ニューヨーク・タイムズ』の記者の手によってまとめられているものなのだが、その中には同盟の記者が書いたとおもわれる「解説」（英文）がそのままの形で利用されているのだ。

引用がやや長くなるが、『ニューヨーク・タイムズ』紙の記事（訳は筆者）を最初からみていこう。それによると、

「日本の同盟通信は昨日、鈴木貫太郎海軍大将・男爵が故フランクリン・ルーズベルト大統領の逝去に対して米国民に『深甚なる弔意』を表明したと伝えた。同盟通信の北米向け英文記事によると、日本の新首相は同盟の記者に『ルーズベルト大統領は非常に優秀な指導力を発揮したわけで、米国の今日の優位はその賜物だと認めないわけにはいかない』と述べた。首相はそのうえで『それゆえに、米国民にとって大統領の死がどれほど大きな喪失であるか容易に想像できる。米国民に深甚なる弔意を表する』と語った」

これが「弔意」の部分だ。さらに、記事は次のように続く。

「しかし、鈴木首相は『ルーズベルト大統領の死去により、米国の日本に対する戦時体制に変化が

あるとは予想していない』と『素直に語った』。米連邦通信委員会（FCC）によって傍受された同盟通信の記事はさらに続いている。鈴木首相は『日本もまた、英米の武断外交と世界支配に対して、すべての国家がともに繁栄し、共存するための戦いを継続する決意がひるむことは少しもない』と述べた」

この部分は当時の日本の首相としては当たり前の発言だ。さて、これからが「解説」調の部分となる。それによると、

「同盟通信の記事によると、同盟の記者がルーズベルト大統領の死という世界を揺るがすような出来事に対する鈴木首相の『予想外の態度』に『驚いたと言ってもいい』と書いている。そのうえで、記者は『（その話を聞いて）しかし、すぐに、新首相のような度量の大きい人物の言葉としては不思議ではないと気付いた』としている。さらに『日本が危機を乗り越えるにあたって、なぜ鈴木海軍大将が高齢にもかかわらず大命を拝受されたのか、その理由は首相が米国民の多大な喪失感に対する深甚なる弔意を表明したところにある』と伝えている」

ここまでくると、『ニューヨーク・タイムズ』紙も、何かを感じている様子がうかがえる。さらに同紙の記事は、

「『これ（弔意の表明）はまたとりもなおさず、本人も公言しているように政治の経験がないにもかかわらず、なぜ組閣の大命を拝受したかを説明するものであった。言い換えれば、鈴木首相は日本の戦争目的達成とすべての国家の安寧に貢献するためにその地位（首相という重職）に就いたのだ』

THE NEW YORK TIMES, SUNDAY, APRIL 15, 1945.

FRANKLIN D. ROOSEVELT COMES BACK TO WASHINGTON FOR THE LAST TIME

The coffin of the former President is carried into the White House followed by Mrs. Franklin D. Roosevelt, who is escorted by White House Usher Charles Claunch (at her left) and Vice Admiral Wilson Brown, naval aide to Mr. Roosevelt (at extreme right).
Associated Press Wirephoto

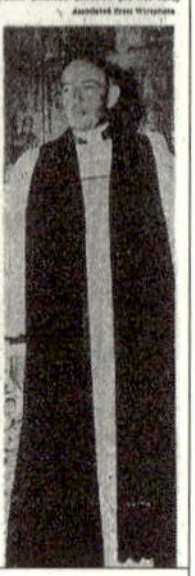

The flag-draped caisson bearing the body of Franklin D. Roosevelt, flanked by service men and motorcycle policemen, passing the Labor Building on its way up Constitution Avenue to the White House.
Associated Press Wirephoto

·L＋＋ 3

JAPANESE PREMIER VOICES 'SYMPATHY'

Suzuki Says Dead President's Leadership Was Responsible for 'Advantageous Position'

Admiral Baron Kantaro Suzuki has extended his "profound sympathy" to the American people on the death of President Franklin D. Roosevelt, the Japanese Domei agency declared yesterday.

The new Japanese Premier told a Domei correspondent, the English language wireless dispatch to North America said, that "I must admit Roosevelt's leadership has been very effective and has been responsible for the Americans' advantageous position today," and added:

"For that reason I can easily understand the great loss his passing means to the American people and my profound sympathy goes to them."

'No Let-Up,' He Asserts

But Premier Suzuki "candidly said," the dispatch continued as recorded by the Federal Communications Commission, that "he did not expect America's war efforts against Japan to change because of Mr. Roosevelt's death." He continued:

"On Japan's part, too, there will not be any let-up in her determination to continue fighting for the co-prosperity and co-existence of all nations as against Anglo-American power politics and world domination."

The Domei dispatch declared that the correspondent was "almost taken aback" by the "unexpected reaction" of Premier Suzuki to the "world-shaking event" of Mr. Roosevelt's death, "but he quickly realized it as not strange coming from a man of large caliber as the new Premier is." Then the dispatch went on:

"The Premier's expression of profound sympathy for the Americans in their great loss, the Domei representative immediately perceived, was the explanation why Admiral Suzuki, despite his advanced age, had been given the reins of the Japanese Government in an effort to pull the country through the current crisis.

Truman Called Hard Worker

"The expression, too, was an explanation why he has accepted the post despite his own avowal that he was inexperienced in politics. In other words, he has assumed the post in an effort to contribute his part to the achievement of Japan's war aims and for the welfare of all nations."

Meanwhile, other Tokyo broadcasts told the Japanese people that, according to a former employe of the Library of Congress in Washington, President Truman was a hard worker "who especially exerted his efforts in bettering the conditions of the lower classes," but who was "a little too good natured" and "not good in politics."

Admiral Kichisaburo Nomura, former Japanese Ambassador to the United States, was quoted in a Tokyo broadcast as saying that "America's war policy will not be affected by Roosevet's death."

『ニューヨーク・タイムズ』紙
(1945年4月15日)

4月12日に病死したルーズベルト大統領について同盟が配信した鈴木貫太郎首相のコメント（右）。敵国の大統領に対して「深甚なる弔意」を表明している。おそらく英文記事のみの発表で、これには松本が深く関与していたと思われる。

と、同盟の記者が感じたままの内容を、自らの記事の中で紹介しているのだ。

同盟の英文記事は苦しい表現ながらも真意が何処にあるかを見事なまでに示唆している。この記事を読んで「何か」を感じない人は多分、居なかっただろう。『ニューヨーク・タイムズ』紙側もそれを感じたからこそ同盟の記事を掲載したとみられる。

いったいこの同盟記事を書いたのは誰か。鈴木首相がそう書くように指示したのか。それとも記者が首相の気持ちを忖度して独断で書いたものなのか。それに、なぜ、この記事は英文だけで配信されたのか。なぞは深まるばかりだが、それを解くことは今のところできていない。同盟は昭和二十年十月末で解散し、当時、同盟の記者だった人々もすでに鬼籍に入ってしまった。おそらく、今後もこれらのなぞを解くことは出来ないだろう。

当時の同盟は社長が古野伊之助、編集担当常務理事が松本重治、英文記事を担当した海外局長が長谷川才次（一九〇三―七八、後の時事通信社社長）だった。この記事を誰が書いたにせよ、あの時期にこれだけの英文記事を海外に向けて発信するには会社としても相当の決断を要したはずだし、同盟の三首脳の了解なくしてそれは不可能だった。もし、陸軍や憲兵にでも知られたりしたら同盟自体がどうなったかわからない――そう考えていくとある可能性・推理が浮かんできた。それはこの記事は三人の〝合作〟だったのではないか、という推理だ。もう少し詳しく説明すると、海外局長の長谷川才次が鈴木首相に会ってコメントを引き出し、英文記事を書いた。古野伊之助と松本重治のふたりが長谷川原稿をチェックして（あるいは書き直すなどして）最終的に配信した――という仮説だ。こう推理してゆくと、英文記事だけで日本語の記事がなかったことも理解できる。三人にすればこの際、英語だけで十分だったのだ。それなら英文記事の内容をめぐって軍部と真正面から衝突する危険も避けられると考えたのではないか。想像の域を出ないが蓋然性はかなり高いと思われる。

ちなみに三人の評伝や自叙伝などに当たってみたが、今のところこの記事に触れた証言などは発見できていない――。

同盟解散後、社業の根幹部分を受け継いだのは共同通信と時事通信。両社のOBで同盟に席を置いていた人たちはすでにこの世にはいないものと思われる。そこで、戦後、共同になってからの入社だが、この三氏をよく知っているOBに意見を聞いた。彼らもすでに老齢の域に達している。そのひとりは共同通信常務理事（編集局長）だった林雄一郎。林は「その記事は長谷川さんが書いたのではないか。彼なら自分で取材に出かけてコメントをとって書いたということは十分に考えられる。でも、それだけの記事を流すのだから古野さんと松本さんの了解がなければ出来なかったのではないか」と語っている。

林はベトナム戦争中のサイゴン特派員、ワシントン支局長、外信部長、論説委員長などを歴任、常務理事編集局長を最後に共同を退社した。現在は国際問題評論家として『信濃毎日新聞』などでコラムを連載している。林は学生時代から松本重治が主催する勉強会などに参加し、松本の薫陶を受けたジャーナリストのひとり。一九七〇年代初頭、ワシントン特派員として赴任する前、松本のもとに挨拶に行くと、それならばと、松本はちょこちょこっとコメントを書いた自分の名詞束を「紹介状」だよ、と言って、林に手渡した。その束は分厚く、ずしりと重かった。林がその一枚一枚を丁寧に見て行くと、紹介先がキッシンジャーなど大物ばかりで「びっくりしてしまった」。松本重治の国際的な人脈がいかに広く、深かったかを物語るエピソードでもある。

もうひとりの証言者は共同通信の元社長、犬養康彦。犬養は昭和七年の「五・一五事件」で暗殺された犬養毅首相の孫であり、松本重治とともに日中和平工作に奔走した犬養健の長男。犬養は戦後まもなく共同通信に入社、社会部長、編集局長などを歴任している。犬養もこの『ニューヨーク・タイムズ』紙に掲載された同盟記事の存在そのものを知らなかったが、筆者の問い合わせに対して、はきはきと電話で丁寧に答えてくれた。

「あの三人なら十二分にあり得る話だ。（それを聞いて）まず、さもありなん、と思った」

犬養と林のふたりは若いころからなにかと三人の周辺にいて三人の人となりなどをよく知り抜いたジャーナリストである。彼らの証言だけでは決定的な証拠とはならないが、先の推理を補足するには十分な素材だろう。

実はこの『ニューヨーク・タイムズ』紙の記事の存在をまっさきに世に知らしめたのは比較文学者の平川祐弘だった。しかも、今から二十六年も前のことだ。平川は著書『平和の海と戦いの海――二・二六事件から「人間宣言」まで』（新潮社、一九八三年）の中で、この『ニューヨーク・タイムズ』紙の記事の存在を紹介して、

「（同盟の）執筆者が誰であったか、いずれにしても苦心惨憺の英文だった。何故、鈴木に国政の手

綱がゆだねられたのか、何故、鈴木が組閣の大命を拝受したか。その『何故』に対する記者の答えは、日本の重臣層には終戦の意図があるという示唆だった。記者は『すべての国の安寧』という言いまわしに『平和』という意味を匂わせたかったに相違ない」と述べている。

さらに、平川は「行間を読もうとしたアメリカ人にとって、この記事は東京からのまことに意味深長なサインに映じたことであろう」とも推測している。『ニューヨーク・タイムズ』紙の記者はそう感じたからこそ、この記事を掲載した。同盟の英文記事は終戦を早めることに貢献はしなかったが、それは結果論である。戦前のジャーナリストの中にも、あの国家的な危機下のギリギリの段階で、自らの危険を顧みず、その立場なりに一生懸命に考えて、日本や日本人のために何かをしようという勇気ある人々がいたのだ。

この事実は歴史の秘話のひとつとして記憶にとどめておくべきではないだろうか。

近衛文麿、幻の「訪ソ」

昭和二十（一九四五）年夏、軽井沢に滞在していた松本重治のもとに近衛文麿から電話がかかってきた。松本によるとそれは「七月十二日だった」という。

「ちょっと話をしたいから……」。電話はそれで切れた。そして、午前十一時ごろ、近衛はお忍びで、松本の家にやって来た。家に入ると、近衛はすぐに話を始めた。

その話というのは国家機密に関する重要な案件だった。それは――。

話は二日前の十日に遡る。その日、天皇が近衛をお召しになった。

「もう戦争をやめなきゃならん。ソ連を仲介にして調停を頼みたい」

昭和天皇が、突然、そう切り出したのだという。

昭和天皇の強い決意表明だった。これでは近衛も断ることはできない。静かにその話に聞き入る松本に近衛は「仕方なしにお受けして帰ってきた」と言いながらも、

「僕と一緒にモスクワに飛んでくれないか」

近衛は松本にモスクワに同行するよう、求めてきたのだ。

「私はソ連をあまりよく知らないし、役に立たんですから……」

松本は遠まわしな表現だったが、そういってその要請を断った。が、近衛はすかさず、

「モスクワにはイギリスの駐ソ大使、サー・クラーク・カーという松本君が懇意な人がいるそうじゃないか。その人にも会って、イギリスにも調停の話をもっていくよう、ひとつ考えてくれないか」

こういって松本に翻意を促した。近衛文麿はすでにそこまで調べ上げていた。

イギリスの駐ソ大使、サー・クラーク・カーは松本が同盟の支局長として上海にいたころ、イギリス公使をしていた人物で、松本とは「非常に懇意」な間柄だった。モスクワ行きに最初は乗り気でなかった松本もこれを聞いて、次第に心を動かされ、

「もしかしたらうまくいくかもしれない……」

と、思いなおし、この大役を引き受けた。

そのとき、松本は近衛にソ連に仲介を依頼しようという調停条件について質した。近衛によると、調停条件は戦争最高指導会議などで最終的に決める、とのことだったが、

「政府や統帥部から条件がいろいろと出るだろう。そんな虫のいい条件なんて、ソ連がのむはずがない。僕は全部、ポケットに入れてしまうつもりだ」。そして、

「自分の唯一の調停条件は天皇制存続だよ」——。

こうきっぱりと言ったという。

近衛文麿はまさに独断で、天皇制の存続のみを条件として、ソ連側と交渉を行う腹を固めていたのだ。日本はすでに壊滅的な打撃を受け、東京も廃墟と化していた。陸軍は本土決戦を叫んでいたものの鈴木貫太郎首相が率いる政府は水面下で和平工作を検討していた。ソ連を仲介にして連合国との和平交渉を行うというのもそうした検討案のひとつだった。

日本とソ連は昭和十六（一九四一）年四月、日ソ中立条約を結んでおり、この時点では相争う関係にはなかった。同条約の有効期間は五年（期限は昭和二十一年四月）で、その満了一年前までに両国のいずれかが廃棄を通告しない場合はさらに次の五年間、条約は自動的に延長されるものとされた（第三条）。その廃棄通告期限もとっくに過ぎていたのでこのとき、日本政府は安心していた。七月十日に戦争最高指導会議が開かれてソ連に終戦斡旋を依頼するため、近衛文麿の派遣を決定。ソ連への正

式な申し入れは三日後の十三日に行われた。日本はほぼ全世界を相手に戦争をしていたのだから和平調停を頼めるのもソ連しか残っていなかった。明治四十（一九〇七）年四月に初めて策定された「帝国国防方針」以後、ロシアに対する防備を国防の基本方針としていた日本がソ連を頼るというのだから皮肉であり、それだけ日本は追い詰められていた。しかし、日本政府のこの決断はあまりに時宜を失したものだった。ソ連のスターリンは十七日から始まるポツダム会談の準備に忙殺されており、日本の調停依頼を検討する暇などなかった。

というよりも、スターリンはそれを無視したのだ。ポツダム会談は七月十五日に開催の予定だった。スターリンの出席が二日遅れたため、実際に始まったのは十七日となったが、この二日の遅れが日本側に過度の期待を抱かせた。日本側が申し出た終戦調停を考慮するため、スターリンの出発が遅れたのではないかなどと、日本は勝手に憶測したが、そんなことはまったく関係がなかった。結局、ソ連の協力は得られず、政府も十八日、ソ連を仲介とした調停工作の実施を断念している。これで近衛の訪ソは幻となった。が、近衛はこの訪ソに命を賭していたという。『〈聞書〉わが心の自叙伝』の中で、近衛の娘、野口昭子から聞いた話として、松本が書いているのだが、近衛はモスクワに持っていく荷造りの最中、青酸カリの入った小瓶を昭子に見せ、

「いざという時はこれを飲む」

と、語っていたという。

トルーマン（一八八四―一九七二）、チャーチル（一八七四―一九六五）、スターリンによる三巨頭会談の

結果まとまったポツダム宣言は七月二十六日に発表され、日本に無条件降伏を求めた。また、事実上、ソ連の対日参戦が決定している。ソ連が日ソ中立条約を一方的に反故にしたのだ。日本がすぐにポツダム宣言を受諾していればその後の「悲劇」を防げたのだがそうはいかなかった。日本政府はポツダム宣言の翌日、その内容を知った。が、その日の戦争最高指導会議ではポツダム宣言に対する意思表明を見送ることを決定している。つまり、リアクションは何も起こさないという腹づもりだった。ところが、あくまで戦争の継続を求める陸軍が首相に圧力をかけた。しかたなく、鈴木首相は七月二十八日、記者団に対して、

「ポツダム宣言を黙殺し、戦争完遂に邁進する」

との談話を発表してしまった。

ノーリアクションのはずが「黙殺」というリアクションに変わった。これがその後の「悲劇」の伏線となった。鈴木首相は「すぐに返事はできない」という意味で「黙殺」という言葉を使ったというのだが、そうであるならなおさら「黙殺」という言葉は不適切だった。同盟通信が鈴木首相の談話をニュースとして海外に配信した際、「黙殺」という日本語を、"ignore" と翻訳した。これは「無視」という意味である。首相が「すぐには返事が出来ない」という意味だったと言ったところで同盟側もそこまで斟酌はできない。やはり、この場合は文脈上どう見てもこの訳語で正しかったと思われる。同盟の英文記事を受けて連合国も日本政府がポツダム宣言を「無視」し、戦争を継続する意思を表明したと受け取った。鈴木の心の奥底に隠されていた〝真意〟とは正反対の反応だった。当時の陸軍の圧

力は相当なものでこの表現がギリギリだったのかもしれないが、やはりこれは政府の〝大チョンボ〟である。なぜなら、連合軍が態度を硬化させたことで、結果的にその後、多くの無辜の民が死んでしまうことになったからだ。ポツダム宣言の発表から日本政府がそれを受諾するまでの三週間の間に米軍は広島と長崎に原爆を投下している。

このとき政府はすでに思考が停止し、機能不全に陥っていた。同盟編集局長として、当時の政治状況をつぶさに観察していた松本も後年、当時の様子を次のように述懐している。

「当時の内閣と統帥部、つまり、日本国家の権力組織は無力になっていた。なんと言ってもまず、国がおさまるかどうか分からなかった。ポツダム宣言を引き受けたということだけで、焼き打ちにあって内閣その他がつぶれることもあるし、何かものを言ったって反対論も相当あるだろうし、もう一戦やろうという気もあるだろうし、国内情勢がめちゃくちゃで、まともな返事が出来なかった」(『近衛時代』)

「戦争責任」

昭和二十年八月十五日、日本はポツダム宣言を受諾し全面降伏した。

太平洋戦争での日本の戦没者数は三百万人を超えた。総務省の統計によると、戦争が始まる前(昭和十五年ごろ)の日本の総人口は七千二百万人前後。これを基準にすると戦争による損耗率は実に四%を超えたことになる。一方、第二次世界大戦における世界全体の死者数は千六百八十三万人(行方不明を含む）といわれている。負傷者数はこの数字をさらに一千万人以上もオーバーしている。

昭和十二年七月、盧溝橋事件に端を発した日中戦争。その当時の首相、近衛文麿は戦後、A級戦犯に指定された。中国との戦争の開戦責任を問われたのだ。近衛が巣鴨刑務所に収監される前日（昭和二十年十二月十五日）、松本重治と牛場友彦は、

「もしかしたら近衛さんは自殺するかもしれない……」

そう考えて東京・荻窪にあった近衛の自宅に駆けつけた。

すでに多くのゆかりの人たちが近衛邸に集っていた。近衛はそうした人たちと笑顔で談笑し、ひとりひとりのグラスに高級ウィスキーを振舞ったという。〝別れの杯〟。誰もがそのことに気づき、それとなく近衛にそんなことはやめるように話したが、近衛の意志を変えることは出来なかった。次第に夜も深まり、人々は三々五々、帰っていた。だが、松本と牛場のふたりは帰らなかった。そのまま近衛の寝室の隣に布団を敷いて並んで寝た。そして翌十六日の早朝――。二人は近衛の自殺を知ることになった。青酸カリによる服毒自殺。近衛昭子が五ヶ月前に見た青酸カリの小瓶が枕元に「空になっておいてあった」。五摂家筆頭という高貴な家柄に生まれた近衛文麿。貴人としてのプライドが〝戦犯〟として遇されることを許さなかった。

終戦の日、松本重治は同盟通信社の常務理事で、編集部門のトップだった。すでに述べたように同盟は国策会社であり、ピーク時には年間予算の四割を政府助成金が占めた。陸軍が戦時中、「宣伝」のために同盟を利用した報酬だった。このため敗戦で同盟もまた、戦争に協力した組織のひとつとし

て責任を追及される可能性があった。そうなる前に古野や松本らは自らの手で同盟を解散することを決意。昭和二十年十月三十一日、同盟は解散した。その後、松本は同盟時代の部下とともに夕刊の政治評論紙『民報』を創刊している。自らが社長兼主筆に就任し、戦後ジャーナリズムの最前線に座り続けた。『民報』という名前は孫文が横浜で結成した中華同盟会の機関紙と同じで、そこからとったという。『民報』の創刊は昭和二十年十一月三十一日。夕刊紙だったので紙面上の日付は十二月一日。

ただ、民報の創刊は必ずしも松本の発意によるものではなかったようだ。同盟が解散したら新しい新聞を発刊しようと決めていた同盟の部下や仲間たちが国際的に著名なジャーナリストだった松本を担ぎ出して創刊することになったらしい。創刊時の主要なメンバーのひとりで同盟の政治担当主任(政治部長)だった長島又男の証言によると、

「松本さんは同盟が解散したとき、デモクラシーを主張するための新しいオピニオン・ペーパーを出す気持ちがすでに固まっていたようだったが、具体的に何をするのか、決めかねていた様子だった。そこで、十月のある日、長島が同盟社内で、僕らは『新しい政治新聞を出したい』と提案」したという。松本はそれを聞いて、

「長島君、よしやろう。これからが僕らの本当の出番なんだ」

(吉田健二『戦後改革期の政論新聞――「民報」に集ったジャーナリストたち』文化書房博文社、二〇〇二年)

と言って、賛成したという。

以後、創刊に向けた具体的な動きが急速に進展して行った。アメリカに留学していた大正時代、松

本は自由で民主的なアメリカ社会を支えるジャーナリズムの存在を間近に見て、ジャーナリズムの重要性を認識すると同時に、それに刺激されて、国際的なジャーナリストになろうと決心を固めた。松本は留学から帰国後、しばらくして念願の新聞記者になった。だが、松本が活躍した時代、日本社会では当時の米社会とは裏腹に自由なジャーナリズムは存在しない非民主的な社会で、強い国家権力と暴力によって抑え込まれていた。が、戦争に敗れたことで、それが大きく変わるチャンスが突如、目の前に現れた。

松本が長島に「これからが僕らの本当の出番だ」と口走ったのも、そうした変化の兆しを鋭く感じ取った松本ならではの深い洞察力によるものだった。待ちに待った出番。その先頭に立って思い切り健筆を揮ってみたいという松本の情熱の発露でもあった。とはいえ、日本のジャーナリズムが自由で独立した存在になるための基礎土台はまだまだ脆弱であり、外部からちょっとした圧力が加わるとあっという間に崩れてしまいそうだった。明治以来「上」から統治されることに慣れた国民性と社会風土を、その根底から、民主主義的な社会へと転換させるには血がにじむような国民的な努力が必要だった。「戦前的なもの」をいつの日か復活させよう、とする反動勢力も時代の陰に潜んでいて、民主化勢力の失敗と油断を虎視眈々と狙っていた。松本はそうした勢力と正面から戦って国民の機運をなんとか民主主義革命の方向へ導いて行くことの大切さを痛感していた。その先頭に立って国民を啓蒙する重要な役目を担うのが戦後のジャーナリズムでなければならない――。それがかつて米社会で羨望のまなざしで眺めた真のジャーナリズムの姿である、と、松本は考えた。

日刊 昭和二十年十二月一日 民報 (土曜日) 第一號 (一)

民報

戰爭責任決議のみ
納得出來ぬ 議會の態度

各黨の言ひ分

社説
われ等の使命

近藤日出造

『民報』（昭和 20［1945］年 12 月 1 日）

同盟時代の部下とともに創刊した政治評論紙『民報』。松本は社長兼主筆に就任し、創刊号では「われ等の使命」と題する社説を執筆している。

そうした松本の信念と強い意気込みが全身からあふれ出さんばかりなのが、『民報』創刊号の一面で、松本自身が書いた「我等の使命」という社説である。それは、

「一つの戦いは終わったが、われわれはいま一つの戦いを戦うべき運命にある。個人の再建と新たなる民主主義革命のための戦いである」

――と、実に格調の高いトーンで始まっている。そして、

「われわれは確信している。この内外の危機は決して克服し得ぬものではない。既往の過誤に対する冷厳なる反省を通じ、先ず自己内部の戦いを戦い日本人個人としての再出発を為さねばならない。再出発したる個人は、祖国のために、その歴史と現実とを顧みつつ政治、経済、社会、教育、文化その全面にわたり民主主義的一大革命を戦い抜かねばならない。我が民族の生命力が、この新たなる基盤の上に結集さるるとき、日本は世界の日本として、再び自らなる地歩を占めるであろう」

民主国家に生まれ変わるため努力しようと国民に呼びかけているのだ。さらに、自己を再建し、民主主義革命を推し進めて行くには、

「正しく戦う言論報道機関を何よりも必要とする。われ等同人が自らの非力を顧みず、敢えてわが『民報』を創刊せんとするは、この新たなる使命を痛感し、これを遂行せんとする情熱に燃ゆるの故に外ならない」

として、『民報』創刊の使命を力強く謳っている。

『民報』の現物は国立国会図書館でも保管されていない。ただ、法政大学大原社会問題研究所が戦

後社会運動資料収集の一環としてかき集められ、一部が復刻されている。それが一九九一年六月、法政大学出版局から出版されており、それに依拠した。

この社説に、松本の哲学が見事なまでに凝縮されているのだ。まさに芯からのデモクラットたる松本重治の真骨頂がここにある。松本は晩年、後輩のジャーナリストらに対して、

「新聞がダメになると民主主義がダメになる」

と、口がすっぱくなるほど言い続けた。

その哲学の原点ともいえるのが、『民報』創刊号の社説のなかにある。『民報』は思想史上、リベラル左派に位置づけられているが、左翼にべったりだったというわけではない。『民報』は創刊当初から占領軍司令部などでも注目された存在で、アメリカのAP通信社など外国通信社の記事にも『民報』の社説などがしばしば引用されたという。なかでも、昭和二十年十二月八日（四年前に真珠湾攻撃があり、日本が米英に宣戦布告した記念日）付の一面トップに掲載された社説は内外でかなりの注目を浴びた。

それを書いたのも松本で、タイトルは「天皇制の道」。その中で松本は、

「卒直にいって吾々は天皇陛下にも戦争の御責任ありといいたい」

として昭和天皇に戦争責任があることを堂々と弁じたてた。さらに、

「クドクドいう必要はない。今次戦争は宣戦の詔勅によって開始されたのである。一億国民があらゆる苦難に堪えて戦争努力をなしたのは、何よりもこの陛下の大号令があったためである。（中略）御

責任なしということはできない。客観的に冷静にモノをみるならば何人にも明々白々たる事実であるはずだ。事実をごまかしたり曲げたりしてはいけない」

と述べ、昭和天皇の戦争責任の所在を明示すると同時に、天皇制を守ることに懸命となるあまりに天皇の戦争責任について誤魔化そうとする一部の重臣、政府や宮中関係者の思惑を痛烈に批判したのである。敗戦からまだ、四ヶ月しか経っていなかった。占領政策も動き始めたばかりだ。当時、マッカーサー米占領軍司令部ばかりでなく、連合国の中枢部でも実際、天皇の戦争責任を問うべきかどうか真剣に議論されていた。米英の新聞記事などでも、例え「お飾りであっても罪はある」というのが主流であり、そのことを「日本人自らが考えよ」と言わんばかりの論調だった。皇族であろうが一般人であろうが何らの区別はしない、というのが、戦争責任を追及する側の論理だったのだ。

松本はそうした渦中にあって、正々堂々と、真正面から、昭和天皇の責任を論じたのだ。それは勇気ある行為だった。だが、そうだからといって、松本の社説は、共産党のように天皇制そのものを真っ向から否定したものではなかった。むしろ、松本は天皇制を維持することが新しい日本にとっても望ましいと考えていた。連合軍に昭和天皇の戦争責任を取り沙汰される前に天皇がみずからさっさと退位することがかえって「天皇制を救う道である」と論じたのだ。松本は天皇制の将来構想にも触れている。

「これを機会に憲法、皇室典範の徹底的民主的改革を断行して天皇の大権事項を縮限し、実際政治の圏外に天皇陛下をおくことが、むしろ望ましい。かくてこそ初めて日本政治機構の民主主義化は達成されるであろう」

と、論じている。

昭和天皇自身がそう考えていたように、松本もまた、「王は君臨すれども統治せず」――立憲君主制の大先輩、イギリスの知恵に学べ、とばかりの主張だが、戦争直後のこの段階で、松本はある意味で、望ましい新しい憲法の在り方を提言していたことになる。実に先見の明がある社説だった。

しかし、松本重治が『民報』で健筆を揮うことのできたのはごくわずかの期間にすぎない。同盟幹部だったとの理由で昭和二十二年一月、突如、公職追放に指名されたのだ。公職追放は敗戦後、ポツダム宣言が掲げた「軍国主義者の権力および勢力を永久に排除する」という方針のもとに占領軍の指示や覚書に基づくポツダム命令で断行された。昭和二十年十月に教育と警察分野でまず始められ、その後、戦争犯罪人、職業軍人、国家主義団体幹部、戦争遂行に重要な役割を果した人物などが順次、その地位を追われ、再び、同じような地位に就くことを禁じられた。そして、昭和二十二年一月の「公職追放例改正」で、地方政界、言論界、経済界にまで拡大されて、追放者は二十万人を超えた。松本は戦前、同盟通信の幹部だったことから「戦争協力者」というレッテルを貼られて公職追放に指名されたのだ。松本は昭和二十二年三月三十一日、民報社長の辞任に追い込まれた。

松本は戦前、同盟通信上海支局長時代、日中和平運動に命を賭けた。文字通りにそれで疲労して重病になり死にかけたこともあった。太平洋戦争が始まってから、鎌倉で病気療養をしているとき、憲兵隊に家宅捜索されたこともある。リベラリストであった松本は軍部にとって〝危険思想の持ち主〟

とみなされたのだ。そんな松本が戦後、自由で、民主的な社会の旗振り役であったはずの米軍に「軍国主義者または極端なる国家主義者」との烙印を押されたのだ。これには松本を知る多くの人たちが驚き、口々に異論を唱えた。

そのひとり、東京帝大大学院時代の恩師、高木八尺教授が、松本に「監査御願」を書くように薦めたことがあった。そのとき、松本が高木に宛てて書いた手紙がある。河合達雄という編集者がそれについて書いた文章があるので引用する。松本の手紙には、

「同盟そのものの編集活動の最大の責任者であった私の行動の実績を俎上に乗せて冷静、良心的に検討してみますと、先生のご期待にそいうるような監査御願が書けないという結論に到達しました」

（河合達雄「国際的日本人の旅――編集者の松本先生像」、松本重治著、聞き手・國弘正雄『昭和史への一証言』毎日新聞社、一九八六年、所収）

と、書かれてあった。

「良心的に検討してみると先生の期待にはそえない」――松本は同盟通信社の編集幹部として自らの戦争責任を素直に認めて責任をとるという覚悟を明確に述べているのだ。

それが是か非か。意見は様々だろう。戦前・戦中には熱狂的な戦争支持者だった多くの人々が戦後になって、突如、変節して自己保身に狂奔していたにも拘わらず、戦争に終始、反対して、戦争を止めさせようと命を賭けた松本重治はそうしたことを一切しなかった。

日本人としての「矜持」。それが松本重治がそんな下劣な真似をさせることを阻んだ。松本の追放

解除は三年後の昭和二十五年になってからのことだ。その間、高木教授らとともに「アメリカ学会」の設立に尽力した。アメリカによって公職追放されながらも松本はアメリカを研究することにこだわった。それはなぜか——日本は二度と愚かな戦争を起してはいけない。そのために敵国であったアメリカをよく知り、研究することが必要である——との強い思いが松本を動かし続けたからだ。松本はアメリカ学会初代会長の高木の後を継いで、二代目の会長に就任している。

日米交流の礎、国際文化会館の創設

昭和二十六（一九五一）年二月、日本と結ぶ講和条約の内容を検討するため、米政府の特使、ジョン・フォスター・ダレスが日本にやって来た。ダレスはこの二年後にアイゼンハワーが大統領に就任すると国務長官となるが、ダレスの来日が松本の人生に大きな転換をもたらした。

そのとき、ダレスはある人物を日本に連れてきた。その人とは石油王で、大金持ちのロックフェラー三世で、しかも松本の古くからの友人のひとりだった。松本によると、ダレスがロックフェラー三世を連れてきた背景には当時の微妙な国際情勢を反映した深謀遠慮があったという。というのは——。

米占領軍司令部は当初、日本の改革に対して極めて革新的な手法で臨んだ。軍部の解体と戦争の永久放棄、財閥解体、農地改革、教育改革、政治犯の釈放……。矢継ぎ早に革新的な政策を打ち出した。これらのほとんどはリベラル左派で占められていた当時の占領軍の〝軍事官僚〟の発案と、マッカーサー最高司令官の強権で実行された。ところが、このころになると、それが大きく変わり始めた。急進的だった改革が後ずさりし始めたのだ。いわゆる〝逆コース〟といわれる現象がそれだ。そのきっかけとなったのが冷戦の始まりだった。第二次大戦後の世界はアメリカを中心とした資本主義陣営とソ連を中心とした共産主義陣営が激しく対立。次第にこの対立がいつホットな戦争に転化してもおかしくないほど緊張したが、戦争の傷が未だに癒えない両者はともに動かず、睨み合ったままとなった。これが東西両陣営による冷戦の始まりである。そんなときにダレスがやってきたのだ。松本によると、「アメリカは当時、占領政策が逆コースを取り始めたため、日本の知識層が反米的になった。講和条約が結ばれて米軍による日本占領に終止符が打たれると、反米風潮がもっとひどくなるのではということを、漠然としながらも心配していた」

そこで、ダレスは「日本のインテリ層が親ソ派になるのを防ごうとした。日本の知的風土にある親ソ的な傾向を改善しなければ日米関係はよくならない。そのために日米の文化交流ができないか、というわけで、ロックフェラーを連れてきた」という（いずれも松本重治著、聞き手・國弘正雄『昭和史への一証言』）。

ダレスに同行して来日したロックフェラー三世は昭和四（一九二九）年秋の太平洋会議・京都会議で出会った高木八尺や松本重治をさっそく訪ね、旧交を温めた。そして、ふたりに日米交流プログラムの構想を示した。その構想こそが、当時の米政府が考えていた日米関係を改善するための文化交流の一環だった。そのとき、松本が、

「それなら、超一流の思想家、学者を早くアメリカからに日本に寄こしなさい。そうすれば日本のインテリ層の間にあるアメリカに対するイメージも変わるだろう、と提案しました。ロックフェラーは膝をのりだしてそれを聞いていた」

同じ年の十月、ロックフェラー夫妻が再び日本にやってきた。今度は自らの法律顧問を帯同していた。法律顧問を交えて日米の文化交流事業をいかに進めていくか、具体的な話し合いが高木や松本との間で何度ももたれた。そこでは「人物交流」を核とすることで両者の意見が一致し、ロックフェラー財団も協力することになった。すると、ロックフェラーが日本側の熱意を計るために、二、三十人の日本人の知識層を前に自らが話をしたい、と、言い出した。そういうことならばかなりのレベルの有識者をかき集める必要があった。そのとき、松本の脳裏をあるアイディアがよぎった。松本は高木とともにそうした人々を選んで、ひとりひとりに声をかけるかたわら、自らがこれからやろうとしている運動のメンバーに、そうした人々にも名を連ねてもらおうと考えたのだ。一石二鳥の計画だったが、松本はそのとき、「それを束ねるには自分はまだ若い」と思案した挙句、そのトップとしてもっともふさわしい人物に思い至った。

それは樺山愛輔だった。樺山についてはすでに何度か述べているのでここでは省く。ただ、樺山は日本における国際交流事業のパイオニア的な存在だったからこの役割には申し分のない人材だったことだけ再確認しておく。松本からそれを聞いた樺山も喜んで、その大役を引き受けた。運動のトップも決まり、運動を推進するメンバーの人選も終わった。その後、松本はすぐに動き出した。人物交流を将来にわたって長期的に行うにはそれなりの体制を組織する必要があった。そしてそれよりもなによりもアメリカから超一流の学者や思想家が来て、日本の知識人が彼らの話を聴くにもそれなりの場所が必要だ。そのための拠点をできるだけ早く国内に設けなければならない――松本はそうした組織を設立するための運動を始めたのだ。

とはいっても、その運動は最初から順風満帆だったわけではない。松本らの発想は確かに新生日本にふさわしい、美しく高邁なものだったが、それをすぐに受け止めることができるほどそのころの日本には余裕はなかった。何事もそうだが、理想を実現するにはやはりカネが必要だ。そう、肝心の資金集めが思うように運ばなかったのだ。当時の財界、といってもそれは形ばかりの存在で、「ザ・ケイダンレン」と呼ばれるほど力を持つのはずっと後のことだ。財閥解体や公職追放など戦後の急進的な改革によって、戦前・戦中に力を持っていた実力派の経営者らはことごとくパージされてしまい、解体されて残った企業でも経営陣は一挙に若返った。しかも、そうした経営者の最大の課題は空襲で焼け落ちた自社の生産設備を復旧させることだった。だから、余分なカネは一切持ち合わせていなかった。しかも、戦後、日本経済はハイパーインフレ（驚異的な物価上昇）に見舞われていた。それを抑えるため、日銀が厳しい金融統制を敷いていた。

それでも松本らは財界の重鎮を足繁く訪ねたが、みな一様に渋った。「何もいますぐにそんなことを始めなくても……」。これが彼らの素直な反応だった。ところがである――デッドロックに乗り上げた感のあった矢先、ロックフェラー三世が基本的な資金を供出してくれるという朗報が舞い込んでさせた。ロックフェラー財団は昭和二十七年七月、日本側が翌年の八月までに一億円の募金を集めることを条件に、土地建物の資金として、一億七千五百万円（当時）を出すことを決めたのだ。そのほか財団法人として認可された日から昭和三十二年末までに年間二千五百万円を限度に事業運営費を保証してくれることとなった。結局、「準備金を含めると、申請した助成金総額は四億円以上となった」という。戦争を戦った最大の敵国、アメリカの大金持ちが浄財を供出してくれたのだ。しかも、ロックフェラーは旧友の窮地を見かねて、ポーンと、巨額の基金も出してくれた。これでそれまで渋っていた財界もようやく重い腰を上げ、運動は一気に実現に向け動き出すこととなった。

そんな経緯を経て設立されたのが財団法人、国際文化会館である。

会館が産声を上げたのは昭和二十七年八月だった。建物（旧館）はその三年後に完成している。ちなみに会館の敷地は旧三菱財閥の総帥、岩崎小弥太（一八七九―一九四五）の屋敷跡地で、岩崎の邸宅は空襲で焼け落ちてしまったが、その庭園は戦災を免れて、今に至っている。小弥太が日本屈指の造園家、小川治兵衛（一八六〇―一九三三）に作庭を依頼し、昭和五（一九三〇）年に完成。桃山時代から江戸時代初期の名残を留め、日本近代庭園の傑作といわれている。

国際文化会館の国際交流プログラムの運営ノウハウにはモデルがある。それは戦前、キリスト者が中心となって組織した太平洋会議だ。すでに述べたようにその第三回会議が昭和四年秋、京都で開催された。アジア太平洋地域ばかりでなく遠く欧州からも大勢の民間の有識者が古都に集まった。「中国問題」はすでに世界的なホット・イシュー。ホスト国日本は会議の議事運営に苦労を強いられた。

政治問題が議論の祖上に上がると会議の雰囲気が険悪化し、大いに紛糾した。京都会議は決裂か――と思われたが、いったん休憩に入ると、たった今まで頭から湯気を出して侃々諤々、喧々囂々の議論を闘わせていた人たちが仲良く席を並べて食事し団欒しているではないか。直前までの雰囲気はうそのようだった。若かりし頃の松本はそれをつぶさに観察していた。

「ヒトとヒトが本音をぶつけ合い、真摯な態度で向き合うことの大切さ」を学んだという。

日本人が戦前、いつのまにか夜郎自大になってしまった一因に国際感覚の欠如がある。日本人にはどうしたわけか、相手のことをよく知らないのに相手を一方的に見下す性癖があって明治後半期に国家主義が一段と伸張するとそうした性癖が一段と強まった。日露戦争後の日本は中国の満州部や朝鮮半島の経営に奔走するあまりに現地の人々に対して自分たちの流儀を押し付けるなど、しばしば相手の嫌がる行動に出た。そこには自分たちが一番偉いという優越感があった。相手を見下す態度を示せば相手が反感を持つのは当たり前だ。現地の人々との間で信頼関係など構築されるはずはなかったし、その雰囲気すら芽生えなかった。そして、その性癖から日本と日本人は最後まで抜け切れなかった。その結果が長い戦争とその敗戦であり、三百万人の犠牲者である。

もし、日本人と中国人との間に相互信頼関係が構築されていれば……。

中国での生活が長かった松本重治は素直にそう感じた。その戦前の教訓を踏まえて日本人が国際的に信頼されるようになるにはどうしたらいいか、思案を重ねた。ただ、それを日本人に向かって啓蒙するだけではダメで、特に新生日本を推進していく役目を担う若い知識人たちに、精神論だけではなく、実地訓練を施す必要がある――そうした考えに至ったのはごく自然な流れだった。実施訓練とは日本人と外国人とがじかに交流し、本音で意見を言い合えるようにすることだ。そのためにはそれにふさわしい施設が必要である、と――これは太平洋会議そのものだ。太平洋会議は二年に一回の開催だったが、太平洋会議で日々、行われたことを、日本で不断に成し得るような拠点づくりに松本はこだわった。いわば海外と日本の知性と知性が交わる「知のサロン」の創出。それが国際文化会館の原点である。

このサロンには海外から多くの思想家やジャーナリスト、学者がやってきた。ロックフェラー三世、ネルー（一八八九―一九六四）、トインビー、キッシンジャー……いずれも国際的な影響力を持つ超ど級の大物ばかりだ。彼らの話を聞いて多くの若い研究者が勇気付けられたはずだ。効果はそれだけではなかった。彼らはいずれも世界的なオピニオンリーダーである。彼らは日本から帰国すると日本で自らが経験した様々な事を多くの人々に語って聞かせた。それを聴いた人々が今度は彼らの口を通して次々とそれを伝えていった。「軍事優先の全体主義国家」とばかり思われていた日本のイメージが彼らの言葉を通して次第に変化して行った。これは新生日本のイメージを大いに高めたはずだ。

松本はまた、世界の超一流の人々と日本人の知識人が直接、親交を深めることにこだわった。相手がどんなに大物であっても必ず、国際文化会館に泊まってもらい、公式行事である講演や訓話を聞いた後、日本人と一緒に食事をしたり、時には酒を飲んだりして、気軽に話し合える懇親の場を設けた。

一段高い演壇から聴衆を見下ろすような形で行われる講演はとかく一方通行になりがちだ。内容にどんなに意義があってもそれだけでは相互の信頼感は生まれない。セレモニーが終わった後、演者と聴衆が一緒になって同じ飯を食えば親近感が自然に増すものだ。さらに言えば適度なアルコールで口を潤せばたとえ初対面同士であっても打ち解けた雰囲気になる。それは日本人であろうと外国人であろうと変わらない人間交際の機微である。そうなるとしめたものだ。なぜなら、それまで両者を隔てていた心の壁がいつのまにか消えてしまう。双方がリラックスして素直になり、本音を吐露し合って、かえって中身のある議論につながるものだからだ。

もちろん、時には話に熱中するあまりに口論や激論に発展することもあった。だが、松本はそんなことには一切お構いなしで素知らぬ顔を決め込んだ。彼らの関係が喧嘩の出来るまでの間柄になった証拠だからだ。喧嘩や口論は相互理解を促進し真の友情を育むきっかけとなることもある。人と人とが本当の信頼関係を築くのはそれからだ。松本は後年、「国際文化交流が行われるとき、いちばん大切なことは、関係者すべての、心の問題であるということだ。（中略）国際文化交流が如何なる方法において行われるにしろ、心の通わぬものとなっては駄目なのである。各国が心の通う『国際文化交流』を発展していけば、世界史の将来における、一つの壮大なドラマになるかもしれない」（「国際文化交流についての所感」、初出は『学士会会報』一九七五年九月号。松本重治『国際関係の中の日米関係』中央公論社、一九九二年、所収）と述べている。

松本重治ほど国際交流の場で気配りをみせた人はいなかった。だが、松本が国際文化会館で採り入れた手法は必ずしも、万人向けに行われたものではなかった。なぜなら、松本の国際交流はあえて一般大衆を排除し、知識人限定だったからだ。この手法にやや〝貴族趣味的な〟エリート主義臭が漂うのは否定できない事実だが、国際文化会館の発足したころの特殊事情を勘案すればそれもやむを得なかっただろう。何しろ、ヒトもモノもカネもない時代である。当初の運営資金も乏しく、苦しい台所事情を遣り繰りして最大限の効果を得るのが会館に課せられた課題だった。だから、乏しい経営資源を前途有為なエリートたちへ集中させた。乾いた大地が水をみるみるうちに吸収していくように知的刺激に飢えていたエリートたちが海外からの新鮮な情報をむさぼり、身に染み込ませていった。

そして、この「知のサロン」は思わぬ副産物を生んだ。日本のアカデミズムを大いに刺激したのだ。戦争直後の日本のアカデミズムは自らの役割をすっかり見失ってしまい、内向きの闘争に明け暮れていた。戦前・戦中の「戦争協力」問題をめぐって果てしない論争が続いていた。戦前・戦中に活躍した言論人の多くは当時の片言隻句をとらえられて、重箱の隅をつつくように、戦争に協力的であったか否かを、指弾された。連日、ある種の言論パージ（追放）が公然と行われ、日々の論壇をにぎわしていた。挫折感、逼塞感と恐怖心――その真っ只中にあったアカデミズムに海外から自由で清新な空気がカツを入れたのだ。みんな原理闘争に疲れていた。そこから逃れるように手弁当で国際文化会館に集い、海外知識の吸収に躍起となった。

リベラリスト

松本重治は「リベラリストである」と公言してはばからなかった。しかも、日本語の自由主義者ではなくて英語のリベラリスト。ニュアンスの微妙な違いがここに込められており、アメリカでの原初的な思想体験がいかに影響したかを物語っている。と同時に、松本はやや照れながら、その上に〝オールド〟という形容詞をわざわざつけた。

これはいったい、何を意味していたのだろうか。古い？　それとも年寄り？

わざわざ形容句をつけたのだからそんなつまらないことではなくて何か重要な意味が込められているはずだ。正直に言って最初は気にも留めなかったのだが、松本重治という人物を調べてゆくうちにこの何気ない形容句にも大きな意味が込められており、そこで松本は何かを言おうとしたのかもしれないと思うようになった。〝松本教〟に筆者がどっぷりとつかってしまった証拠だが、それからが大変だった。来る日も、来る日も考え続けた。でも簡単に答えは見つからなかった。ただ、〝オールド〟という形容句が松本の思想や人となりを知る上で極めて重要なキーワードのひとつであろうとの思いはますます深まっていった。

以下はそれを知るためにしばらくの間、筆者が続けた「考証」の足跡である。

――そもそも松本が信奉したリベラリズム――自由主義とは人間の「自由」を最大限に尊重する思

想で、その源流を探って行くと、十七世紀のイギリスの哲学者、ジョン・ロック（一六三二―一七〇四）の思想にたどり着く。ロックは『市民政府論』（鵜飼信成訳、岩波文庫、一九六八年）の中で次のように言っている。

「人間は生まれながら完全に自由な状態であり、そこでは自然法の範囲内で、自らの適当と信ずるところにしたがって自分の行動を規律し、その財産と一身とを処置することができ、他人の許可も他人の意志に依存することもない。それはまた、平等の状態である。そこでは一切の権力と権限とは相互的であり、何人も他人より以上のものはもたない」

やや、回りくどい表現だが、これをよくよく読んでみると「自由」の概念はこれ以上でもこれ以下でもないことに気づくだろう。ロックがここで主張している「自由」とは人間が本来、生まれながらにして持っていて、しかも、自主的に行使できる権利のことだ。このため、ロックはそれを「自然権」とした。なぜ、これが現代に通じるリベラリズムの源流なのか、というと、実はロック以前にも「自由」に関する数々の概念規定はあった。例えば「拘束の欠如」というのもそのひとつだ。これは、ロックよりも若干前、十七世紀初頭に活躍したイギリスの思想家、トマス・ホッブズ（一五八八―一六七九）による規定だが、それは「自由」であることの状態を指しており、静的なものだ。ロックはそれを動的な、より積極的な意味合いに評価しなおした。自主的な「自由」という概念がそれだ――実はこのことは大きな意味を持った。「自由」に活力が吹き込まれたからだ。静的な状態に過ぎなかった「自由」が動性を持った。ここから政治的自由、経済的自由という概念が派生し、政治的自由が議会制民主主義、経済的自由が資本主義にそれぞれ発展を遂げた。いずれも近代以降の基本原理である。自由主義の源流がロックの思想にあるといわれるのはこのためである。

もちろん、松本重治が自らをリベラリストと公言したのはそうした学問的な意味合いを理解し、自分もその哲学を信奉する学徒のひとりである、ということを言外に込めてのことなのだが、ただ、松本の場合はどちらかというと、学問的な意味合いというよりも、自分の生き方そのものが「自由主義」的であることに力点を置いていたようだ。松本は自由主義哲学の基礎にある人間理性を信じ、平等や寛容の精神を重んじた。そしてなによりも「誰もが自由で、何者にも拘束されない」ことに最大の敬意を払った。自由に学問をし、自由に職業を選ぶ。自らが抱く思想や哲学の内容について誰からも監視や拘束を受けない。このことを主義としてもっとも大切にした。他人に対してもそうした姿勢を貫いた。だから、リベラリズムは松本重治という男の生き様そのものだった。

松本と同時代を生きた代表的なリベラリストに外交史家で、戦中日記『暗黒日記』の著者として有名な清沢洌がいる。清沢がもうひとりの代表的なリベラリスト、石橋湛山に「リベラリズムとはなにか」と問われて、

「それはあらゆる思想を受け入れる柔軟な『心構え』である」

（東洋経済新報社編『自由主義とは何か』一九三六年）

と、答えている。

リベラリストの生き様を実に見事にとらえた表現だ。つまり、自分とまったく異なる思想や主張、

哲学に対しても真摯に耳を傾ける姿勢や態度のことで、思想的に右であろうと左であろうと、その思想に敬意を払う心構えのことだ。だが、それだけではない。リベラリストは人の自由な意志や発想を全面的に支持するが、その反面、自分と違う特定の思想や哲学を強要されることを極端に嫌う。自分は自由に考えて生き、相手の意思もまた、最大限尊重するが、それを強要されるのは御免こうむる、という毅然とした「態度」だ。

松本や清沢、石橋がその半生を過ごした時代はリベラリストであることは危険を伴った。無政府主義者、社会主義者、マルキストなどとともに「主義者」のレッテルを貼られて迫害されたからだ。極端なまでの国権主義者や天皇制賛美主義者らからリベラリストは無政府主義者や社会主義者らと十把からげにあつかわれた。だが、どんな迫害に遭おうとリベラリストの態度は変わらなかった。

極端に右や左の人々は自分の思想を他人に強要し、自分のそれと同化するよう強く求めた。相手を洗脳するため、相手を拘束したり、暴力に訴えたりしたこともあった。が、リベラリストはそれもしなかった。松本や清沢、石橋のほか東京帝大経済学部教授の河合栄治郎、ジャーナリストの馬場恒吾(一八七五―一九五六)……こういったリベラリストたちはいずれも社会的に迫害され、時には牢にぶち込まれた。言葉で言い尽くせないほどの辛酸を舐めたが、一歩も退かなかった。

とはいえ、ひとりの人間が終生、自由主義的な態度を保ち続けるのは容易なことではない。時代の風潮はうつろいやすく、右や左に大きくぶれることが多いからだ。それに時代の風潮に阿《おもね》ることなく己を貫くと、次第に社会から孤立し、頑迷固陋といわれ、相手にされなくなる。よほど強い精神の持ち主でないと、この仕打ちには耐えられないものだ。

しかも、人は群れをなす――。これは人間の自己保存本能だ。群れがひとつの思想的な集団だった場合、それを構成するひとりひとりのエネルギーの総和以上に他に対して攻撃的になる。右や左で、特に極端な思想を持った人々はその仲間に護られながら自らの主張を他に押し付けたほうが効果的だ、と、しばしば考える。そのほうが独りで闘うよりも、ずっと効果的であり、自らは居心地がいいからだ。ところが、リベラリストは群れることも嫌う。リベラリストは常に己ひとりであり、相手の自由意志を最大限に尊重するので、群れる必要性がない。実にカッコイイ態度なのだが、その代償として、社会から孤立したり、左右両翼の批判にさらされたりする。人間性や人格そのものを否定されるのと同じであり、これ以上の苦痛はない。それでも松本はリベラリストであり続け、孤高を保った――。

「アメリカは即刻、ベトナムから撤退すべき」

松本重治は生涯、自分の意思に反して強要を迫る特定の権力や権威、時代を覆うムードや風潮に対して、決して阿ることはなかった。常に自分が正しいと思うことを強く信じ、節を曲げなかった。軍国主義が蔓延していた戦前、日本と中国との和平に奔走したのも平和に対する強い信念があったからだ。戦後のことだが、そんな松本を象徴している面白いエピソードがある。それは一九六〇年代中頃、ベトナム戦争の真っ只中のことだった。松本はある日、妻の花子とともに国際文化会館の日本庭園を眺めることができる一室で、当時、駐日米大使だったエドウィン・ライシャワー夫妻と午後の紅茶を楽しんでいた。両夫妻の会話が外交問題に触れたときのことだった。松本が突然、

「アメリカは即刻、ベトナムから撤退すべきである」

いきなり強烈なパンチを放った。この一言でその場の雰囲気は一瞬のうちに凍りついた。ライシャワーも黙っていなかった。顔を真っ赤にして、すぐに反駁を加えた。それに対してさらに松本が再反駁し、挙句の果て、ふたりは大喧嘩になった、という。

ふたりの口論のもととなったベトナム戦争はそのころ泥沼化していた。ベトナム戦争は一九五九年から一九七五年までの間、ベトナムの南北統一をめぐって争われた戦争で、形式的には北ベトナムと南ベトナムとの戦争だった。ただ、共産主義勢力（ソ連、中国）と資本主義勢力（アメリカ）がそれぞれの背後にあったため「代理戦争」と呼ばれた。

この戦争はいくつかの段階を経ている。第二次世界大戦後、フランス領インドシナから日本軍が撤退すると、共産主義者ホー・チ・ミンがハノイを首都にベトナム民主共和国（北ベトナム）を設立し独立を宣言。ところが、日本軍が去った後のインドシナ再支配を目論んだ旧宗主国、フランスがそれを認めず、インドシナ一帯に軍を派遣し、北ベトナムからコーチシナを分離する目的で一九四六年三月、傀儡国家ベトナム共和国（南ベトナム）を成立させた。その後、南北の間で戦争が勃発、それが「第一次インドシナ戦争」である。

第二次世界大戦後、連合国の間に大きな亀裂が生まれた。ソ連とアメリカとの間で戦後世界の主導

権争いが激化した。両陣営が直接戦うことは避けられたが、両陣営はことごとく対立したため「冷戦」と呼ばれるようになった。冷戦が始まってすぐの一九四九年十月、北ベトナムの隣に共産主義国家である中華人民共和国が成立。翌年の一月、ソ連と中国が北ベトナムを正統政権と認定し軍事援助を行うようになった。これに対抗して、アメリカもフランスとその傀儡国家に対して軍事支援を開始したが、一九五四年五月、ディエンビエンフーの戦いでフランス軍が北ベトナム軍に敗れ、事実上、壊滅状態に陥った。フランスはインドシナからの撤退を余儀なくされ、その後、関係国の間で、ジュネーブ協定が結ばれ、いったんは和平が成立した。ところが、共産主義の東南アジアへの波及を恐れたアメリカが北緯十七度線でベトナムを強引に南北に分離させ、南ベトナムをそのまま存続させたのだ。このため、インドシナ半島では再び、戦端が開かれた。南北とそれぞれの背後にあったソ連、中国とアメリカとの戦争である。これ以降の戦争をベトナム戦争あるいは「第二次インドシナ戦争」と呼んでいる。

ベトナム戦争はアメリカが単独で本格介入に踏み切った一九六〇年代に入ると、アメリカが支援している南ベトナムの中に北が指導している南ベトナム民族解放戦線（ベトコン）が結成され、政府や南ベトナム軍に対してゲリラ戦を仕掛けた。戦争はこれで泥沼化した。アメリカは枯葉剤の散布や焼夷弾でジャングルを焼き払うなど最先端の武器を投入して、ゲリラ勢力の殲滅を図ったが、決定的な打撃を加えることは出来なかった。アメリカ軍の非人道的な兵器による殺戮がテレビなどを通じて世界中に伝わるとアメリカに対する非難の声が世界中で高まっていった。「赤の脅威」と戦う十字軍的な米軍のイメージは次第にかき消され、その残虐性に猛烈な反発が起きた。

そのころ、日本でも新左翼などがベトナム戦争反対を盛んに唱え、壮烈な反米闘争を繰り返していた。それは闘争というスケールを遥かに超え、「革命前夜」の様相さえ示した。そこまで過激化した背景にはその前段階としての安保闘争があった。戦前の日本を代表していた岸信介政権が国民の意志に反して日米安保条約の期限延長を強行採決したことで岸政権への怒りとその背後にあるアメリカに対する反発がヒートアップ。戦後、良好だった日米関係に大きな亀裂が生じかねない危機的な状況にあった。

政府要人、与党政治家、親米派といわれた有識者や保守派の人々は一切口を噤んでしまい、素知らぬふりを決め込んだ。それは米批判の高まりに対する米政府の不快感とそれに伴う報復を恐れたからだ。彼らも内心、ベトナム戦争はおかしい、と思っていても公然と批判することは憚らなければならない暗黙の雰囲気があった。政治的にそんな微妙な時期に松本重治が米政府の姿勢を痛烈に批判したのだ。ライシャワーが顔を真っ赤にして反駁するのも当然だった。それでも、松本は怯まなかった。

「このままアメリカがベトナム戦争を続けるなら、日本の対米意識が大きく変わってしまう。日米関係が決定的にならないうちにアメリカは矛を収めるべきだ」

松本は日米関係への波及という点を強調して、ライシャワーに再反駁した。松本は日本とアメリカとの友好関係を常に優先して考えた。日米の揺るぎない友好関係の継続と安定が結局、太平洋地域の平和で順調な成長をもたらす基礎であると信じていたからだ。ライシャワーへの自己主張はそうした強い信念から生まれた「諫言」だった。

ライシャワーは東洋史研究者であり、名高い日本研究家だった。東京女子大学の創設に関与し、宣教師だったオーガスト・ライシャワーの次男として、一九一〇年、東京府白金台にあった明治学院大学内の宣教師住宅で生まれた。小・中学校時代も日本で過ごした。オーバリン大学を卒業後、ハーバード大学で東洋史研究者として歩み始め、その後、ハーバード大学燕京研究所所長に就任した。安保闘争直後の一九六〇年夏、日本を訪れたライシャワーはその際の見聞をもとに「損なわれた対話」という論文を米外交専門誌『フォーリン・アフェアーズ』に発表している。その中で、ライシャワーはアメリカをはじめ西側諸国は日本政府や政財界の要人ばかりでなく、野党や活動家、知識人とも対話を重ねて、彼らの言い分にも耳を傾けるべきだ、と主張した。亀裂が深まっていた日米関係の改善の必要性を、日本の実態に即して述べた。これは内外で大きな反響を呼んだ。この論文が就任してまもないジョン・F・ケネディー大統領の目にとまって、一九六一年四月、駐日米大使として赴任。六六年まで務めた。帰国後、ハーバード大学日本研究所所長となった。

ライシャワーは一度離婚し、一九五六年に再婚している。その相手は日本人女性、松方ハル。ハルは明治の元老、松方正義の六男、松方正熊の長女である。だからハルは松本重治の従姉妹ということになる。松本の妻、花子も従姉妹で、三人は元老、松方正義の孫同士。松本夫妻とライシャワー夫妻は日ごろから親しい間柄で、このため、松本がいくらライシャワーに異論を吹きかけ大喧嘩をしてもさほど問題にはならなかった。とはいえ、それはあくまで私的なことだ。松本はそのころすでに国際文化会館理事長であり、外務省のアドバイザーだった。日本外交や日米関係に関する発言はそれなりの重みがあり、責任も伴った。でも、松本はそんなことはお構いなしだった。

松本は相手に権力があり、どんなに権威があっても、間違っていることは間違っていると、きっぱりと言ってやるのが「真の友情」と考えた人だ。自分の発言が原因で、相手との関係が多少ギクシャクしても、相手のためになることを、精一杯に言って聞かせてやるのが、真の友人であるとも思った。それが松本の信念だった。ライシャワーが駐日大使であろうと何であろうとそれを貫き通しただけに過ぎなかった。

その一方、松本は「配慮」も忘れなかった。ベトナム戦争中、松本は米有識者を国際文化会館に招かなかった。忌避したわけではない。それは、

「アメリカのリベラルな学者が来て、自国を批判することは辛いはず……」

という思いやりからだった。

夏目漱石の「自己本位」

〝オールド・リベラリスト〟「考証」の足跡はまだまだ続く。

――松本の態度には常に相手に対する尊敬の念と一定の配慮があった。松本と親交の深かった評論家の加藤周一はそうした日常的な態度について次のように語っている。

「松本さんは異なった考え方に対して実に開放的だったと感じている。あなたの意見は別の人の意見と違うだろうという期待のもとにあなたの意見をよく聞くという姿勢があった」

（「松本重治氏を偲んで」、松本重治『昭和史への一証言』たちばな出版、二〇〇一年、所収）

松本重治を知る多くの後輩たちもまた、そうした松本の態度を身近に見た。そんな後輩たちのなかには「松本さんは左翼に優しかった」と語る人もいるが、これは松本が元来、思想的に左翼的だったということではなく、やはり、「異なった考え方に対して開放的」な態度のゆえということだろう。国際文化会館で長年、松本を補佐した加藤幹雄（現常任参与）もまた、松本のそうした姿勢に生涯、感銘を受けたひとりで、

「松本さんはどんなにすごい国際会議でも威風堂々としていて気後れすることはなかった。人に対してもその態度は同じで、異論に対しても堂々と受け答えし、声を荒げて、反論を加えるようなことは決してなかった。誰に対しても実に紳士的に接し、思想的にも、真摯な態度をとり続けた人だと思う」

と、話している。

だが、よくよく考えてみると、自らリベラリストであることを標榜する人であっても、なかなかそうした態度をとり得ないのも確かなのだ。なぜなら、自分の意見が正しいものと思い込んでしまうと他の意見に対して聞く耳を持たなくなるからだ。それは年齢や性別などとは関係なく、おそらく、人間が持っている「業」のひとつだ。

言論が不自由だった戦前から敗戦を経て、自由で、民主的な社会に発展しても、日本では健全な議論や論争を行うというような習慣が醸成されなかった。高度に民主主義が発達した現代においても、例えば言論の府である国会や一般企業でも公開の場で異なる意見と意見を闘わせて互いにしのぎを削り意見の集約が行われることはめったにない。常に「与党対野党」の図式のように対立的なのがむしろ民主主義であると思い込んでしまっているかのようだ。これでは健全な議論の集約などとてもできない。だから議論がデッドロックに乗り上げると、立場上、上位に立つ人の意見が重用されたり、それに迎合した意見が堂々とまかり通ったりする。中身の正否は関係ないのだ。

政府与党が決めるのだから、とか、上司の決断だから、という形式のみが支配し、議論自体を形骸化させてしまっている。ここでは健全な少数意見は常に日陰の身に甘んじざるを得ない。その結果、数や権力を盾にしたエゴイズムが跋扈し、その反動でしらけや無関心が増殖する。しかし、そうした日本社会の病癖は省みられることなく、未だに放置されたまま。日本社会で今、自由や民主的という綺麗な上着をまとったエゴ（薄汚い欲）ばかり蔓延しているのはこのためだ。

実はこうした日本社会が構造的に抱える問題は今になって始まったのではなく、形を変えて、デモクラシーが盛んに喧伝された百年近く前の大正時代にもあったらしく、以来、延々と今に至っているらしいのだ。

そのことを指摘し、警鐘を鳴らしたのが文豪、夏目漱石だった。漱石が大正四（一九一五）年三月、学習院で行った「私の考える個人主義」という演題の講演によると、

「個人主義とは自己本位のことであり、つまり自己が主で、他が賓であるという信念である。（中略）自分が他から自由を享受している限り、他にも同程度の自由を与えて、同時に取り扱わなければならない。われわれは他が自己の幸福のために己の個性を勝手に発展するのを、相当の理由なくして妨害してはならない」（三好行雄編『漱石文明論集』岩波文庫、一九八六年、所収）

と述べている。

個人主義を「自己本位」という言葉で表現したのはおそらく漱石が初めてだろう。では漱石の言っている「自己本位」とは何か。現代社会では自己本位というとエゴイズムに近い意味で理解されがちだが、漱石は自分勝手のエゴを指したわけではない。ここでは相手を最大限に尊重した上で自分の個性を発展させることだ、と言っているのだ。だから、自己が主で他が賓――「賓」とは「賓客」という言葉があるように相手を大切にもてなすこと――この場合は相手の意思を最大限に尊重するという意味だ。

漱石がこの講演でわざわざこれを指摘したのはその当時、個人主義が自分勝手のエゴと曲解されてしまった結果、社会を堕落させる元凶として疎まれて、政府主導のもとに、「公益」が個人主義よりも優先されるという風潮が蔓延したことに危険を感じたからだったという。漱石はこうも述べている。

「国家が危うくなれば誰だって国家の安否を考えないものはいない。が、そうでないときは国家的観念は少なくなって然るべきで、その空虚を満たすために個人主義が入るべきなのだ」

つまり、漱石はこう言っているのだ――なんでもかでも「国家」を優先していたら健全な「個人」

は育たない。個人主義が根付いてこそ強固な国家となる。つまり、その礎が個人主義なのだ。国家が危機に瀕すれば誰だって国家の安否を考える。そうでないときは国家の礎である個人主義をおおいに奨励すべきなのだ——と。

漱石は当時の風潮に警鐘を鳴らしたのだが、残念なことに漱石の言葉は顧みられなかった。その後の日本ではついに漱石の指摘したような「個人主義」が社会に根付くことはなかった。逆に、以後、国家が「上」から国民を教育・指導するという「国権主義」を重視する風潮が国全体をますます深く覆った。国民が自ら考えて他との意見調整をしたうえで社会の諸事を決めていくという自主性などはいっさい育まれなかった。そうならなかったのは政治体制に問題があったからという指摘もあるが、そうだろうか。主権が国民になかった明治憲法下であっても可能だったのだ。それを主張したのは吉野作造であり、吉野の「民約論」であることはすでに述べた。

国民に自主性が欠如した社会では「お上意識」が蔓延して「お上のやることだから正しいはずだ」という、お上べったりの意識が国民意識の奥深くに根付いてしまう。もともと封建社会の名残が色濃くあった明治体制ではなおさらのことだった。その結果、お上のいいなりに戦争に向かってひた走り、最後は自ら破滅した。敗戦で生まれたのはそうした意識からの解放感と開放感であり、それと同時にかつての価値尺度に対する強い警戒感としらけだった。その結果、戦後の社会はおそらく反動もあったのだろうが、平等と公平という概念が過度に意識された社会となった。お互い自由なる意思を尊重しあおうという、健全な「個人主義」精神はここでも顧みられず、自己本位＝エゴと曲解されたまま、誰もが自己主張と自己利益を追求する意識が強くなった。戦後から今日まで続いている「経済優先主義」がそうした日本人の精神的な風潮を一段と助長した。

経済的に豊かになることがあらゆる価値に優先されたために、

「日本人としていかに生きるか、世界から孤立しないために何をなすべきか、国民的な倫理をいかに確立するか」

といった日本全体のことを思う気持ちは逆に戦後の日本では次第に忘れられていった。

そんな戦後社会を憂えた人々もいた。が、皮肉なことに、そうした人々があの厳しい時代を生き抜いた人々ばかりだ。そのひとりは戦艦大和の特攻に学徒兵として出撃、九死に一生を得て生還。戦後、『戦艦大和の最期』を書いた作家の吉田満（一九二三―七九）である。吉田は一九七〇年代のニクソン・ショックや石油危機などに見舞われて日本経済が一時的に疲弊したため日本人がトイレットペーパーの買い占めに走るなどあたふたした様子を、「戦中派」のひとりとして冷静かつつぶさに観察しながら、

「一連の異変は日本人の『私』の利益追求の努力そのものが『公』的立場の確立なくしては一歩も進みえぬことを実証した。日本および日本人は世界のなかで歓迎される存在となりうるか、なりうるとすれば具体的にどの分野で、どのようなバランスのうえで実現されるのか。資源らしい資源を持たず花のように『かよわい』日本が世界の孤児とならないために日本を孤立化させてはならないとする世界の世論を、何を手がかりとして引き出すのか。戦後日本に欠落したもの、日本人としてアイデンティティーの確立が、現在ほど喫緊の課題として求められているときはないであろう」

こう強い調子で述べている。

（「戦後日本に欠落したもの」、『戦中派の死生観』文藝春秋、一九八〇年、所収）

それは明治生まれの松本重治も同じ思いだった。松本はこのころ、後輩の新聞記者などと朝食会や昼食会を開いて、意見を交換していたが、ある日、

「国内の景気や経済ばかりを心配するのではなくて、日本が世界から孤立しないためには何をなすべきなのか。こういう情勢だからこそ国際社会の日本ということを考えよ」

と後輩に発破をかけることがしばしばあったという。

松本の頭の中には常に世界の中の日本という視座があり、それを基準にオイルショックなどの世界的な現象を眺めて、日本が生き抜いていくにはどうしたらいいのか、という問題意識を持っていた。

「時代遅れ」

さて、「考証」の足跡の紹介も、そろそろ終了したい。

日本経済は戦後、驚異の復興を果し、何の不自由もなくなった。どんな主張であっても、官憲や周囲を恐れることなく正々堂々と出来るようになった。松本が若いころから夢見た「自由社会」の到来である。それなのになぜ、松本は〝オールド〟と形容句付きで自らを呼んだのか。ここまで来て、それは戦後日本の発展の在り方と密接に関わっているのではないか、ということにようやく気付いた。

戦後、日本などの主要な資本主義諸国では一九七〇年代ごろまで国家が国民生活や経済活動にかかわる経済運営の手法が採用された。公共事業による景気の調整、主要産業の育成にも政府が積極的に関与、社会保障を拡充――などと、生活が豊かで安定し、国民が安心して暮らせる社会の仕組みをつくり上げるのに懸命となった。その結果、現出したのが「大きな政府」だ。徹底した国家主導型の経済運営が行われて昭和四十年代の驚異的な経済成長につながった。これを理論面で支えたのがジョン・ケインズの「雇用・利子および貨幣の一般理論」。ケインズはここで「有効需要」の原理を打ち立てた。需要は市場原理に任せると不足することもあるが減税や公共投資などの政策を発動することで需要をつくり出し投資を増大させれば非自然的な失業状態から回復できる――とした。これが国家の分厚い保護政策の根拠となった。

しかし、それでも世界経済は危機に直面した。その引き金となったのが、一九七〇年代のオイルショック。イギリスとアメリカは失業率の増加と長期の経済低迷にあえいだ。巨額の財政赤字を抱えていたため危機に対する有効な手立ても打ち出せなかった。経済政策の行き詰まりの原因は国家の過剰介入にあると言われるようになった。そこで米英で登場したのが「新自由主義」(ネオ・リベラリズム)だ。失敗の教訓を生かして今度は逆に国家の過剰介入が見直されるようになった。経済の基本原理を市場に委ね、財政均衡、福祉や公共サービスの縮小、公営企業の民営化、対外開放や規制緩和による競争促進、労働者優遇制度の見直しなどがひとつのパッケージで行われた。イギリスのサッチャー革命やアメリカのレーガノミクスがそれで、それに基づく構造改革が行われて両国経済は息を吹き返した。そして一九九〇年――。ベルリンの壁崩壊とともに「グローバリズム」が世界を席巻し出すと新自由主義はそれを推進する理論という役割も担った。

「新自由主義」は古典的な自由主義哲学や古典派経済学から発展したものだ。それを貫いているのは「均質で原始的な人間はそれぞれが合理的な判断と完全な情報に基づいて、貨幣を媒介として、市場で、利己的に競争しあうことにより均衡点に達する」という精神だ。古典派の自由主義と似通っているのだが大きな相違点もある。それは人間の行動や役割をある種の「鋳型」にはめ込んだことだ。本来、自然状態では自由な人間が「合理的な判断と完全な情報に基づいて」市場に参画し、利己的に競争することで均衡点がもたらされるというのだが、合理的な判断と完全な情報に接することができるのは一部の人々であり、すべてが競争志向とも限らない。経済モデル上ならともかく生の人間社会にそんな人間像は当てはまらない。理論上、そこには多種多様な人間は存在せず、「そうであるべき」という、機械的な人間像が描かれているだけなのだ。

これはある意味で勝者の論理である。そうした人間のみが市場経済では生き残れるという手前勝手な論理――これが流布し出した一九八〇年代以降、世界経済が一元化される方向に動き出した。その流れを決定的に加速したのがソ連の消滅であり、ベルリンの壁崩壊だった。日本では英米に遅れること二十年、小泉純一郎が首相に就任すると、構造改革路線が採り入れられて「大きな政府」路線が修正された。

その結果、何が起きているかというと、拝金病の蔓延と熾烈な競争社会に適応できない人々の「不安症候群」だ。先進国ではどの国でも若年層に失業者の数が増え、その裏返しとして精神病患者が増え、犯罪が陰湿・凶悪化しているという。

日本では自殺者が急増している。警察庁の統計によると、日本の自殺者数は一九九七年の二万四三九人から九八年には三万二八六三人と急増し、以後、十年連続で三万人を超え、高水準を維持している。人口に占める自殺者の数である自殺率も主要先進国の中ではロシアに次いで二位、アメリカの二倍、フランスやイタリアの三倍とかなり高い比率だ。自由で高度な民主化を達成したはずの現代社会を象徴する言葉が「不安」だというのもこうした事情を物語っている。現代社会では逆に人間精神が疲弊している。

「自己本位」というエゴ、平等と寛容というエゴ、エゴ、エゴ……。

松本重治は戦後、本来の意味での「個人主義」が社会に根付かないうちに、日本が社会主義ばりの「国家管理型」の経済を採用して、経済優先の路線を選択したことを冷ややかに見つめていた。そこでは高邁な精神が育まれる土壌は形成されなかった。カネが儲かればいい、法律に触れなければ何をしてもいい、自分だけ豊かになればいい……。エゴを「自己本位」と曲解したままの、大昔から続いている風潮に、松本は苛立たしさを覚えた。そして、それをちっとも批判もしないジャーナリズムの精神の荒廃を嘆いた。

〝オールド・リベラリスト〟と名乗ったのはこうした風潮への最大限の嫌味だったのではないか。そう考えるようになった。

ようやくそこまでたどり着いたときに松本を師と仰ぐ評論家の粕谷一希は、

「オールドという言葉には〝時代遅れの〟という意味があった」

こう教えてくれた。

これを聞いてはっ、とさせられた。ここに重大なメッセージがあるのだ。

「もはや、自分の『リベラリズム』は時代遅れだが、本当にそれでいいのか」

松本はそう言って現代社会の思い上がりに警鐘を鳴らしていた――。

松本イズムの系譜の行方

松本重治の哲学そのものが戦後結実したのが国際文化会館であることはすでに述べた。だが、松本哲学は世に忽然と現れ出たのではなく、脈々とつながってきた、ある種の精神の系譜があって、それが松本において、こういう形で開花したとみるべきだろう。

だから、松本の、というよりも、松本が継承した〝イズム〟の一つのあらわれと考えるべきなのかもしれない。松本が起こした国際文化会館の設立運動のトップになった樺山愛輔も国際交流の精神を松本に植えつけたひとりで、そうしたイズムを伝えてきた系譜に連なっている。樺山の長女で、作家の白洲正子によると、

「父が国際文化会館の設立を自分の最後の仕事と思って大切にしたのは当然のことで、重治さんが

後を引き受けて下さるときまった時はとても喜んでいた。いい後継ぎができたから安心して死ねる、何度そういう言葉を耳にしたかわからない。それから後は重治さんを傍から離さず、政財界の人々に紹介したり、自分の及ぶ限りの知識を注ぎ込んでいた」

（「松本重治・花子夫妻のこと」、国際文化会館編『追想　松本重治』一九九〇年、所収）

自分の後継者にこんなに立派な人物がいたのだから樺山は幸せ者だった。松本重治は最晩年、参議院議員を務めた愛弟子の國弘正雄との対談で、

「日本の知識人が日本の現状を知り、それを外に向かってよく説明する。それが基本的に大事である。二千年間、日本は日本を説明したことがない。そして、余裕があれば途上国を助ける」

（『昭和史の一証言』）

と述べている。

しかし、この意味をよくよく考えてみると、松本はそれを昭和初期から自らが実行してきた。ときには孤軍奮闘を強いられてながらも……。松本は「男気」「男伊達」という言葉を愛したが、ここで言っているのはまさにそれで、実にスケールの大きい「男気」だった。松本はまた、誠実に生きた。「一番いけないのはウソとお世辞です」。これが口癖だった。簡単そうに見えるが、一番難しいことだ。内村鑑三、チャールズ・ビーアド、朝河貫一、新渡戸稲造、高木八尺、樺山愛輔……。こうした恩師たちから松本に継承された〝イズム〟は松本亡き後、國弘正雄、朝日新聞論説主幹の松山幸雄、中央公論編集長の粕谷一希、東大教授の本間長世……などといった人々に確実に継承されてきた。

だが、彼らはいずれもすでに老齢の域に達している。「高貴な」までに輝いた松本イズムのその後はどうなってゆくのか。系譜のひとり、本間長世は、

「偏狭な平等主義とナショナリズムの風潮が強まる中で、リベラルな国際主義者としての松本重治の精神はいかにして次代に継承されてゆくのか。あるいは横行しあるいは蠢動する〝国際屋〟とは世界を異にする松本重治の風格と器量の大きさは結局は一代限りのものなのであろうか……」

（「松本重治」、『言論は日本を動かす　第七巻　言論を演出する』講談社、一九八五年、所収）

こう述べている。

そして松本イズムの系譜のもうひとりである上智大学名誉教授の蠟山道雄もまた、

「松本さんのような人材は日本にもう生まれないのではないだろうか」

本間にしろ蠟山にしろ、ふたりの予測はあまりに悲しい。

今を生きる日本人はこれをどう受け止めるべきか。外国語を自由に操る人は格段に増加した。国際的な交通手段の飛躍的な発達で二日もあれば地球を一周できる時代である。近い将来はもっと近くなるだろう。インターネットのおかげで、世界で起きている出来事は瞬時に分かる。国際的な舞台で活躍するのが当たり前の現代において「国際派」「国際人」という言葉から連想される人物像は決してプラスばかりではない。陳腐化さえしている。

それなのに松本重治を超えるような国際的な人材を見出すのは困難になっているのも正直なところ確かなのだ。このままでは本間らが指摘するように松本イズムがこのままで終わってしまう可能性

だってある。日本にとってそれでいいのだろうか――。

さて、この物語も、ようやく、終わりに近づいた。

松本重治は平成元年一月十日、都内の病院で死去した。八十九歳だった。

平成元年という年は昭和六十四年として始まった。一月七日に昭和天皇が薨去して、元号が平成に変わった。松本が亡くなったのは天皇薨去の三日後のことである。

昭和天皇の戦争責任を唱えた松本だが、それは「天皇様」を愛するゆえだった。その松本が昭和天皇の死を静かに見取って永遠の眠りについた――。

あとがき

松本重治さんの存在を知ったのは三十年以上も前のことだ。

当時、中央公論社を退社したばかりの評論家の粕谷一希氏が東京外語大で一時期、非常勤講師をしておられて「戦後の国際政治とジャーナリズム」という講義の中で、松本さんに触れたのが最初だった。今でもそのときのことを鮮明に覚えている。ある冬の日、粕谷氏は、米留学時代の松本さんの恩師であるチャールズ・ビーアドが雑誌のカバーストーリーで「日米関係の核心は中国問題である」と書き、それを読んだ松本さんが感銘を受けたというエピソードを私ども学生に話された。実はそれを聞いて私も愕然とした。なぜなら、この単純で簡略な一句が正鵠を射た指摘であり、そのものずばりという感じがしたからだ。これがきっかけで松本さんに興味を覚え、代表作である『上海時代』などを必死に読んだ。だから、松本さんとの〝付き合い〟はそれ以来である。

大学を卒業すると私は共同通信の記者となった。松本さんが幹部だった同盟通信が解散した後にできた後継の通信社だ。共同を選んだのはたまたま。松本さんのおられた組織で働きたいなどと思ったわけではない。まあ、それなりの感慨はあったような気はするが、入社してみるとそんなノスタルジアはあっさりと吹き飛んでしまった。私が入社したのは昭和五十年代後半で、同盟が解散して何十年も経過していた。だから、松本さんの香りなどどこを探しても見当たらなかったのは当たり前だ。が、少々、がっかりしたのを覚えている。

そんなわけで、ついつい松本さんという存在も遠くなった。ただ、時折、思い出しては「一度、お会いしたいなぁ」と思った。しかし、面会は一度も実現しなかった。松本さんは仰いでも仰ぎたりないほど気高く偉大な先輩で、〝チンピラ記者〟には恐れ多くて逡巡しているうちに松本さんが亡くなってしまったからだ。今から思うと実に残念でならない。

ところがである——。松本さんが亡くなって大分経った後に「日米関係の核心は中国問題である」という、あの名文句をある日、ふっと思い出したのだ。それは九年前、米大統領選挙で、共和党のジョージ・ブッシュが当選し、政権が民主党から共和党に移行することが決まったときのことだった。森喜朗内閣で蔵相だった宮沢喜一氏が記者会見で、あの名文句とよく似た発言をしたことがきっかけだった。当時、日本の財政・金融当局はバブル経済が破裂した後の不良債権処理問題で四苦八苦、米民主党政権からだいぶいじめられていた。アメリカは矢継ぎ早に政策発動を求めてきたが、国会が紛糾して、日本政府の対応は遅々として進まなかった。宮沢さんは批判の矢面に立っていたわけで、二十歳も下のロバート・ルービン財務長官やその後任で孫ほどの年齢差のあるローレンス・サマーズにひたすら平身低頭の様子だったのは、はたから見ていても実に気の毒だった。いくらいっても言うことをきかない日本。そんな日本に嫌気がさしたのか、米政権は日米よりも米中関係をより重視した行動をとり始めた。そのとき、盛んに言われたのが「ジャパン・パッシング」。日本列島を通り越して中国と密接になるという意味の言葉だ。

戦後、一貫して日米関係の安定化に腐心してきた宮沢さんはそんな民主党政権の態度がおもしろくなかったのだろう。だから、ブッシュの共和党政権に代わることが決まると記者会見でも笑みがこぼれた。

「日米が近いときは日中、米中は疎遠となる。米中が近いときは日米、日中は遠くなる。これが日米中のこれまでの関係だったような気がする。だから日本の立場は難しい」

正確には覚えていないが、こんな発言内容だったような気がする。そしてしみじみと「共和党なら知人も多いし、これで（日米関係も）変わるでしょうね」と述べた。あの名文句が脳裏を過ぎったのはこのときだった。

明治生まれの松本さんと大正生まれの宮沢さんはともに日本を代表する知米家である。現代人がとてもかなわないような見事なまでの英語を駆使して、米エスタブリッシュメント層に深い人脈を構築してきたが、思想的にはかなり異なった立場にあった。松本さんは生粋のリベラリストであり、左翼思想にも理解を示した。宮沢さんのそれは保守本流の域を一歩も出なかった。そんなふたりが日米中の関係について同じような趣旨の言をはいたのだ。これは発見だった。以来、私はこの視点に立って現在の三国関係を注視するようになったし、結局、それがこの本を書こうと思い立つ直接的なきっかけのひとつともなった。

とはいえ、松本重治という明治の生んだ逸材を描くという作業は途方もなく苦難の連続だった。何度筆を投げ出そうと思ったことか。ところが、不思議なことに断念しそうになるたびに、一度も会ったことがない松本さん（らしい人物）が夢の中に出てきて、励ましてくれた。これは本当である。おそらくこれがなかったら作業の継続は無理だったのではないだろうか。

そしてゴールになんとかたどり着けた理由はもうひとつある。それは私の師である粕谷先生が当初から暖かく支援してくださったことだ。なかでも今年に入って先生は何度か、私を連れて松本さんゆかりの人々を訪ね歩いてくださった。恩師と松本さんゆかりの人々との会話に静かに耳を傾け、松本さんの実像に迫ることができたのは貴重な体験だった。イメージだけだった「松本重治像」が次第に具体的な形をともなって見えるようになった。己の松本像に最終的に自信を持つことが出来たのは粕谷先生のおかげである。恩師が杖をつきつつ連れ歩いてくれた姿は脳裏に焼きついている。

最後になったが、取材に応じてくださった皆様、写真を提供してくれた松本さんのご長男、松本洋氏にこの場をかりて心からお礼を申し上げたい。また、資料やデータ収集、翻訳作業や海外との連絡などの面で、元同僚のフリージャーナリスト、鈴木恭子さんから多大な助力を得たことを記し、感謝したい。出版を快く引き受けてくださった藤原書店の藤原良雄社長、献身的な編集作業をこなしてくださった松本恵実さんにもお礼を申し述べて、筆をおきたい。

二〇〇九年夏

開米潤

松本重治 関連年譜（1899～1989）

年	歳	松本重治の動向	歴史事項
一八九九（明治32）		10月　大阪堂島に父・枩蔵、母・光子の長男として生まれる	5月　山陽鉄道で初めて食堂車が運行される
一九〇五（明治38）	6	祖父・重太郎が身代限り	9月　日露講和条約（ポーツマス条約）
一九〇六（明治39）	7	神戸転居、諏訪山尋常小学校に入学	この年、アメリカでカリフォルニア州を中心に日本人移民排斥運動が高まる
一九一二（明治45・大正元）	13	4月　県立神戸第一中学校に入学	7月　明治天皇崩御（30日）
一九一七（大正6）	18	9月　第一高等学校に入学	3月　ロマノフ王朝滅亡（ロシア2月革命） 4月　アメリカがドイツに宣戦布告、第一次世界大戦に参戦
一九二〇（大正9）	21	9月　東京帝国大学法学部に入学、内村鑑三の聖書講義に通う	
一九二三（大正12）	24	3月　東京帝大卒業 4月　東京帝大大学院に進学、法哲学を専攻 12月　欧米留学に出発	9月　関東大震災 甘粕正彦憲兵大尉、大杉栄らを殺害（甘粕事件）

一九二四（大正13）	25	1月 イェール大学経済学部に入学（一九二五年6月まで） チャールズ・ビーアド、朝河貫一と出会い生涯の師として敬う	5月 米議会、排日移民法を可決 6月 護憲三派内閣成立、以後八年間政党内閣が続く
一九二五（大正14）	26	3月 雑誌『ザ・ネイション』に処女論文「日本における新しい労働運動」が掲載される 6月 ウィスコンシン大学の夏季講習で学ぶ 8月 アメリカからヨーロッパに渡る 英留学中の松方花子にプロポーズ	3月 普通選挙法が成立 中国・北京で孫文死去 9月 中華民国国民政府、広州に樹立
一九二六（大正15・昭和元）	27	春 パリに滞在中、松方幸次郎からの電報を受け、ジュネーブで開催されている国際労働機構（ILO）会議の日本代表団の通訳となり、前田多門や松岡駒吉の知遇を得る 8月 ジュネーブ大学、ウィーン大学留学	12月 大正天皇崩御（25日）
一九二七（昭和2）	28	8月 欧米留学から帰国（その間三年半に及ぶ） 10月 松方花子と京都の都ホテルで結婚	3月 金融恐慌が勃発
一九二八（昭和3）	29	1月 東京帝国大学法学部の助手となり、米国講座（高木八尺教授）を担当する	3月 共産党員らを一斉大検挙（3・15事件） 6月 張作霖爆殺事件
一九二九（昭和4）	30	11月 第三回太平洋会議（IPR＝太平洋問題調査会主催、京都）に参加、新渡戸稲造、ロックフェラー三世と出会う	
一九三〇（昭和5）	31	4月 中央大学、法政大学、日本女子大学の各講師に就任（一九三二年12月辞任） 8月 長男・洋誕生	1月 金輸出解禁、金本位制に復帰 4月 日英米、ロンドン海軍軍縮条約に調印
一九三一（昭和6）	32	10月 第四回太平洋会議（中国・上海）に出席	9月 「満州事変」

一九三二（昭和7）	33	9月 長女・操誕生 12月 岩永裕吉の勧めで新聞聯合社（後の同盟通信社）に入社、上海支局長として赴任（一九三八年12月まで）	1月 関東軍が中国・満州を占領、「第一次上海事変」 3月 「満州国」が建国宣言 5月 「5・15事件」
一九三三（昭和8）	34		3月 日本、国際連盟から脱退 7月 ドイツでナチスが一党独裁へ
一九三五（昭和10）	36	2月 次男・健誕生	2月 天皇機関説事件が起きる
一九三六（昭和11）	37	1月 社団法人「同盟通信社」発足される 12月 「西安事件」をスクープ	2月 「2・26事件」 3月 ドイツ、ラインラントに進駐 7月 スペイン内乱始まる
一九三七（昭和12）	38	年初から中国各地を精力的に取材 12月 南京事件後に南京城内を取材	6月 第一次近衛文麿内閣が発足 7月 「日支事変」 8月 外務省東亜局長の石射猪太郎による「船津和平工作」、「第二次上海事変」 11月 「トラウトマン工作」 12月 「南京事件」
一九三八（昭和13）	39	3月 国民政府アジア局長の高宗武から電話が入り、再会 6月 「松本・高会談」で、松本が和平工作の条件として「日本軍の撤兵」を初めて持ち出す 7月 高宗武が来日、松本が一時帰国	1月 「トラウトマン工作」を打ち切り 近衛文麿首相が「爾後国民政府を対手にせず」の声明 満鉄香港事務所所長の西義顕から電話が入り、「日中和平工作」が始まる 国民政府日本課長の董道寧が来日（〜3日） 3月 香港で第一回「日中和平工作」会議 5月 近衛内閣改造、板垣征四郎陸相、宇垣一成外相就任

一九三八（昭和13）	39	8月　松本・梅思平会談、和平条件の中に日本軍の撤兵が盛り込まれることと、中国側のリーダーに汪兆銘を頂き、汪が下野して和平を呼びかける基本構想が事実上決定する 9月　超チフスに倒れ、上海の病院に入院 12月　病気療養のため帰国、その後、約一年間の静養生活を続ける	11月　近衛首相が「東亜新秩序」建設を訴える第二次声明を発表 「重光堂」会談、日本側の出席者は影佐大佐らの三人、中国側は高宗武と梅思平。「日華協議記録」と了解事項に調印 政府が御前会議で「日支新関係調整方針」を決定 12月　汪兆銘が重慶を脱出、ハノイに到着 近衛首相が汪兆銘の重慶脱出に呼応して国交調整のための第三次近衛声明を発表するが、日本軍の撤兵という文字は声明文から欠落
一九三九（昭和14）	40	10月　復職、同盟通信社初代編集局長に就任	1月　国民党が汪兆銘を永久除名、近衛内閣が総辞職、平沼内閣成立 3月　ハノイ滞在中の汪兆銘が襲撃され、腹心の曽仲鳴が死亡 5月　汪兆銘一行がハノイを出、上海経由で来日平沼首相らと会談し、南京に新政府樹立の方針を固める 9月　ドイツ軍のポーランド侵攻、第二次世界大戦が勃発
一九四〇（昭和15）	41	7月　松岡外相から松本を駐米大使に起用との打診がある	3月　汪兆銘が上海で「和平建国宣言」汪兆銘、南京政府を樹立 7月　第二次近衛内閣成立、外相に松岡洋右を起用 9月　日本軍、北部仏印に進駐 日独伊三国同盟、ベルリンで調印

一九四一（昭和16）	42	同盟通信編集局長として政・官界を精力的に取材	4月　日ソ中立条約調印 野村・ハル間で日米交渉開始 6月　独ソ戦開始 7月　第三次近衛内閣成立、外相の松岡を更迭、後任は海軍大将の豊田貞次郎 日本軍、南部仏印進駐 8月　アメリカが対日石油輸出完全停止 9月　御前会議で10月下旬を目途に対英米蘭戦争の準備完了を決定 10月　近衛内閣が総辞職、東条内閣成立 11月　御前会議で、対米交渉が不成立の場合には12月初旬に武力発動を決定 米国務長官ハルがいわゆる「ハル・ノート」を日本側に手交、日本側は最後通牒と断定 12月　日本海軍の機動部隊がハワイの真珠湾を奇襲、英米両国に宣戦
一九四二（昭和17）	43	7月　同盟通信社南方総局長としてアジア各地を訪問	
一九四三（昭和18）	44	4月　同盟通信常務理事に就任 肋膜炎と肺浸潤を併発、再び療養生活が始まる このころから特高や憲兵の訪問調査が始まる	
一九四五（昭和20）	46	7月　近衛文麿からソ連を仲介役とした和平交渉への協力を要請される 10月　同盟通信が共同通信社へと発展的に解消、新会社設立を機に退社 民報社を設立、社長兼主筆に就任	8月　終戦 12月　近衛文麿が服毒自殺

一九四七（昭和22）	48	9月　高木八尺教授を助け、アメリカ学会を発足	1月　公職追放（一九五〇年解除）
一九四九（昭和24）	50	5月　チャールズ・ビーアド著『共和国（上）』（翻訳）を社会思想研究社から出版（『共和国（下）』は翌年の6月に出版）	10月　中華人民共和国が成立
一九五一（昭和26）	52	2月　ジョン・ダレス米国務長官とともに来日したジョン・ロックフェラー三世と再会、日米文化交流について意見交換	4月　米トルーマン大統領、中国領爆撃を主張したマッカーサー連合国最高司令官を解任
一九五二（昭和27）	53	6月　アメリカ学会会長（一九七〇年9月辞任） 8月　財団法人国際文化会館設立、専務理事に就任（一九六五年5月まで）	4月　日本が主権を回復
一九五五（昭和30）	56	4月　国際文化会館竣工	11月　民主・自由両党が合同（保守合同なる）
一九五六（昭和31）	57	10月　国際文化会館・人物交流プログラムによりアーノルド・トインビー博士を招聘	10月　日ソ共同宣言 12月　日本が国連加盟
一九五七（昭和32）	58	2月　脳血栓で倒れる（三ヶ月療養） 5月　日本女子大学理事に就任	10月　ソ連、人工衛星スプートニク一号を打ち上げ
一九五八（昭和33）	59	10月　東京大学講師に就任（約一年間）	
一九六〇（昭和35）	61	11月　パリで開催された第一一回ユネスコ総会に出席	1月　日米安保条約改定
一九六二（昭和37）	63	10月　アメリカのダートマス大学で開かれた日米民間人会議に出席	10月　キューバ危機

一九六五（昭和40）	66	5月 国際文化会館理事長 10月 二ヶ月にわたり欧米各地、中東、アジアの各地を訪問、この間、米ニューヨーク州ハリマンで開催された第二八回アメリカン・アセンブリーに出席、米のベトナム政策を批判	2月 米軍が北爆を開始、ベトナム戦争がどろ沼化へ
一九六六（昭和41）	67	5月 アメリカ各地を訪問、ラトガース大学で名誉博士号を授与される	5月ころ 中国で文化大革命
一九六八（昭和43）	69	5月 外務省参与に就任（一九七八年12月辞任）このころ、ライシャワー米駐日大使とベトナム政策をめぐって激論を交わす	7月 学生ストライキ、全学に拡充、全共闘結成、東大安田講堂占拠
一九六九（昭和44）	70	11月 勲一等瑞宝章を授与される（国際交流への貢献）	7月 米宇宙船アポロ一一号が月面着陸
一九七四（昭和49）	75	3月 『上海時代（上・中・下）』を中央公論社から出版	8月 米ニクソン大統領がウォーターゲート事件で引責辞任
一九七八（昭和53）	79	12月 妻・花子、心不全のため死去（21日、78歳）	8月 日中平和友好条約調印
一九七九（昭和54）	80	10月 北京・上海を戦後初めて訪問	1月 イランのパーレヴィ国王、エジプトへ亡命（イラン革命）
一九八三（昭和58）	84	11月 『われらの生涯のなかの中国』をみすず書房より出版（共著）	
一九八六（昭和61）	87	1月 『近衛時代（上）』を中央公論社から出版 6月 『昭和史への一証言』を毎日新聞社から出版 11月 ソ連科学アカデミー東洋学研究所から名誉学位を授与される	この年、ソ連のゴルバチョフ書記長が一連の改革（ペレストロイカ）を推進

一九八七（昭和62）	88	1月『近衛時代（下）』を中央公論社から出版	
一九八八（昭和63）	89	1月『国際日本の将来を考えて』を朝日新聞社から出版 7月 チャールズ・ビーアド著『アメリカ』（翻訳）をみすず書房より出版（一九四九年版の改訳） 12月 脳梗塞で倒れる	
一九八九（昭和64・平成元）		1月 済生会中央病院で死去（10日、享年89歳）青山祭儀所で国際文化会館葬（27日） 2月 政府より銀杯一組が授与される	1月 昭和天皇が崩御（7日） 6月 中国で天安門事件

松本重治関連系図

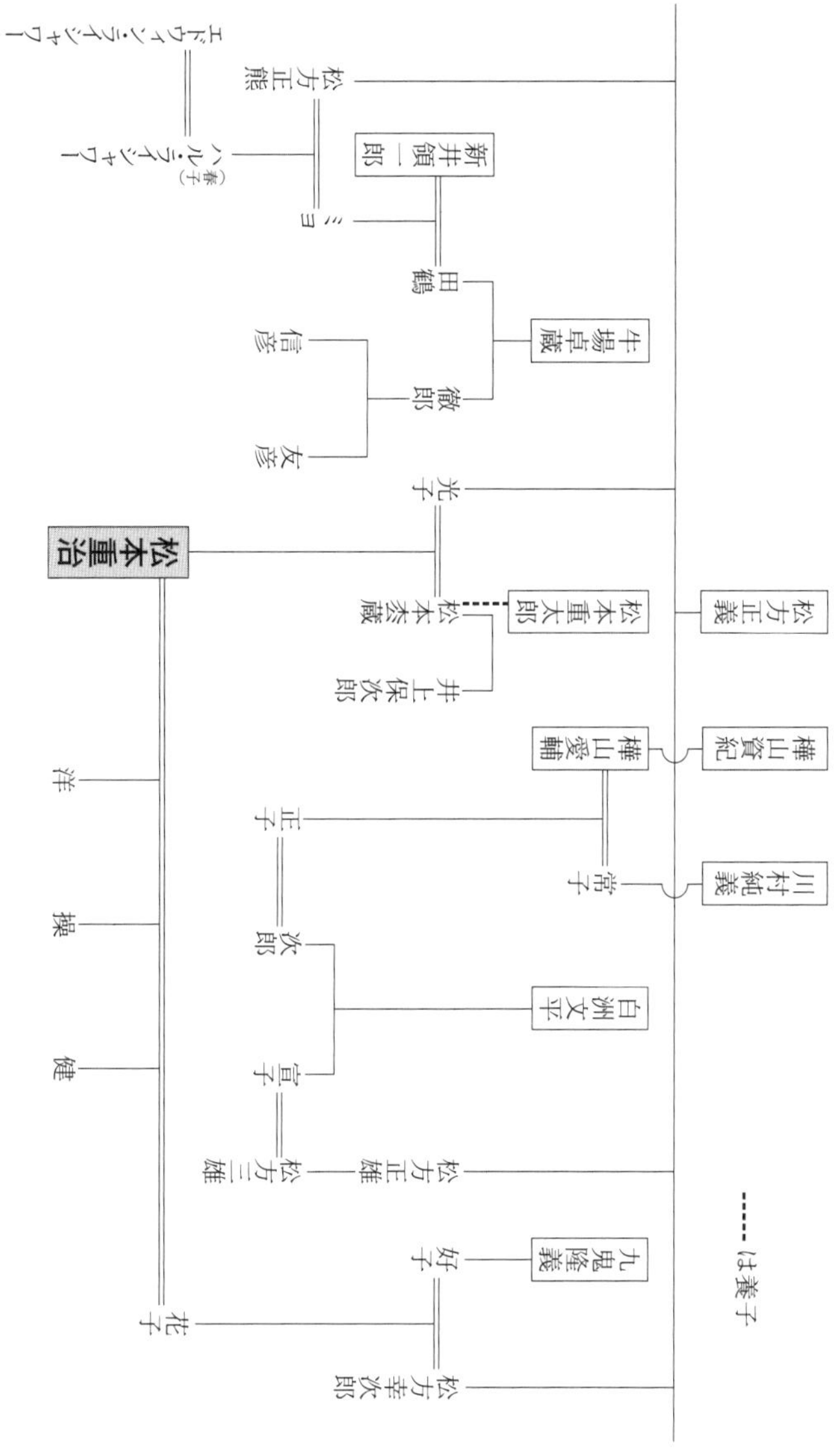
松方正義
樺山資紀
川村純義
松本重太郎
牛場卓蔵
新井領一郎
樺山愛輔
白洲文平
九鬼隆義
松方正熊
ミヨ
田鶴
徹郎
信彦
友彦
光子
松本枩蔵
井上保次郎
常子
正子
次郎
宣子
松方正雄
松方三雄
好子
松方幸次郎
エドウィン・ライシャワー
ハル・ライシャワー（春子）
松本重治
洋
操
健
花子
---- は養子

ヤ行

ラ行

ワ行

マ行

ナ行

ハ行

サ行

タ行

カ行

人名索引

ア行

著者紹介

開米 潤（かいまい・じゅん）
1957年福島県いわき市に生まれ育つ。東京外語大卒業後、共同通信社記者、フリーランス・ジャーナリストを経て株式会社メディア グリッドを設立、その代表に就任。政治、経済、国際問題など幅広い分野でジャーナリスト活動を行うと同時に新しいタイプの「言論メディア」の創造を目指す。月刊誌で評論、ルポルタージュなどを多数発表している。

松本重治伝《まつもとしげはるでん》**——最後**《さいご》**のリベラリスト**

2009年9月30日　初版第1刷発行 ©

著　者　開　米　潤
発行者　藤　原　良　雄
発行所　株式会社　藤　原　書　店

〒162-0041　東京都新宿区早稲田鶴巻町523
電　話　03（5272）0301
FAX　03（5272）0450
振　替　00160-4-17013
info@fujiwara-shoten.co.jp

印刷・製本　図書印刷

落丁本・乱丁本はお取替えいたします
定価はカバーに表示してあります

Printed in Japan
ISBN978-4-89434-704-5

日本近代は〈上海〉に何を見たか

言語都市・上海

〈1840-1945〉

和田博文・大橋毅彦・真銅正宏・竹松良明・和田桂子

横光利一、金子光晴、吉行エイスケ、武田泰淳、堀田善衞など多くの日本人作家の創造の源泉となった〈上海〉を、文学作品から当時の旅行ガイドに至る膨大なテキストに跡付け、その混沌とした多層的魅力を活き活きと再現する、時を超えた〈モダン都市〉案内。

A5上製　二五六頁　**二八〇〇円**
（一九九九年九月刊）
◇978-4-89434-145-6

「新古典」へのブックガイド！

戦後思潮

〈知識人たちの肖像〉

粕谷一希　解説対談＝御厨貴

敗戦直後から一九七〇年代まで、時代の精神を体現し、戦後日本の社会・文化に圧倒的な影響を与えてきた知識人全一三三人を、ジャーナリストの眼で鳥瞰し、「新古典」ともいうべき彼らの代表的著作を批評する。古典と切り離された平成の読者に贈る、「新古典」への最良のブックガイド。

A5変並製　三九二頁　**三二〇〇円**　**写真多数**
（二〇〇八年一〇月刊）
◇978-4-89434-653-6

唐木から見える〃戦後〃という空間

反時代的思索者

〈唐木順三とその周辺〉

粕谷一希

哲学・文学・歴史の狭間で、戦後の知的限界を超える美学＝思想を打ち立てた唐木順三。戦後のアカデミズムとジャーナリズムを知悉する著者が、「故郷・信州」「京都学派」「筑摩書房」の三つの鍵から、不朽の思索の核心に迫り、〃戦後〃を問題化する。

四六上製　三二〇頁　**二五〇〇円**
（二〇〇五年六月刊）
◇978-4-89434-457-0

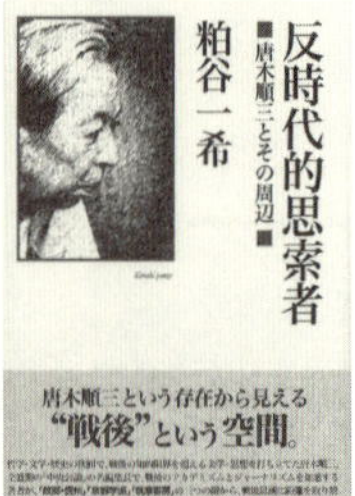

伝説的快男児の真実に迫る

「バロン・サツマ」と呼ばれた男

〈薩摩治郎八とその時代〉

村上紀史郎

富豪の御曹司として六百億円を蕩尽し、二十世紀前半の欧州社交界を風靡した快男児、薩摩治郎八。虚実ない交ぜの「自伝」を徹底検証し、ジョイス、ヘミングウェイ、藤田嗣治ら、めくるめく日欧文化人群像のうちに日仏交流のキーパーソン〈バロン・サツマ〉を活き活きと甦らせた画期的労作。**口絵四頁**

四六上製　四〇八頁　**三八〇〇円**
（二〇〇九年二月刊）
◇978-4-89434-672-7